C# 동시성 프로그래밍 2/e

C# 동시성 프로그래밍 2/e

실제 애플리케이션에 적용하는 효율적인
비동기, 병렬, 멀티스레드 프로그래밍

스티븐 클리어리 지음   김홍중 옮김

i!i
에이콘

에이콘출판의 기틀을 마련하신 故 정완재 선생님 (1935-2004)

스티븐 클리어리^{Stephen Cleary}

ARM 펌웨어^{ARM Firmware}에서 애저^{Azure}에 이르기까지 폭넓은 경험이 있는 개발자다. 부스트 C++ 라이브러리를 시작으로 초창기부터 오픈소스에 이바지했으며, 직접 만든 라이브러리와 유틸리티를 발표해 오고 있다.

감사의 글

많은 사람의 도움이 없었다면 이 책은 존재할 수 없었다.

누구보다 먼저 주님과 구세주 예수 그리스도에게 감사한다. 기독교 신자로의 개종은 인생에서 가장 중요한 결정이었다. 이 주제에 관해 더 자세한 정보를 원한다면 언제든 저자의 웹 페이지인 https://blog.stephencleary.com을 통해 연락하기 바란다.

두 번째로 함께 보낼 시간을 많이 포기해야 했는데도 기꺼이 이해해 준 가족에게 감사한다. 집필을 시작했을 때 집필 경험이 있는 친구 몇이 "앞으로 1년 동안은 가족과 생이별이겠네"라고 한 말이 그때는 농담인 줄 알았다. 아내 맨디와 두 아이 SD, 엠마는 내가 직장에서 긴 하루를 마치고 저녁과 주말에 글을 쓰는 동안에도 이해심 있게 지켜봐 줬다. 정말 고맙고, 사랑한다!

물론 스티븐 토웁, 페트르 온데르카('svick'), 닉 팔디노('casperOne'), 리 캠벨, 페드로 펠릭스 같은 편집자와 기술 검토자가 없었다면 이 책은 지금 같은 수준에 이르지 못했을 것이다. 그들이 놓친 오류가 남아 있다면 전적으로 그들의 잘못이다. 물론 농담이다. 그들의 노력은 책의 내용을 구체화하고 수정하는 데 큰 역할을 했으며, 남아 있는 오류는 온전히 저자의 잘못이다. 특히 14.5절의 불리언 인수 처리법과 더불어 다양한 비동기 관련 지식을 알려 준 스티븐 토웁, System.Reactive의 학습에 도움을 주고 옵저버블 예제 코드를 더 자연스럽게 다듬어 준 리 캠벨에게 감사의 인사를 전한다.

마지막으로, 다양한 기술을 배우는 데 도움을 준 스티븐 토웁, 루시안 위스칙, 토마스 레베스크, 리 캠벨 그리고 스택 오버플로와 MSDN 포럼의 많은 이용자, 내 고향 미시간 주와 주변에서 열리는 소프트웨어 콘퍼런스의 참석자들에게 감사한다. 소프트웨어 개발 공동체의 일원이라는 사실에 감사하며, 이 책에 가치가 생긴다면 이미 길을 제시해 준 많은 이들 덕분이다. 모두에게 감사한다!

옮긴이 소개

김홍중(planetar@gmail.com)

중앙대학교 컴퓨터공학과를 졸업하고 첫 직장인 삼성전자에서 PDA, 셋톱박스, DTV 등 다양한 기기에 들어가는 윈도우 CE, 임베디드 리눅스 애플리케이션을 개발했다. 2007년 답답한 삶을 털어내고 훌쩍 미국으로 날아가 한껏 여유를 즐기다가 빈손으로 돌아왔다. 이후 웹 호스팅사, 게임 개발사, 스타트업 등 여러 회사를 거치며 다양한 iOS 앱을 개발했고, 한동안 번역, 강의, 외주 작업으로 연명하기도 했다. 언제 이룰 수 있을지 모르지만, 독립 개발자로 우뚝 서는 꿈을 포기하지 않고 있다. 에이콘출판사에서 출간한 『플러터 앱 개발 첫걸음』(2020), 『유니티 2D 게임 개발』(2020) 등을 번역했다.

옮긴이의 말

'동시성'이라는 용어만 들으면 고개를 갸웃할지도 모르겠지만 비동기 프로그래밍, 병렬 처리, 멀티스레딩이 모두 동시성의 일종이다. 이런 기술을 들어보거나 사용해 본 적이 있겠지만, 대부분 사용하기 쉽지만은 않았을 것이다. 물론 개발자마다 차이는 있겠지만, 자신의 경험을 바탕으로 동시성이 어렵다고 생각하는 개발자가 많고 실제로도 그렇다. 동시성의 다양한 개념을 제대로 이해하기도 쉽지 않고 실제 코드로 작성하기도 쉽지 않다. 하지만 이미 이런 동시성을 활용하고 있는 서비스와 애플리케이션은 셀 수 없이 많고, 동시성을 사용하지 않고 만들 수 있는 애플리케이션은 거의 없을 정도다. 동시성은 계속 피하거나 미룰 수 없는 주제다. 앞으로도 개발자로 살아가고 싶다면 한 번쯤은 마음을 다잡고 정면으로 맞부딪쳐야 한다.

이 책은 최신 닷넷 프레임워크와 C# 언어가 제공하는 동시성 기술과 동시성과 관련이 있는 다양한 기술을 폭넓게 소개하고 있다. 가장 큰 특징은 저자가 강조하듯이 스레드, 뮤텍스 같은 하위 레벨 개념에 관한 설명을 과감하게 생략하고, async/await, TPL 데이터 흐름, PLINQ 등 닷넷 프레임워크와 C# 언어가 제공하는 최상위 레벨의 개념을 설명한다는 점이다. 대부분 동시성을 다루는 책은 하위 레벨 개념을 설명하는 데 많은 지면을 할애하고 있지만, 이 책은 곧바로 실제 애플리케이션에 적용할 수 있는 상위 레벨의 개념만 잘 정리해서 간단하고 효율적인 예제와 함께 소개하고 있다. 물론 아무리 상위 레벨 개념만 소개한다 해도 책 한 권에 동시성의 모든 내용을 자세하게 담을 수는 없다. 따라서 동시성을 더 깊이 알고 싶다면 마이크로소프트 문서를 비롯한 많은 참고 자료를 찾아봐야 한다. 하지만 그런 과정을 통해 동시성에 더 가까이 다가갈 수 있으리라 믿는다. 책은 얇지만, 끝까지 함께하는 여정은 절대 짧지 않을 수 있다. 부디 행운을 빈다.

차례

책 표지의 아시아사향고양이는 책의 주제와 잘 어울린다고 생각한다. 표지를 받아보기 전에는 아예 몰랐던 동물이라 따로 찾아봤다. 아시아사향고양이는 온 사방에 배설해 대며, 야행성이라 한밤중에 큰 소리를 내면서 싸우기 때문에 유해 동물로 여겨진다. 또 항문샘에서 역겨운 분비물을 내뿜기도 한다. 멸종 위기 등급상 걱정 없음^{LC, least concern}에 해당하며, 정치적으로 올바른 방식으로 표현하면 '얼마든지 죽여라, 아무도 아쉬워하지 않는다'라는 뜻이다. 아시아사향고양이는 커피 열매를 즐겨 먹으며, 이때 커피콩은 소화하지 못하고 그대로 배설한다. 세계에서 가장 비싼 커피의 하나인 코피 루왁^{kopi luwak}은 아시아사향고양이의 배설물에서 추출한 커피콩으로 만든다. 미국 스페셜티 커피 협회^{SCAA, Specialty Coffee Association of America}에 따르면 '맛은 없다'고 한다.

이런 특징 때문에 아시아사향고양이는 동시성^{concurrent}과 멀티스레딩^{multithreading} 개발의 마스코트로 잘 어울린다. 동시성과 멀티스레딩에 익숙하지 않은 개발자에게는 동시성이 그리 달갑지 않은 주제다. 그리고 그런 개발자는 무난한 코드를 가장 끔찍한 방식으로 동작하게 만든다. 경합 조건 등의 문제는 실제 제품에서든 데모에서든 항상 심각한 충돌을 유발한다. '스레드는 해롭다'고 잘라 말하면서 동시성을 아예 멀리하는 개발자도 있다. 동시성을 받아들여서 두려움 없이 사용하는 소수의 개발자도 있지만, 대부분의 개발자는 동시성 때문에 고통을 받은 경험이 있고 그런 경험은 쓴맛을 남겼다.

하지만 요즘은 동시성이 필요한 애플리케이션이 빠르게 늘고 있다. 사용자는 완벽하게 반응하는 인터페이스를 기대하며 서버 애플리케이션은 유례 없는 수준으로 규모를 변경할 수 있어야 한다. 동시성은 이 두 가지 문제를 모두 해결한다.

다행히 요즘은 동시성을 훨씬 쉽게 만들어 주는 라이브러리가 많다. 병렬 처리와 비동기 프로그래밍은 이제 마법의 영역이 아니다. 이런 라이브러리는 추상화 수준을 높여서 반응이 빠르고 규모 변경이 쉬운 애플리케이션의 개발을 실현할 수 있는 목표로 만들어 준다. 동시성이 지극히 어려웠던 과거에 쓴맛을 본 경험이 있다면 최신 도구로 다시 시도해 보기 바란다. 물론 동시성이 쉽다고 말할 수는 없지만, 예전처럼 어렵지 않다고 확신한다.

이 책의 대상 독자

최신 동시성 기법을 배우려는 개발자를 대상으로 하며, 독자가 제네릭 컬렉션generic collection, 열거자, LINQ를 이해할 정도의 닷넷NET 경험이 있다고 가정한다. 멀티스레딩 또는 비동기 프로그래밍에 관한 지식은 전혀 필요하지 않다. 하지만 이런 분야에 지식이 있더라도 여전히 유용할 수 있다. 더 안전하고 사용하기 쉬운 최신 라이브러리를 소개하는 책이기 때문이다.

동시성은 모든 애플리케이션에서 유용하다. 데스크톱, 모바일, 서버 애플리케이션에 상관없이 이제 동시성은 사실상 전반적인 요구 사항이다. 이 책의 내용을 활용하면 더 빨리 반응하는 사용자 인터페이스, 규모 변경이 더 쉬운 서버를 만들 수 있다. 이미 동시성은 어디에나 존재하는 지경에 이르렀고, 이제 동시성 기법의 이해와 활용은 전문 개발자의 필수 지식이다.

이 책을 쓴 이유

직장 생활을 막 시작했을 때 어렵게 멀티스레딩을 배웠다. 몇 년 후에는 비동기 프로그래밍을 어렵게 배웠다. 물론 둘 다 소중한 경험이었지만, 오늘날 이용할 수 있는 도구와 방식을 들고 다시 그때로 돌아갈 수 있으면 좋겠다. 특히 최신 닷넷 언어의 async와 await라면 더할 나위 없다.

하지만 오늘날 동시성을 알려 주는 책과 기타 자료를 보면 하나같이 가장 하위 레벨의 개념을 소개하면서 시작한다. 그리고 스레드 등 기본 개념을 하나하나 철저하게 설명한 뒤에 상위 레벨의 기법을 소개한다. 두 가지 이유 때문이라 생각한다. 먼저 나를 포함한 많은 개발자가 옛날 방식대로 하위 레벨의 개념을 먼저 배워 왔기 때문이다. 두 번째로 나온 지 오래된 책이 많아서 시대에 뒤떨어진 기법을 다루고 있으며, 새로운 기법이 나오면 옛날 책의 뒤에 새로운 기법에 관한 설명을 추가하는 식으로 책을 갱신해 왔기 때문이다.

시대에 뒤떨어진 방식이라 생각한다. 실제로 이 책은 최신 동시성 기법만을 다루고 있다. 그렇다고 하위 레벨의 개념이 쓸모없다는 뜻이 아니다. 개인적으로 대학에서 프로그래밍을 배웠을 때 몇 개의 게이트로 가상 CPU를 구축해야 하는 수업과 어셈블리어 프로그래밍 수업을 들었다. 개발자로 일해 오면서 CPU를 설계할 일은 아예 없었고 어셈블리어로 작성한 코드도 수십 줄밖에 없지만, 지금도 매일 그때 수업에서 얻은 기본 지식의 도움을 받고 있다. 하지만 높은 레벨의 추상화에서 시작하는 게 가장 좋다. 실제로 저자의 첫 프로그래밍 수업은 어셈블리어가 아니었다.

이 책은 틈새를 메우는 역할을 한다. 즉 최신 방식을 사용해서 동시성을 소개한다. 병렬, 비동기, 리액티브 프로그래밍 등 다양한 종류의 동시성을 다루지만, 다른 책과 온라인 자료에서 충분히 다루고 있는 전통적인 기법은 다루지 않는다.

이 책의 구성

이 책은 다음과 같이 나뉜다.

- 1장은 병렬, 비동기, 리액티브, 데이터 흐름 등 이 책에서 다룰 다양한 종류의 동시성을 소개한다.
- 2장부터 6장까지는 1장에서 소개한 동시성을 하나하나 철저하게 설명한다.
- 이후 7장부터 14장은 각각 동시성의 특정 측면을 다루며 일반적인 동시성 문제의 해결책에 관한 참고 자료 역할을 한다.

이미 동시성에 익숙하더라도 1장은 읽거나 최소한 훑어보기를 권한다.

온라인 참고 자료

이 책은 다양한 종류의 동시성을 폭넓게 소개한다. 가장 유용하다고 알려진 기법을 최대한 담으려고 노력했지만 모두 담을 수는 없었다. 개인적으로 동시성 기법을 더 철저하게 탐구할 수 있는 최고의 참고 자료는 다음과 같다.

- 병렬 프로그래밍에 관한 최고의 참고서는 http://bit.ly/parallel-prog에서 무료로 볼 수 있는 『Parallel Programming with Microsoft .NET』(Microsoft Press, 2010)이다. 안타깝게도 조금 시대에 뒤떨어진 책이긴 하다. 퓨처에 관한 내용은 비동기 코드를 사용하게 바꿔야 하며, 파이프라인에 관한 내용은 채널 또는 TPL 데이터 흐름을 사용하게 바꿔야 한다.
- 비동기 프로그래밍에 관해서는 마이크로소프트의 문서, 특히 '비동기 프로그래밍'[1]이 정말 좋다.[2]
- TPL 데이터 흐름에 관한 문서는 마이크로소프트의 '데이터 흐름(작업 병렬 라이브러리)[3]를 참고한다.
- System.Reactive(Rx)는 온라인에서 많은 관심을 받고 있으며 계속 진화 중인 라이브러리다. 개인적으로 가장 좋은 Rx 참고 자료는 리 캠벨Lee Campbell이 쓴 전자책인 『Introduction to Rx』(2012)라고 생각한다. http://www.introtorx.com을 참고하자.

편집 규약

이 책은 다음과 같은 편집 규약을 사용한다.

고정폭 글꼴

본문 안에서 변수나 함수 이름, 데이터베이스, 데이터 형식, 환경 변수, 구문, 키워드 등

---

1   https://docs.microsoft.com/ko-kr/dotnet/csharp/async – 옮긴이

2   2019년 11월, MSDN과 TechNet 콘텐츠가 모두 마이크로소프트 독스(docs.microsoft.com)로 마이그레이션을 끝내서 모든 명칭을 '마이크로소프트 문서'로 변경하기로 한다. MSDN이라는 용어는 최대한 배제할 예정이다. 참고: https://docs.microsoft.com/ko-kr/teamblog/msdn-technet-migration – 옮긴이

3   https://docs.microsoft.com/ko-kr/dotnet/standard/parallel-programming/dataflow-task-parallel-library – 옮긴이

프로그램 요소를 참조할 때 사용하며 예제 코드에도 사용한다.

고정폭 두꺼운 글꼴

사용자가 그대로 입력해야 할 명령어나 기타 텍스트를 나타낸다.

 팁이나 제안을 의미한다.

 일반적인 참고를 나타낸다.

 경고 또는 주의를 나타낸다.

코드 예제

코드 예제, 연습 문제 등 추가 자료는 https://oreil.ly/concur-c-ckbk2에서 다운로드할 수 있으며, 에이콘출판사의 깃허브 저장소 https://github.com/AcornPublishing/concurrency-c-cookbook에서도 다운로드할 수 있다.

이 책을 통해 독자가 원하는 일을 잘 마칠 수 있게 돕고 싶다. 일반적으로 이 책이 제공하는 예제 코드는 독자의 프로그램과 문서에 사용할 수 있다. 코드의 상당 부분을 재생산하지 않는 한 출판사에 연락해서 허락을 구할 필요가 없다. 예를 들어 이 책의 여러 예제 코드를 사용해서 프로그램을 작성해도 상관 없다. 하지만 오라일리 서적의 예제를 CD-ROM으로 판매 또는 배포하려면 허가가 필요하다. 이 책의 내용이나 예제 코드를 인용해서 질문에 답변할 땐 허가가 필요 없다. 하지만 이 책의 예제 코드의 상당 부분을 제품 설명서에 포함하려면 허가가 필요하다.

저작권 표시는 감사할 뿐 필수는 아니다. 저작권 표시는 대개 제목, 저자, 출판사, ISBN을 포함한다. 예를 들면 다음과 같다.

"Concurrency in C# Cookbook, Second Edition, by Stephen Cleary(O'Reilly). Copyright 2019 Stephen Cleary, 978-1-492-05450-4."

예제 코드를 사용할 때 공정한 사용이 아니라고 생각하거나 앞서 이야기한 허용 범위를 벗어 난다고 생각한다면 언제든 permissions@oreilly.com으로 문의하기 바란다.

독자 의견

이 책에 관한 의견이나 문의는 출판사로 보내 주기 바란다.

이 책의 오탈자 목록, 예제, 추가 정보는 책의 웹 페이지인 https://oreil.ly/concur-c-ckbk2를 참고한다. 한국어판의 정오표는 에이콘출판사의 도서정보 페이지 http://www.acornpub.co.kr/book/concurrency-c-cookbook에서 확인할 수 있다.

책의 기술적인 내용에 관한 의견이나 문의는 메일 주소 bookquestions@Oreilly.com으로 보내 주기 바란다. 그리고 한국어판에 관해 질문이 있다면 에이콘출판사 편집 팀(editor@acornpub.co.kr)이나 옮긴이의 이메일로 연락주길 바란다.

표지 설명

표지에 실린 동물은 아시아사향고양이(학명: Paradoxurus hermaphroditus)다. 아시아사향고양 이는 사향고양이과에 속하는 작고 고양이를 닮은 동물로 동남아시아와 남아시아에 걸쳐 분 포한다. 아시아사향고양이는 대부분 단독으로 생활하며, 짝짓기 철과 새끼를 기르는 동안에 만 무리를 짓는다. 겁이 많고 야행성이지만 때때로 인간의 거주지 근처에 서식하기 때문에 성가신 동물로 여겨지기도 한다. 동남아시아와 인도네시아의 섬이 원산지이며, 최근에 일본 과 소순다 열도에도 유입됐다.

아시아사향고양이는 길이 약 53cm, 무게 약 3.2kg까지 자란다. 주둥이가 뾰족하고 털은 흰색, 회색, 갈색일 수 있고, 어두운 색 점이나 줄무늬가 있으며, 라쿤^{raccoon}과 비슷한 얼굴 무늬가 있을 수도 있다. 다른 사향고양이와 달리 꼬리에 고리 무늬가 없다. 아시아사향고양이는 위협을 받으면 항문샘에서 냄새나는 분비물을 내뿜어서 자신을 방어한다. 또 이 냄새는 짝짓기 철에 서로 위치를 알 수 있게 흔적을 남기는 용도로 쓰이기도 한다.

아시아사향고양이는 과일을 주식으로 하며, 배설물을 통해 과일의 씨앗을 퍼뜨려서 열대 우림 생물의 다양성 유지에 중요한 역할을 한다. 또 발효되면 토디^{toddy}라는 달콤한 술로 바뀌는 야자나무꽃 수액을 즐겨 먹는 습성 때문에 '코코넛 야자술 고양이^{toddy cat}'라고 불리기도 한다.

아시아사향고양이를 식용 목적으로 사냥하는 지역도 있다. 또 아시아사향고양이의 소화기관을 통과한 커피콩으로 만드는 커피인 코피 루왁^{kopi luwak} 때문에 잡히기도 한다. 옛날에는 야생에 널린 아시아사향고양이의 배설물을 채집해서 코피 루왁을 만들었지만, 최근 몇 년간 야생에서 잡은 아시아사향고양이를 작은 우리에 가두고 커피콩만 먹이면서 기르는 거대 농장이 생겨났다. 코피 루왁을 서양에 유행시킨 커피 업체의 경영진도 이젠 동물 학대를 이유로 코피 루왁에 반대하고 있다.

오라일리 표지를 장식한 동물의 상당수는 멸종 위기종이다. 모든 생명은 소중하다. 표지 그림은 리처드 리데커^{Richard Lydekker}가 쓴 『The Royal Natural History』(1983)의 흑백 판화에 바탕을 둔 카렌 몽고메리^{Karen Montgomery}의 작품이다.

1장

동시성 개요

동시성^{concurrency}은 멋진 소프트웨어의 핵심적인 특징이다. 동시성은 이미 수십 년 전부터 사용할 수 있었지만 제대로 구현하기 어려웠다. 동시성 소프트웨어는 코드 작성도, 디버깅도, 유지 보수도 어려워서 결국 많은 개발자가 동시성을 피하는 쉬운 길을 택했다. 요즘은 닷넷 프로그램에서 사용할 수 있는 라이브러리와 언어 기능 덕분에 동시성의 구현이 훨씬 수월해졌다. 마이크로소프트는 동시성의 진입 장벽을 크게 낮추는 데 앞장서 왔다. 예전에는 동시성 프로그래밍이 전문가의 영역이었지만, 요즘은 모든 개발자가 동시성을 받아들여야 하며, 또 받아들일 수 있다.

동시성

본격적인 이야기에 앞서 이 책 전체에 걸쳐 사용할 용어를 정리하려 한다. 개인적으로 꾸준히 사용해 온 정의이며 여러 프로그래밍 기법의 차이를 분명하게 보여 준다. 먼저 동시성으로 시작한다.

동시성
    한 번에 두 가지 이상의 작업을 수행

이 정의를 통해 동시성의 유용함이 잘 드러났으면 한다. 최종 사용자 애플리케이션은 데이터베이스에 쓰는 동안 사용자의 입력에 응답하려고 동시성을 사용한다. 서버server 애플리케이션은 첫 번째 요청을 완료하는 동안 두 번째 요청에 응답하려고 동시성을 사용한다. 언제든 애플리케이션이 하나의 작업을 수행하는 동안 다른 작업을 수행해야 한다면 동시성이 필요하다. 세상의 거의 모든 소프트웨어 애플리케이션은 동시성의 혜택을 받을 수 있다.

대부분의 개발자는 '동시성'이라는 단어를 들으면 즉시 '멀티스레딩'을 떠올린다. 이 두 가지는 구별해야 한다.

멀티스레딩

다수의 실행 스레드를 사용하는 동시성의 한 형태

멀티스레딩multithreading은 말 그대로 다수의 스레드를 사용한다는 뜻이다. 이 책의 많은 예제가 보여 주듯이 멀티스레딩은 동시성의 한 형태일 뿐 유일한 형태가 아니다. 사실 요즘 애플리케이션은 하위 레벨 스레드를 직접 사용할 이유가 거의 없다. 상위 레벨 추상화가 더 강력하고 효율적이다. 따라서 낡은 기술에 관한 소개는 최소화하려 한다. 이 책의 멀티스레딩 예제는 Thread나 BackgroundWorker 형식을 아예 사용하지 않고 더 우수한 대안으로 대체했다.

 프로젝트에 new Thread()를 입력하는 순간, 이미 시대에 뒤처진 코드를 지닌 프로젝트로 바뀐다.

하지만 멀티스레딩이 죽었다는 생각은 하지 말기 바란다. 멀티스레딩은 스레드 풀thread pool 안에 살아 숨 쉬고 있다. 스레드 풀은 필요에 따라 자동으로 작업을 할당하는 유용한 개념이다. 결과적으로 스레드 풀 덕분에 병렬 처리parallel processing라는 다른 중요한 형태의 동시성을 사용할 수 있다.

병렬 처리

많은 작업을 여러 스레드에 나눠서 동시에 수행

병렬 처리 또는 병렬 프로그래밍은 멀티스레딩을 사용해서 멀티 코어core 프로세서를 최대한 활용하는 방법이다. 요즘 CPU는 코어가 여러 개다. 해야 할 작업이 많을 때 하나의 코어에 모든 일을 맡기고 다른 코어를 쉬게 두면 비효율적이다. 병렬 처리는 작업을 나눠서 각각 다른 코어에서 독립적으로 실행할 수 있는 여러 스레드에 맡긴다.

병렬 처리는 멀티스레딩의 한 형태이고, 멀티스레딩은 동시성의 한 형태다. 그 밖에 요즘 애플리케이션에 중요하지만, 많은 개발자에게 익숙하지 않은 동시성의 다른 형태로 비동기 프로그래밍^{asynchronous programming}이 있다.

비동기 프로그래밍

불필요한 스레드의 사용을 피하려고 퓨처^{future}나 콜백^{callback}을 사용하는 동시성의 한 형태

퓨처 또는 프로미스는 나중에 완료될 연산을 나타내는 형식이다. 닷넷의 최신 퓨처 형식으로는 Task와 Task<TResult>가 있다. 구식 비동기 API는 퓨처가 아닌 콜백이나 이벤트를 사용한다. 비동기 프로그래밍은 나중에 완료되는 연산인 비동기 연산이라는 개념에 중점을 두고 있다. 비동기 연산은 진행하는 동안 원래 스레드를 가로막지 않는다. 즉 해당 연산을 시작한 스레드는 자유롭게 다른 작업을 할 수 있다. 연산이 끝나면 퓨처에 알리거나 콜백 또는 이벤트를 실행해서 애플리케이션에 연산이 끝났음을 알린다.

비동기 프로그래밍은 동시성 중에서도 강력한 형태이지만, 최근까지도 엄청나게 복잡한 코드가 필요했다. 요즘 언어에서 지원하는 async, await는 비동기 프로그래밍을 거의 동기 방식의 프로그래밍처럼 쉽게 만들어 준다.

그 밖에 동시성의 형태로 리액티브 프로그래밍^{reactive programming}이 있다. 비동기 프로그래밍은 결국 애플리케이션이 나중에 완료될 연산을 시작한다는 뜻이다. 리액티브 프로그래밍은 비동기 프로그래밍과 밀접한 관련이 있지만, 비동기 연산이 아닌 비동기 이벤트를 바탕으로 한다. 비동기 이벤트는 실제로 '시작'이 없을 수 있으며, 언제든 발생할 수 있고, 여러 번 발생할 수도 있다. 사용자 입력을 예로 들 수 있다.

리액티브 프로그래밍

애플리케이션이 이벤트에 대응하게 하는 선언형 프로그래밍 방식

애플리케이션을 커다란 상태 머신이라 생각한다면 애플리케이션의 동작이란 이벤트에 따라 상태를 업데이트하는 식으로 일련의 이벤트에 대응하는 것이라 설명할 수 있다. 추상적이거

나 이론적인 이야기처럼 보여도 사실 그렇지 않다. 요즘 프레임워크는 이런 개념을 실제 애플리케이션에서 꽤 유용하게 사용한다. 리액티브 프로그래밍에 동시성이 꼭 필요하진 않지만, 동시성과 밀접한 관련이 있기 때문에 이 책에서 기본적인 내용을 설명한다.

대개 동시성 프로그램을 작성할 땐 다양한 기법이 함께 쓰인다. 대부분의 애플리케이션은 최소한 스레드 풀을 통한 멀티스레딩과 비동기 프로그래밍을 사용한다. 적절한 도구를 통해 애플리케이션의 각 부분에 다양한 형태의 동시성을 자유롭게 섞어서 사용해 보기 바란다.

비동기 프로그래밍

비동기 프로그래밍은 크게 두 가지 이점이 있다. 첫 번째로 최종 사용자용 GUI 프로그램은 비동기 프로그래밍을 통해 응답성을 확보할 수 있다. 작업을 실행하는 동안 일시적으로 GUI가 잠기는 프로그램을 사용해 봤을 것이다. 비동기 프로그램이라면 작업 중에도 사용자 입력에 반응할 수 있다. 두 번째로 서버 프로그램은 비동기 프로그래밍을 통해 규모를 변경할 수 있다. 서버 애플리케이션은 스레드 풀만 사용해도 어느 정도 규모를 변경할 수 있지만, 비동기 서버 애플리케이션은 대개 훨씬 큰 단위로 규모를 변경할 수 있다

비동기 프로그래밍의 두 가지 이점은 모두 비동기 프로그래밍이 스레드를 가로막지 않고 자유롭게 풀어 준다는 특징을 바탕으로 한다. GUI 프로그램에서 비동기 프로그래밍은 UI 스레드를 자유롭게 풀어 준다. 따라서 GUI 애플리케이션은 사용자 입력에 응답성을 유지할 수 있다. 서버 애플리케이션에서 비동기 프로그래밍은 요청 스레드를 자유롭게 풀어 준다. 따라서 서버는 자신의 스레드를 사용해서 더 많은 요청을 처리할 수 있다.

최신 비동기 닷넷 애플리케이션은 async와 await, 두 가지 키워드를 사용한다. 메서드^{method} 선언에 추가하는 async 키워드는 두 가지 목적을 지닌다. 메서드 안에서 await 키워드를 사용할 수 있게 하고, 컴파일러^{compiler}에 해당 메서드의 상태 머신을 생성하라고 지시한다. yield가 작업을 반환하는 방식과 비슷하다. async 메서드는 값을 반환해야 할 때는 Task<TResult>를 반환하고, 값을 반환하지 않을 때는 Task 또는 ValueTask 같은 '유사 Task' 형식을 반환한다. 또 async 메서드는 열거형에 속하는 여러 값을 반환해야 할 때 IAsyncEnumerable<T>나

IAsyncEnumerator<T>를 반환할 수 있다. 유사 Task 형식은 퓨처를 나타내며 async 메서드가 완료할 때 호출한 코드에 알릴 수 있다.

 async void는 사용하지 말아야 한다. void를 반환하는 async 메서드도 있을 수 있지만, async 이벤트 핸들러를 작성할 때만 사용해야 한다. 보통 반환 값이 없는 async 메서드는 void가 아닌 Task를 반환해야 한다.

이와 같은 지식을 바탕으로 간단한 예제를 살펴보자.

```
async Task DoSomethingAsync()
{
  int value = 13;

  // 비동기적으로 1초를 대기한다.
  await Task.Delay(TimeSpan.FromSeconds(1));

  value *= 2;

  // 비동기적으로 1초를 대기한다.
  await Task.Delay(TimeSpan.FromSeconds(1));

  Trace.WriteLine(value);
}
```

async 메서드는 다른 메서드와 마찬가지로 동기적으로 실행하기 시작한다. async 메서드 안의 await 키워드는 인수로 지정한 만큼 비동기적으로 대기한다. 먼저 작업이 이미 끝났는지 확인하고 끝났으면 동기적으로 실행을 계속한다. 아니면 async 메서드를 일시 정지하고 불완전한 작업을 반환한다. 얼마 후에 작업이 끝나면 async 메서드의 실행을 재개한다.

async 메서드는 await 문으로 나뉘는 몇 개의 동기적 부분으로 이뤄진다고 생각할 수 있다. 첫 번째 동기적 부분은 메서드를 호출한 스레드에서 실행한다. 하지만 다른 부분은 어디에서 실행하는 걸까? 답은 조금 복잡하다.

흔히 await로 작업을 기다리다가 await가 메서드를 일시 정지하기로 하면 컨텍스트^{context}를 저장한다. 널^{null}이 아니면 현재 SynchronizationContext를 저장하고, 이때 컨텍스트는 현재 TaskScheduler다. 메서드는 저장한 컨텍스트 안에서 실행을 재개한다. 대개 이 컨텍스트는 UI 스레드에서 호출했으면 UI 컨텍스트이고, 다른 상황이라면 스레드 풀 컨텍스트다. 코어 버전 전의 ASP.NET 클래식 애플리케이션이면 ASP.NET 요청 컨텍스트일 수도 있다. ASP. NET 코어는 별도의 요청 컨텍스트가 아닌 스레드 풀 컨텍스트를 사용한다.

따라서 앞서 소개한 코드에서 모든 동기적 부분은 원래 컨텍스트에서 실행을 재개하려고 시도한다. DoSomethingAsync를 UI 스레드에서 호출하면 각 동기적 부분을 UI 스레드에서 실행하지만, 스레드 풀^{threadpool} 스레드에서 호출하면 각 동기적 부분을 스레드 풀 스레드에서 실행한다.

ConfigureAwait 확장 메서드의 continueOnCapturedContext 매개 변수에 false를 전달하고 결과를 await로 대기하면 이런 기본 동작을 벗어날 수 있다. 다음 코드는 호출한 스레드에서 시작하지만, await로 일시 정지한 뒤에는 스레드 풀 스레드에서 실행을 재개한다.

```
async Task DoSomethingAsync()
{
  int value = 13;

  // 비동기적으로 1초를 대기한다.
  await Task.Delay(TimeSpan.FromSeconds(1)).ConfigureAwait(false);

  value *= 2;

  // 비동기적으로 1초를 대기한다.
  await Task.Delay(TimeSpan.FromSeconds(1)).ConfigureAwait(false);

  Trace.WriteLine(value);
}
```

항상 코어 '라이브러리' 메서드 안에서 ConfigureAwait를 호출하고, 필요할 때만 다른 외부 '사용자 인터페이스' 메서드에서 컨텍스트를 재개하는 것이 좋다.

await 키워드는 Task가 아니어도 정해진 패턴을 따라 대기 가능한 모든 대상에 사용할 수 있다. 기본 클래스 라이브러리에 들어 있는 ValueTask<T> 형식이 좋은 예다. ValueTask<T>는 메모리 내 캐시^{cache}에서 결과를 읽을 수 있는 등 대개 결과를 동기화하면 메모리 할당을 줄일 수 있는 형식이다. ValueTask<T>는 Task<T>로 바로 변환할 수 없지만, 대기 가능한 패턴을 따르므로 직접 await로 대기할 수 있다. 그 밖에 다른 예도 있고, 직접 만들 수도 있지만, 대개 await의 대상은 Task나 Task<TResult>다.

Task 인스턴스를 만드는 방법은 기본적으로 두 가지다. CPU가 실행해야 할 실제 코드를 나타내는 계산 작업은 Task.Run을 호출해서 생성해야 한다. 단, 특정 스케줄러에서 실행해야 한다면 TaskFactory.StartNew를 호출한다. 그 밖에 알림을 나타내는 작업 같은 이벤트 기반 작업은 TaskCompletionSource<TResult> 또는 이 메서드의 축약형으로 생성한다. 대부분 I/O 작업은 TaskCompletionSource<TResult>를 사용한다.

async와 await는 기본적으로 오류 처리가 필요하다. 다음 코드의 PossibleExceptionAsync에서는 NotSupportedException이 발생할 수 있지만, TrySomethingAsync는 이 예외를 자연스럽게 잡을^{catch} 수 있다. 이렇게 잡힌 예외는 자체적으로 적절한 스택 추적$^{stack\ trace}$을 보존하고 있으며 따로 TargetInvocationException이나 AggregateException으로 쌓여 있지 않다.

```
async Task TrySomethingAsync()
{
  try
  {
    await PossibleExceptionAsync();
  }
  catch (NotSupportedException ex)
  {
    LogException(ex);
    throw;
  }
}
```

async 메서드는 예외가 발생하거나 예외를 전파^{propagate}할 때 반환할 Task에 해당 예외를 배치한 다음에 Task를 완료한다. Task가 대기 상태이면 await 연산자가 예외를 수신하고 원래 스택 추적을 보존한 채로 다시 예외를 일으킨다. 따라서 다음과 같은 코드는 PossibleExceptionAsync가 async 메서드이면 예상대로 동작한다.

```
async Task TrySomethingAsync()
{
    // 예외는 바로 일어나지 않고 Task에서 발생한다.
    Task task = PossibleExceptionAsync();

    try
    {
        // 여기 await에서 Task의 예외가 발생한다.
        await task;
    }
    catch (NotSupportedException ex)
    {
        LogException(ex);
        throw;
    }
}
```

async 메서드에 관해 중요한 지침이 하나 더 있다. async를 사용하기 시작했다면 코드를 통해 확장해 나가는 게 가장 좋다. async 메서드를 호출하면 결국 작업의 반환을 기다려야 한다. Task.Wait나 Task<TResult>.Result 또는 GetAwaiter().GetResult()를 호출하고 싶은 유혹을 이겨 내야 한다. 자칫하면 교착 상태^{deadlock}를 초래할 수 있기 때문이다. 다음 메서드를 살펴보자.

```
async Task WaitAsync()
{
    // 이 await는 현재 컨텍스트를 저장하고...
    await Task.Delay(TimeSpan.FromSeconds(1));
    // ... 여기에서 저장한 컨텍스트 안에서 메서드를 재개하려고 시도한다.
}
```

```
void Deadlock()
{
  // 지연 시작
  Task task = WaitAsync();

  // 동기적으로 차단하고 async 메서드의 완료를 기다린다.
  task.Wait();
}
```

이 코드는 UI 컨텍스트나 ASP.NET 클래식 컨텍스트에서 호출하면 교착 상태에 빠진다. 두 컨텍스트 모두 한 번에 하나의 스레드만 허용하기 때문이다. Deadlock은 지연을 시작하는 WaitAsync를 호출한다. 그리고 Deadlock은 동기적으로 메서드의 완료를 대기하면서 컨텍스트 스레드를 차단한다. 지연이 끝나면 await가 저장한 컨텍스트 안에서 WaitAsync를 재개하려고 시도하지만, 이미 컨텍스트에서 차단한 스레드이고 컨텍스트는 한 번에 하나의 스레드만 허용하므로 재개할 수 없다. 교착 상태는 두 가지 방법으로 예방할 수 있다. WaitAsync 안에서 ConfigureAwait(false)를 사용해서 await가 컨텍스트를 무시하게 하는 방법과 WaitAsync 호출을 await로 대기해서 Deadlock을 async 메서드로 만드는 방법이 있다.

 async를 사용하면 끝까지 async를 사용하는 게 좋다.

마이크로소프트는 async를 더 완벽하게 소개하는 환상적인 온라인 문서를 제공한다. '비동기 프로그래밍'[1]과 '작업 기반 비동기 패턴(TAP)'[2]을 읽어 보기 바란다. 더 깊이 알고 싶다면 '비동기에 대한 자세한 설명'[3] 문서도 읽어 보기 바란다.

비동기 스트림asynchronous stream은 async와 await를 토대로 다수의 값을 처리할 수 있게 만들어졌다. 비동기 스트림은 비동기 열거 가능enumerable의 개념을 바탕으로 만들어졌고, 비동기 열

---

1   https://docs.microsoft.com/ko-kr/dotnet/csharp/async - 옮긴이

2   https://docs.microsoft.com/ko-kr/dotnet/standard/asynchronous-programming-patterns/task-based-asynchronous-pattern-tap - 옮긴이

3   https://docs.microsoft.com/ko-kr/dotnet/standard/async-in-depth - 옮긴이

거 가능은 연속적인 데이터에서 다음 데이터를 검색할 때 비동기적으로 작업할 수 있다는 점 말고는 일반적인 열거 가능과 다를 바 없다. 비동기 스트림은 매우 강력한 개념으로 3장에서 자세하게 설명한다. 비동기 스트림은 일련의 데이터가 한 번에 하나씩 또는 청크chunk로 도착할 때 특히 유용하다. 예를 들어 limit와 offset을 매개 변수로 페이징paging을 사용하는 API의 응답을 처리하는 애플리케이션이면 비동기 스트림이 이상적인 추상화다.

병렬 프로그래밍

독립적으로 나눌 수 있는 계산 작업이 많다면 언제든 병렬 프로그래밍을 사용해야 한다. 병렬 프로그래밍은 일시적으로 CPU 사용량을 늘려서 처리량을 개선하는 방법이라 CPU가 유휴 상태일 때가 많은 클라이언트client 시스템에는 바람직하지만 대개 서버 시스템에는 적합하지 않다. 대부분 서버는 기본적으로 몇 가지 병렬 기능을 지닌다. 예를 들어 ASP.NET은 복수의 요청을 병렬로 처리한다. 동시에 접속하는 사용자 수가 항상 적다는 점을 알고 있는 상황 등 서버에서 병렬 코드를 작성해도 유용한 상황이 여전히 있을 수 있다. 하지만 일반적으로 서버에서의 병렬 프로그래밍은 서버의 기본 병렬 처리 기능과 충돌하므로 실질적인 이익이 없다.

병렬 프로그래밍은 데이터 병렬data parallelism과 작업 병렬task parallelism 두 가지 형태로 나뉜다. 데이터 병렬은 처리해야 할 데이터 항목이 여럿이고 각 데이터 항목을 대부분 다른 데이터 항목과 독립적으로 처리할 수 있을 때 해당한다. 작업 병렬은 처리해야 할 작업 풀이 있고 각 작업이 대부분 다른 작업과 독립적일 때 해당한다. 작업 병렬은 동적일 수 있다. 하나의 작업 때문에 여러 개의 추가 작업이 생기면 모두 작업 풀에 추가할 수 있다.

데이터 병렬에는 몇 가지 다른 방식이 있다. 4.1절에서 소개할 Parallel.ForEach는 foreach 루프loop와 비슷하며 사용할 수 있으면 최대한 사용해야 한다. 마찬가지로 Parallel 클래스가 지원하는 Parallel.For는 for 루프와 비슷하고 인덱스에 따라 데이터 처리가 달라져야 할 때 사용할 수 있다. Parallel.ForEach를 사용하는 코드는 다음과 같은 모습이다.

```
void RotateMatrices(IEnumerable<Matrix> matrices, float degrees)
{
  Parallel.ForEach(matrices, matrix => matrix.Rotate(degrees));
}
```

그 밖의 선택지로 LINQ 쿼리용 AsParallel 확장 메서드를 제공하는 PLINQ(Parallel LINQ)가 있다. Parallel은 PLINQ보다 리소스resource 친화적이다. PLINQ는 기본적으로 모든 CPU에 퍼지려고 노력하지만 Parallel은 시스템 안의 다른 프로세스와 잘 어우러져서 동작한다. Parallel의 단점은 명시적으로 작성해야 해서 코드가 길어질 수 있다는 점이다. PLINQ의 코드가 훨씬 우아할 때가 많다. 4.5절에서 설명하겠지만 PLINQ는 다음과 같은 모습이다.

```
IEnumerable<bool> PrimalityTest(IEnumerable<int> values)
{
  return values.AsParallel().Select(value => IsPrime(value));
}
```

어느 방법을 선택하든 병렬 처리를 할 때 눈에 띄는 지침이 하나 있다.

 작업은 가능한 다른 작업과 독립적이어야 한다.

모든 작업이 독립적인 작업이면 병렬 처리를 극대화할 수 있다. 여러 스레드가 상태를 공유하기 시작하면 즉시 공유한 상태로의 접근을 동기화해야 하므로 애플리케이션의 병렬성이 떨어진다. 12장에서 동기화를 더 자세히 설명한다.

병렬 처리의 결과는 다양한 방법으로 처리할 수 있다. 결과를 동시 컬렉션concurrent collection에 매핑mapping하거나 집계aggregation해서 요약할 수 있다. 집계는 병렬 처리에서 흔한 일이다. 이런 매핑이나 집계도 Parallel 클래스의 메서드 오버로드overload를 통해 지원한다. 집계는 4.2절에서 더 자세히 설명한다.

이제 작업 병렬을 살펴보자. 데이터 병렬은 데이터 처리에 초점을 맞추고 있으며 작업 병렬은 작업의 수행과 관련이 있다. 상위 레벨에서 보면 '데이터 처리'는 일종의 '작업'이므로 데이터 병렬과 작업 병렬은 비슷하다. 많은 병렬 문제는 어느 쪽으로든 해결할 수 있다. 당면한 문제에 더 잘 어울리는 API를 사용하면 편하다.

Parallel.Invoke는 Parallel 메서드의 하나로 일종의 분기/병합 작업 병렬을 수행한다. 4.3절에서 설명하겠지만 이 메서드에 병렬로 실행하고 싶은 대리자만 전달하면 된다.

```
void ProcessArray(double[] array)
{
  Parallel.Invoke(
    () => ProcessPartialArray(array, 0, array.Length / 2),
    () => ProcessPartialArray(array, array.Length / 2, array.Length)
  );
}

void ProcessPartialArray(double[] array, int begin, int end)
{
  // CPU 집약적인 처리를 한다.
}
```

Task 형식은 원래 작업 병렬용으로 만들어졌지만 요즘은 비동기 프로그래밍에도 쓰인다. Task 인스턴스는 작업 병렬에서 쓰일 때처럼 작업을 나타낸다. Wait 메서드를 사용하면 작업이 완료할 때까지 대기할 수 있고 Result와 Exception 속성을 사용하면 작업의 결과를 얻을 수 있다. Task를 직접 사용하는 코드는 Parallel을 사용하는 코드보다 훨씬 복잡하지만 런타임^{runtime}까지 이어지는 병렬 처리의 구조를 잘 모른다면 유용할 수 있다. 이런 동적 병렬 처리는 시작할 때 필요한 작업의 수를 알 수 없고 진행하면서 알 수 있다. 일반적으로 동적 작업은 필요한 모든 하위 작업을 시작한 뒤에 하위 작업의 완료를 기다려야 한다. Task 형식에는 이럴 때 사용할 수 있는 특별한 플래그인 TaskCreationOptions.AttachedToParent가 있다. 동적 병렬 처리는 4.4절에서 설명한다.

작업 병렬도 데이터 병렬과 마찬가지로 최대한 독립적이어야 한다. 대리자가 독립적일수록 프로그램이 더 효율적일 수 있다. 또 대리자가 독립적이지 않으면 동기화가 필요하고 동기화가 필요한 코드는 올바르게 작성하기 어렵다. 작업 병렬에서는 특히 클로저^{closure} 안에 캡처한 변수에 주의해야 한다. 클로저는 값이 아닌 참조를 캡처하므로 명확하지 않은 공유가 일어날 수도 있다는 점을 기억해야 한다.

모든 병렬 처리의 오류 처리는 비슷하다. 작업을 병렬로 진행하므로 복수의 예외가 발생할 수 있어서 예외를 AggregateException으로 감싼 뒤에 코드로 보낸다. Parallel.ForEach, Parallel.Invoke, Task.Wait 등 모두 한결같이 이렇게 동작한다. AggregateException에는 Flatten, Handle처럼 오류 처리 코드를 쉽게 만들어 주는 유용한 메서드가 있다.

```
try
{
  Parallel.Invoke(() => { throw new Exception(); },
    () => { throw new Exception(); });
}
catch (AggregateException ex)
{
  ex.Handle(exception =>
  {
    Trace.WriteLine(exception);
    return true; // 처리함"
  });
}
```

대개 스레드 풀이 작업을 처리하는 방식은 걱정할 필요 없다. 데이터 병렬과 작업 병렬은 동적으로 조절할 수 있는 파티셔너^{partitioner}를 사용해서 작업을 작업 스레드에 분배한다. 스레드 풀은 필요에 따라 스레드 수를 늘린다. 스레드 풀은 하나의 작업 큐^{queue}를 지니며 각 스레드 풀 스레드도 자체적으로 작업 큐를 지닌다. 스레드 풀 스레드가 추가 작업을 큐에 넣을 때는 먼저 자신의 큐로 보낸다. 대개 현재 작업과 관련이 있기 때문이다. 이렇게 해서 스레드가 자신의 작업에 몰두하게 하며 캐시 히트^{cache hit}를 극대화한다. 할 일이 없는 스레드는 다른 스레드의 큐에서 작업을 가져온다. 마이크로소프트는 스레드 풀을 최대한 효율적으로 만들려고 노력했고 필요에 따라 최고의 성능을 끌어낼 수 있는 다양한 설정이 있다. 하지만 작업이 너무 짧지 않다면 기본 설정만으로도 잘 동작한다.

작업은 너무 짧거나 너무 길지 않아야 한다.

작업이 너무 짧으면 데이터를 작업에 분배하고 스레드 풀에 작업을 스케줄링하는 데 드는 부담이 커진다. 작업이 너무 길면 스레드 풀이 동적으로 작업의 균형을 잘 맞추기 어렵다. 얼마나 짧아야 너무 짧다고 할지, 얼마나 길어야 너무 길다고 할지 결정하기는 어렵다. 실제로 해결할 문제와 대략적인 하드웨어의 성능에 따라 달라진다. 개인적으로는 성능 문제만 없다면 작업을 최대한 짧게 만들려 한다. 하지만 작업이 너무 짧아지면 성능이 급격히 떨어지므로 작업을 직접 다루지 말고 Parallel 형식 또는 PLINQ를 사용하는 쪽이 더 좋다. 이런 상위 레벨의 병렬 처리 방식에 기본적으로 들어 있는 파티셔닝 기능은 작업의 길이 문제를 자동으로 처리해 준다. 필요에 따라 런타임에 조절하기도 한다.

병렬 프로그래밍을 더 자세히 알고 싶다면 마이크로소프트 프레스에서 나온 콜린 캠벨Colin Campbell의 《Parallel Programming with Microsoft .NET》이 최고의 참고서다.

리액티브 프로그래밍

리액티브 프로그래밍reactive programming은 다른 형태의 동시성과 비교해서 배우기 어렵고 리액티브 기술에 뒤처지지 않으려고 애쓰지 않으면 코드를 유지 보수하기도 어려울 수 있다. 하지만 기꺼이 배우고자 한다면 리액티브 프로그래밍은 매우 강력하다. 리액티브 프로그래밍을 사용하면 이벤트 스트림을 데이터 스트림처럼 다룰 수 있다. 개인적인 경험상 이벤트로 전해진 이벤트 인수를 사용하면 코드에서 일반적인 이벤트 핸들러가 아닌 System.Reactive를 사용하는 장점을 누릴 수 있다.

System.Reactive는 리액티브 익스텐션 또는 줄여서 'Rx'라고 불리곤 했다. 이 세 용어는 모두 똑같은 기술을 가리킨다.

리액티브 프로그래밍은 옵저버블 스트림^{observable stream}의 개념을 바탕으로 한다. 옵저버블 스트림을 구독하면 정해지지 않은 수의 데이터 항목을 수신(OnNext)한 뒤에 하나의 오류(OnError) 또는 스트림 끝 알림(OnCompleted)으로 스트림이 끝난다. 끝나지 않는 옵저버블 스트림도 있다. 실제 인터페이스는 다음과 같은 모습이다.

```
interface IObserver<in T>
{
  void OnNext(T item);
  void OnCompleted();
  void OnError(Exception error);
}

interface IObservable<out T>
{
  IDisposable Subscribe(IObserver<T> observer);
}
```

하지만 이런 인터페이스는 절대 구현하면 안 된다. 마이크로소프트의 System.Reactive 라이브러리는 개발자에게 필요한 모든 구현을 포함하고 있다. 리액티브 코드는 결국 LINQ와 매우 비슷하다. 'LINQ to Events'라고 생각할 수 있다. System.Reactive는 LINQ의 모든 기능과 함께 시간을 다루는 연산자 등 자체적으로 많은 연산자가 더해졌다. 다음 코드의 앞쪽에 있는 Interval, Timestamp 연산자와 마지막 Subscribe 연산자는 낯설 수 있지만 중간에 있는 Where와 Select 연산자는 LINQ를 써봤다면 익숙해야 할 연산자다.

```
Observable.Interval(TimeSpan.FromSeconds(1))
  .Timestamp()
  .Where(x => x.Value % 2 == 0)
  .Select(x => x.Timestamp)
  .Subscribe(x => Trace.WriteLine(x));
```

예제 코드는 주기적으로 타이머를 실행하는 카운터로 시작해서(Interval) 각 이벤트에 타임스탬프를 추가한다(Timestamp). 그런 다음 짝수 카운터 값을 지닌 이벤트만 골라내고(Where), 타임스탬프 값을 선택한 뒤에(Select) 결과 타임스탬프 값이 도착하면 디버거에 기록한다

(Subscribe). Interval 같은 새로운 연산자를 잘 몰라도 걱정할 필요 없다. 나중에 자세히 설명할 예정이다. 일단 지금은 이미 잘 알고 있는 LINQ 쿼리와 매우 비슷하다는 점만 명심하기 바란다. 가장 큰 차이점은 LINQ to Objects와 LINQ to Entities가 LINQ 쿼리를 나열하고 쿼리를 통해 데이터를 끌어오는 '풀^{pull}' 모델을 사용하는 반면 LINQ to Events 즉 System. Reactive는 이벤트가 도착하면 쿼리를 통해 스스로 이동하는 '푸시^{push}' 모델을 사용한다는 점이다.

옵저버블 스트림의 정의는 구독과 무관하다. 앞의 예제는 다음 예제와 똑같다.

```
IObservable<DateTimeOffset> timestamps =
  Observable.Interval(TimeSpan.FromSeconds(1))
    .Timestamp()
    .Where(x => x.Value % 2 == 0)
    .Select(x => x.Timestamp);
timestamps.Subscribe(x => Trace.WriteLine(x));
```

옵저버블 스트림으로 정의한 형식은 IObservable<TResult> 리소스로 사용할 수 있게 만드는 게 일반적이다. 그런 다음 다른 형식으로 이 스트림을 구독하거나 연산자를 통해 다른 형식과 합쳐서 새로운 옵저버블 스트림을 만들 수 있다.

System.Reactive 구독 역시 리소스다. Subscribe 연산자는 구독을 나타내는 IDisposable을 반환한다. 코드에서 옵저버블 스트림의 수신을 완료하면 구독을 삭제해야 한다.

구독은 핫 옵저버블$^{hot\ observable}$과 콜드 옵저버블$^{cold\ observable}$에서 다르게 동작한다. 핫 옵저버블은 언제든 발생할 수 있는 이벤트 스트림으로 이벤트가 발생할 때 구독이 없으면 해당 이벤트는 사라진다. 예를 들어 마우스 이동은 핫 옵저버블이다. 콜드 옵저버블은 자동으로 발생하는 이벤트가 아예 없는 옵저버블이다. 콜드 옵저버블은 구독에 대응해서 이벤트를 순서대로 발생하기 시작한다. 예를 들어 구독을 시작해야 HTTP 요청을 전달하는 HTTP 다운로드는 콜드 옵저버블이다.

Subscribe 연산자는 항상 오류 처리 매개 변수를 같이 받아야 한다. 앞의 예제는 그렇게 하지 않았다. 다음은 옵저버블 스트림에 오류가 있을 때 적절히 대응할 수 있는 더 좋은 예제다.

```
Observable.Interval(TimeSpan.FromSeconds(1))
  .Timestamp()
  .Where(x => x.Value % 2 == 0)
  .Select(x => x.Timestamp)
  .Subscribe(x => Trace.WriteLine(x),
    ex => Trace.WriteLine(ex));
```

Subject<TResult>는 System.Reactive를 실험할 때 유용한 형식의 하나이며 수동으로 구현한 옵저버블 스트림이라 할 수 있다. 코드를 통해 OnNext, OnError, OnCompleted를 호출할 수 있으며 이런 호출을 구독 대상에 전달한다. Subject<TResult>는 실험에 좋을 뿐이다. 실제 제품 코드에는 6장에서 설명할 연산자를 사용하려고 노력해야 한다.

System.Reactive에는 유용한 연산자가 셀 수 없이 많고 이 책에서 다루는 연산자는 극히 일부일 뿐이다. System.Reactive를 더 자세히 알고 싶다면 http://www.introtorx.com을 추천한다.

데이터 흐름

작업 병렬 라이브러리^{TPL, Task Parallel Library} 데이터 흐름^{dataflow}은 비동기 기술과 병렬 기술의 흥미로운 조합으로 데이터에 일련의 처리 과정을 적용해야 할 때 유용하다. URL에서 데이터를 다운로드해서 파싱하고 다른 데이터와 함께 병렬로 처리해야 할 때를 예로 들 수 있다. TPL 데이터 흐름은 대개 데이터가 한쪽 끝으로 들어와서 다른 쪽 끝으로 나갈 때까지 이동하는 간단한 파이프라인으로 쓰인다. 하지만 사실 TPL 데이터 흐름은 모든 종류의 메시^{mesh}를 처리할 수 있어서 훨씬 더 강력하다. 메시 안에 분기, 병합, 루프를 정의할 수 있고, TPL 데이터 흐름으로 적절하게 처리할 수 있다. 하지만 대부분 TPL 데이터 흐름 메시는 파이프라인으로 쓰인다.

데이터 흐름 메시의 기본 구성 단위는 데이터 흐름 블록이다. 블록은 데이터를 받는 대상 블록이거나 데이터를 만들어 내는 소스 블록 또는 둘 다일 수 있다. 소스 블록과 대상 블록을 연결하면 메시를 만들 수 있다. 연결은 5.1절에서 설명한다. 블록은 어느 정도 독립적이며 데이터가 도착하는 대로 처리해서 결과를 뒤쪽으로 밀어 넣으려고 시도한다. TPL 데이터 흐름의 일반적인 사용법은 모든 블록을 만들고 서로 연결한 뒤에 한쪽 끝에 데이터를 넣기 시작하는 것이다. 다시 말하지만, 데이터 흐름의 기능은 훨씬 강력하다. 매우 복잡하긴 하지만 데이터가 통과하는 동안 연결을 끊고 새로운 블록을 만들어서 메시에 추가할 수도 있다.

대상 블록은 데이터 수신용 버퍼를 지닌다. 버퍼가 있으면 데이터를 처리할 준비가 끝나지 않았어도 새로운 데이터를 받아들일 수 있다. 이렇게 해서 데이터가 메시를 통해 계속 흐르게 한다. 하나의 소스 블록에 2개의 대상 블록을 연결해서 분기하는 상황일 때는 이런 버퍼가 문제를 일으킬 수 있다. 소스 블록은 내려 보낼 데이터가 있으면 연결 중인 블록에 차례로 데이터를 제공하기 시작한다. 기본적으로 먼저 첫 번째 대상 블록이 데이터를 받아서 버퍼에 저장하면 두 번째 블록은 절대 데이터를 받지 못할 수 있다. 이런 문제를 해결하려면 대상 블록 버퍼를 그리디하지 않게^{non-greedy} 만들어서 제한을 둬야 한다. 5.4절에서 설명한다.

데이터를 처리 중인 대리자가 예외를 일으키는 등의 문제가 생기면 블록에 결함이 발생한다. 결함이 발생한 블록은 데이터 수신을 멈춘다. 기본적으로 블록의 결함 때문에 메시 전체가 무너지진 않는다. 따라서 메시의 해당 부분을 재구성하거나 데이터를 다시 전달할 수 있다. 하지만 복잡하긴 해도 대개 링크를 따라 대상 블록으로 결함을 전파하고 싶을 것이다. 데이터 흐름은 이런 옵션도 지원한다. 유일하게 까다로운 점은 링크를 따라 예외를 전달할 때 AggregateException으로 감싼다는 점이다. 따라서 파이프라인의 길이가 길면 예외의 중첩이 깊어질 수 있다. 다음과 같이 AggregateException.Flatten 메서드를 사용하면 이런 문제를 피할 수 있다.

```
try
{
  var multiplyBlock = new TransformBlock<int, int>(item =>
  {
    if (item == 1)
      throw new InvalidOperationException("Blech.");
    return item * 2;
  });
  var subtractBlock = new TransformBlock<int, int>(item => item - 2);
```

```
    multiplyBlock.LinkTo(subtractBlock,
      new DataflowLinkOptions { PropagateCompletion = true });

    multiplyBlock.Post(1);
    subtractBlock.Completion.Wait();
}
catch (AggregateException exception)
{
    AggregateException ex = exception.Flatten();
    Trace.WriteLine(ex.InnerException);
}
```

데이터 흐름의 오류 처리는 5.2절에서 더 자세히 설명한다.

언뜻 보면 데이터 흐름 메시는 옵저버블 스트림과 매우 비슷해 보이며 실제로도 공통점이 많다. 메시와 스트림은 모두 데이터가 통과한다는 개념을 지니고 있다. 또 메시와 스트림 모두 앞으로 데이터가 오지 않음을 알리는 정상적인 완료의 개념과 데이터 처리 중 오류가 발생했음을 알리는 비정상적인 완료의 개념을 지니고 있다. 하지만 System.Reactive(Rx)와 TPL 데이터 흐름이 완전히 똑같지는 않다. 시간과 관련이 있는 작업을 할 때는 대개 데이터 흐름 블록보다 Rx 옵저버블이 낫다. 병렬 처리를 해야 한다면 대개 Rx 옵저버블보다 데이터 흐름 블록이 낫다. 개념적으로 Rx는 옵저버블 안의 각 과정이 다음 과정을 직접 호출하므로 콜백 설정에 더 가깝다. 한편 데이터 흐름 메시 안의 각 블록은 다른 블록과 독립적이다. Rx와 TPL 데이터 흐름은 어느 정도 겹치긴 하지만 각각 쓰임새가 있다. 또 함께 사용해도 상당히 잘 동작한다. 8.8절은 Rx와 TPL 데이터 흐름 사이의 상호 운용성interoperability을 다룬다.

액터 프레임워크actor framework에 익숙하다면 TPL 데이터 흐름과 비슷한 점이 많아 보일 수 있다. 변환 대리자를 실행하거나 출력을 다음 블록에 밀어넣는 등 필요에 따라 작업을 생성한다는 점에서 각 데이터 흐름 블록은 독립적이다. 또 각 블록을 병렬로 실행하게 설정할 수 있어서 부가적인 입력을 처리할 여러 개의 작업을 생성할 수도 있다. 이런 동작 때문에 각 블록은 액터 프레임워크의 액터와 일부 비슷한 점이 있다. 하지만 TPL 데이터 흐름은 액터 프레임워크의 기능을 모두 지원하지 않는다. 특히 기본적으로 깔끔한 오류 복구 기능과 재시도 관련 기능을 지원하지 않는다. TPL 데이터 흐름은 액터 프레임워크와 비슷해 보이는 라이브러리일 뿐 모든 기능을 갖춘 액터 프레임워크가 아니다.

가장 일반적인 TPL 데이터 흐름 블록의 형식은 LINQ의 `Select`와 비슷한 `TransformBlock<TInput, TOutput>`, LINQ의 SelectMany와 비슷한 `TransformManyBlock<TInput, TOutput>`, 각 데이터 항목에 대리자를 실행하는 `ActionBlock<TResult>`다. TPL 데이터 흐름을 더 자세히 알고 싶다면 마이크로소프트의 '데이터 흐름(작업 병렬 라이브러리)'[4]과 'Guide to Implementing Custom TPL Dataflow Blocks'[5]를 참고한다.

멀티스레드 프로그래밍

스레드는 독립적인 실행 단위다. 프로세스는 여러 개의 스레드를 지니며 각 스레드는 동시에 다른 작업을 수행할 수 있다. 스레드는 자체적으로 독립적인 스택을 지니지만 프로세스 안의 다른 모든 스레드와 같은 메모리를 공유한다. 특별한 스레드를 지니는 애플리케이션도 있다. 예를 들어 사용자 인터페이스 애플리케이션은 하나의 특별한 UI 스레드를 지니고, 콘솔 애플리케이션은 하나의 특별한 main 스레드를 지닌다.

모든 닷넷 애플리케이션은 스레드 풀을 지닌다. 스레드 풀에는 개발자가 작업을 시킬 때까지 대기하는 다수의 작업 스레드가 들어 있고, 스레드 풀은 언제든 스레드 풀 안의 스레드 수를 변경할 수 있다. 스레드 풀의 동작을 변경할 수 있는 설정이 많이 있지만, 스레드 풀은 대부분 실제 상황을 다룰 수 있게 세심하게 다듬어져 왔으므로 그대로 두는 편이 좋다.

개발자가 직접 새로운 스레드를 만들 필요는 거의 없다. Thread 인스턴스를 만들어야 할 때는 COM interop용 STA 스레드가 필요할 때뿐이다.

스레드는 하위 레벨 추상화다. 스레드 풀은 조금 더 상위 레벨 추상화다. 스레드 풀에 작업을 할당하면 스레드 풀은 필요에 따라 스스로 스레드를 생성한다. 이 책은 더 높은 레벨의 추상화를 다룬다. 즉 필요에 따라 스레드 풀에서 큐를 처리하는 병렬 처리와 데이터 흐름을 다룬다. 이렇게 높은 레벨의 추상화를 사용하는 코드는 하위 레벨 추상화를 사용하는 코드보다 배우기 쉽다.

---

4 https://docs.microsoft.com/ko-kr/dotnet/standard/parallel-programming/dataflow-task-parallel-library – 옮긴이
5 https://devblogs.microsoft.com/pfxteam/paper-guide-to-implementing-custom-tpl-dataflow-blocks – 옮긴이

이런 이유로 이 책은 Thread와 BackgroundWorker 형식을 다루지 않는다.

동시성 애플리케이션용 컬렉션

동시 컬렉션, 불변immutable 컬렉션의 범주에 속하는 컬렉션은 동시성 프로그래밍에 유용하다. 두 범주 모두 9장에서 설명한다. 동시 컬렉션을 사용하면 동시에 여러 스레드가 컬렉션을 안전하게 업데이트할 수 있다. 대부분 동시 컬렉션은 하나의 스레드가 값을 살펴보는 동안 다른 스레드가 값을 추가하거나 삭제할 수 있게 하려고 스냅샷snapshot을 사용한다. 동시 컬렉션은 대개 평범한 컬렉션을 잠금으로 보호하는 방식보다 더 효율적이다.

불변 컬렉션은 조금 다르다. 불변 컬렉션은 실제로 수정할 수 없다. 불변 컬렉션을 수정하려면 수정한 컬렉션을 나타내는 새로운 컬렉션을 생성해야 한다. 엄청나게 비효율적일 듯하지만, 불변 컬렉션은 컬렉션 인스턴스끼리 최대한 많은 메모리를 공유하므로 생각보다 나쁘지 않다. 불변 컬렉션의 장점은 모든 연산자가 순수pure 연산자라 함수형 코드에 매우 적합하다는 점이다.

최신 설계 방식

대부분 동시성 기술은 본질적으로 함수형이라는 점에서 비슷한 측면이 있다. 여기서 함수형이란 함수의 조합을 바탕으로 하는 프로그래밍 방식을 말한다. 함수형 사고 방식에 익숙해지면 동시성 설계가 덜 복잡해진다.

함수형 프로그래밍의 원칙으로 순수성purity이 있다. 즉 부작용을 피해야 한다. 솔루션의 각 부분은 값을 입력받아서 출력 값을 생산한다. 가능한 한 글로벌 변수, 공유 변수에 의존하거나 글로벌 데이터 구조체 또는 공유 데이터 구조체를 업데이트하지 말아야 한다. 각 부분이 async 메서드든, 병렬 작업이든, System.Reactive 연산이든, 데이터 흐름 블록이든 상관없는 진리다. 물론 머지않아 성능 측면에서도 효과를 보겠지만 각 부분을 순수하게 처리하고 처리 결과로 업데이트를 수행한다면 코드가 더 깔끔해지는 모습을 볼 수 있다.

그 밖에 함수형 프로그램의 원칙으로 불변성이 있다. 불변성은 데이터를 변경할 수 없다는 뜻이다. 동시성 프로그래밍에서 불변 데이터가 유용한 이유는 불변 데이터는 동기화할 필요가 없어서다. 변경할 수 없다는 사실은 동기화를 필요 없게 만든다. 또 불변 데이터는 부작용을 피하는 데 도움을 준다. 불변 형식은 점점 더 많이 쓰이기 시작했으며 이 책은 불변 데이터 구조체를 다루는 몇 가지 예제를 소개한다.

핵심 기술 정리

닷넷 프레임워크는 처음부터 비동기 프로그래밍을 일부 지원했다. 하지만 2012년에 C# 5.0, VB2012와 함께 async와 await 키워드를 도입한 닷넷 4.5가 나오기 전까지 비동기 프로그래밍은 어려운 문제였다. 이 책은 모든 비동기 예제에 async, await를 사용한다. async와 이전 비동기 프로그래밍 패턴을 상호 운용하는 방법을 보여 주는 예제도 있다. 예전 플랫폼을 지원해야 할 필요가 있다면 부록 A를 참고하기 바란다.

닷넷 4.0에서 도입한 작업 병렬 라이브러리TPL는 데이터 병렬화와 작업 병렬화를 모두 지원한다. 요즘은 휴대폰처럼 리소스가 부족한 플랫폼에서도 TPL을 사용할 수 있다. TPL은 닷넷에 기본적으로 들어 있다.

System.Reactive 팀은 최대한 많은 플랫폼을 지원하려고 열심히 노력해 왔다. System.Reactive는 async, await와 마찬가지로 클라이언트든 서버든 모든 종류의 애플리케이션에 혜택을 제공한다. System.Reactive는 System.Reactive NuGet 패키지[6]를 통해 사용할 수 있다.

TPL 데이터 흐름 라이브러리는 System.Threading.Tasks.Dataflow Nuget 패키지[7]를 통해 공식적으로 배포 중이다.

---

6   https://www.nuget.org/packages/System.Reactive
7   https://www.nuget.org/packages/System.Threading.Tasks.Dataflow

대부분 동시 컬렉션은 닷넷 안에 기본적으로 들어 있다. 일부 추가적인 동시 컬렉션은 System.Threading.Channels NuGet 패키지[8]를 통해서 사용할 수 있다. 불변 컬렉션은 System.Threading.Immutable NuGet 패키지[9]를 통해서 사용할 수 있다.

---

8 https://www.nuget.org/packages/System.Threading.Channels
9 https://www.nuget.org/packages/System.Collections.Immutable

비동기의 기초

2장에서는 async와 await를 사용하는 비동기 작업의 기초를 소개한다. 여기서는 HTTP 요청, 데이터베이스 명령, 웹 서비스 호출 등 태생적으로 비동기인 작업만 다루려 한다.

UI 스레드를 차단하지 않는 등 비동기적으로 처리하고 싶은 CPU 집약적 작업이 있다면 4장과 8.4절을 살펴보기 바란다. 또 2장은 한 번 시작하고 한 번 완료하는 작업만 다룬다. 이벤트의 스트림을 처리해야 한다면 3장과 6장을 참고한다.

2.1 일정 시간 동안 일시 정지

문제점

비동기적으로 일정 시간을 기다려야 한다. 단위 테스트unit test 또는 재시도 지연을 구현할 때 흔한 상황이다. 간단한 타임아웃timeout을 코딩할 때 필요하기도 하다.

해법

Task 형식에 들어 있는 정적 메서드 Delay는 지정한 시간 뒤에 완료하는 작업을 반환한다.

다음 예제 코드는 비동기적으로 완료하는 작업을 정의한다. 비동기 작업의 구색을 갖추려면 동기적 성공, 비동기적 성공은 물론 비동기적 실패도 시험해야 한다. 다음 예제는 비동기적 성공 사례에 쓰이는 작업을 반환한다.

```
async Task<T> DelayResult<T>(T result, TimeSpan delay)
{
  await Task.Delay(delay);
  return result;
}
```

지수 백오프exponential backoff는 재시도 사이의 지연 시간을 점점 늘리는 전략으로 웹 서비스 관련 작업에 사용하면 서버가 재시도로 넘치지 않게 막을 수 있다. 다음 예제는 지수 백오프의 간단한 구현이다.

```
async Task<string> DownloadStringWithRetries(HttpClient client, string uri)
{
  // 1초 후, 다음에는 2초 후, 그다음에는 4초 후, 이런 식으로 재시도한다.
  TimeSpan nextDelay = TimeSpan.FromSeconds(1);
  for (int i = 0; i != 3; ++i)
  {
    try
    {
      return await client.GetStringAsync(uri);
    }
    catch
    {
    }

    await Task.Delay(nextDelay);
    nextDelay = nextDelay + nextDelay;
  }

  // 오류를 전파할 수 있게 마지막으로 한 번 더 시도한다.
```

```
      return await client.GetStringAsync(uri);
    }
```

 실제 제품에 사용할 코드라면 Polly NuGet 라이브러리[1]처럼 더 철두철미한 솔루션을 추천한다. 이 코드는 Task.Delay의 사용법을 보여 주는 간단한 예제일 뿐이다.

또 Task.Delay는 간단한 타임아웃으로도 쓸 수 있다. 10.3절의 CancellationTokenSource는 타임아웃 구현에 쓰이는 일반적인 형식이다. 무한히 대기하는 Task.Delay 안에 취소 토큰을 넣으면 정해진 시간 뒤에 취소할 타임아웃 작업을 만들 수 있다. 마지막으로 2.5절의 Task. WhenAny와 타임아웃 작업을 함께 사용하면 '소프트 타임아웃'을 구현할 수 있다. 다음 예제 코드는 서비스가 3초 안에 응답이 없으면 null을 반환한다.

```
async Task<string> DownloadStringWithTimeout(HttpClient client, string uri)
{
  using var cts = new CancellationTokenSource(TimeSpan.FromSeconds(3));
  Task<string> downloadTask = client.GetStringAsync(uri);
  Task timeoutTask = Task.Delay(Timeout.InfiniteTimeSpan, cts.Token);

  Task completedTask = await Task.WhenAny(downloadTask, timeoutTask);
  if (completedTask == timeoutTask)
    return null;
  return await downloadTask;
}
```

Task.Delay를 '소프트 타임아웃'으로 쓸 수는 있지만 한계가 있다. 타임아웃을 넘겨도 작업을 취소하지 않기 때문에 앞의 예제에서 다운로드 작업은 다운로드를 계속하며 따로 작업을 삭제하지 않으면 모든 응답을 다운로드한다. 더 좋은 방법은 취소 토큰을 타임아웃으로 사용해서 예제의 GetStringAsync와 같은 작업에 직접 전달하는 것이다. 즉 취소할 수 없는 작업이 있으면 다른 코드에서 Task.Delay을 사용해서 원래 작업의 타임아웃처럼 사용할 수 있다.

---

1   https://www.nuget.org/packages/Polly – 옮긴이

Task.Delay는 비동기 코드의 단위 테스트 또는 재시도 로직 구현에 좋은 선택이다. 하지만 타임아웃 구현에는 CancellationToken이 대개 더 좋은 선택이다.

참고

2.5절은 Task.WhenAny를 사용해서 먼저 완료하는 작업을 알아내는 방법을 설명한다.

10.3절은 CancellationToken을 타임아웃으로 사용하는 방법을 설명한다.

2.2 완료한 작업 반환

문제점

비동기 시그니처를 사용해서 동기 메서드를 구현해야 한다. 비동기 인터페이스 또는 비동기 클래스를 상속하고 있지만 동기적으로 구현하고 싶을 때 이런 상황이 일어날 수 있다. 이런 기법은 비동기 코드를 단위 테스트하면서 비동기 인터페이스에 사용할 간단한 스텁^{stub}이나 목^{mock}이 필요할 때 특히 유용하다.

해법

Task.FromResult를 사용하면 지정한 값으로 이미 완료한 Task<T>를 새로 만들어서 반환할 수 있다.

```
interface IMyAsyncInterface
{
  Task<int> GetValueAsync();
}

class MySynchronousImplementation : IMyAsyncInterface
{
```

```
    public Task<int> GetValueAsync()
    {
      return Task.FromResult(13);
    }
  }
```

반환 값이 따로 없는 메서드라면 성공적으로 완료한 Task가 들어 있는 Task.CompletedTask를
사용할 수 있다.

```
interface IMyAsyncInterface
{
  Task DoSomethingAsync();
}

class MySynchronousImplementation : IMyAsyncInterface
{
  public Task DoSomethingAsync()
  {
    return Task.CompletedTask;
  }
}
```

Task.FromResult는 성공적인 결과로 완료한 작업만 제공한다. NotImplementedException으로
완료한 작업 등 결과가 다른 작업이 필요하면 Task.FromException을 사용할 수 있다.

```
Task<T> NotImplementedAsync<T>()
{
  return Task.FromException<T>(new NotImplementedException());
}
```

마찬가지로 전달한 CancellationToken으로 이미 취소한 작업을 생성하는 Task.FromCanceled
도 있다.

```
Task<int> GetValueAsync(CancellationToken cancellationToken)
{
```

```
    if (cancellationToken.IsCancellationRequested)
      return Task.FromCanceled<int>(cancellationToken);
    return Task.FromResult(13);
  }
```

동기적 구현이 실패할 가능성이 있다면 다음과 같이 예외를 잡은 뒤에 Task.FromException을
사용해서 반환해야 한다.

```
  interface IMyAsyncInterface
  {
    Task DoSomethingAsync();
  }

  class MySynchronousImplementation : IMyAsyncInterface
  {
    public Task DoSomethingAsync()
    {
      try
      {
        DoSomethingSynchronously();
        return Task.CompletedTask;
      }
      catch (Exception ex)
      {
        return Task.FromException(ex);
      }
    }
  }
```

고찰

동기적인 코드를 사용해서 비동기 인터페이스를 구현하려면 모든 형태의 차단을 피해야
한다. 비동기적으로 구현할 수 있는데도 다른 작업을 차단하고 자기 작업을 완료한 뒤에 반
환한다면 비동기 메서드로 이상적이지 않다. 반례로 닷넷 BCL의 Console 텍스트 리더를 들
수 있다. Console.In.ReadLineAsync는 실제로 한 행을 읽을 때까지 호출한 스레드를 차단한

뒤에 완료한 작업을 반환한다. 이해하기 어려운 이런 동작은 많은 개발자를 놀라게 했다. 비동기 메서드에서 차단이 일어나면 호출한 스레드가 다른 작업을 시작할 수 없어서 동시성을 방해할 뿐 아니라 교착 상태를 초래할 수도 있다.

주기적으로 같은 값을 사용해서 Task.FromResult로 작업을 만들어야 한다면 작업을 미리 만들어서 저장해 놓는 방법도 고려해 보기 바란다. 예를 들어 다음과 같이 결과값 0으로 Task<int>를 만들어 놓으면 가비지 컬렉션^{garbage collection}으로 사라질 인스턴스를 다시 만들지 않아도 항상 같은 작업 결과를 사용할 수 있다.

```
private static readonly Task<int> zeroTask = Task.FromResult(0);
Task<int> GetValueAsync()
{
  return zeroTask;
}
```

Task.FromResult, Task.FromException, Task.FromCanceled는 모두 범용 형식인 TaskCompletionSource<T>의 헬퍼 메서드^{helper method}이자 축약형이다. TaskCompletionSource<T>는 다른 방식의 비동기 코드와 상호 운용에 유용한 하위 레벨 형식이다. 일반적으로 이미 완료한 작업을 반환하고 싶으면 축약형인 Task.FromResult 등을 사용해야 한다. TaskCompletionSource<T>를 사용하면 나중에 완료할 작업을 반환한다.

참고

7.1절은 비동기 메서드의 단위 테스트를 설명한다.

11.1절은 async 메서드의 상속을 설명한다.

8.3절은 TaskCompletionSource<T>를 사용해서 다른 비동기 코드와 상호 운용하는 방법을 보여 준다.

2.3 진행 상황 보고

문제점

작업을 실행하는 동안 진행 상황에 따라 대응해야 한다.

해법

IProgress<T> 형식과 Progress<T> 형식을 사용한다. async 메서드에 IProgress<T> 인수를 전달해야 한다. 여기서 T는 모든 형식일 수 있으며 보고해야 할 진행률을 나타낸다.

```
async Task MyMethodAsync(IProgress<double> progress = null)
{
  bool done = false;
  double percentComplete = 0;
  while (!done)
  {
    ...
    progress?.Report(percentComplete);
  }
}
```

호출하는 코드는 다음과 같이 사용할 수 있다.

```
async Task CallMyMethodAsync()
{
  var progress = new Progress<double>();
  progress.ProgressChanged += (sender, args) =>
  {
    ...
  };
  await MyMethodAsync(progress);
}
```

고찰

MyMethodAsync 메서드의 정의를 보면 호출하는 코드가 진행 상황 보고를 원치 않을 때 IProgress<T> 매개 변수가 null일 수 있다. 따라서 항상 async 메서드 안에서 확인하는 과정이 필요하다.

IProgress<T>.Report 메서드는 대개 비동기라는 점을 명심해야 한다. 즉 MyMethodAsync가 진행 상황을 보고하기 전에 이미 다음 과정을 실행 중일 수도 있다는 뜻이다. 이런 이유로 T는 불변 형식 또는 최소한 값 형식으로 정의해야 좋다. T가 가변 참조 형식이면 IProgress<T>.Report를 호출할 때마다 직접 별도의 복사본을 만들어야 한다.

Progress<T>는 만들어질 때 현재 컨텍스트를 캡처하고, 해당 컨텍스트 안에서 콜백을 호출한다. 즉 UI 스레드에 Progress<T>를 만들면 콜백으로 UI를 업데이트할 수 있다는 뜻이다. 비동기 메서드가 백그라운드 스레드에서 Report를 호출하더라도 UI를 업데이트할 수 있다.

진행 상황을 보고할 수 있는 메서드면 취소를 지원하는 데도 최선을 다해야 한다.

IProgress<T>는 비동기 코드 전용이 아니다. 진행 상황과 취소 모두 실행 시간이 긴 동기 코드에도 사용할 수 있고 또 사용해야 한다.

참고

10.4절은 비동기 메서드를 취소하는 방법을 설명한다.

2.4 모든 작업의 완료를 대기

문제점

다수의 작업이 모두 완료할 때까지 기다려야 한다.

해법

닷넷 프레임워크는 이런 목적으로 Task.WhenAll 메서드를 지원한다. 이 메서드는 다수의 작업을 전달받고 전달받은 작업을 모두 완료해야 완료하는 작업을 반환한다.

```
Task task1 = Task.Delay(TimeSpan.FromSeconds(1));
Task task2 = Task.Delay(TimeSpan.FromSeconds(2));
Task task3 = Task.Delay(TimeSpan.FromSeconds(1));

await Task.WhenAll(task1, task2, task3);
```

모든 작업의 결과가 같은 형식이고 모두 성공적으로 완료한다면 Task.WhenAll은 다음과 같이 모든 작업의 결과가 담긴 배열을 반환한다.

```
Task<int> task1 = Task.FromResult(3);
Task<int> task2 = Task.FromResult(5);
Task<int> task3 = Task.FromResult(7);

int[] results = await Task.WhenAll(task1, task2, task3);

// "results"에는 { 3, 5, 7 }이 들어 있다.
```

Task.WhenAll에는 IEnumerable 형식으로 작업을 전달받는 오버로드도 있지만 사용을 권하지 않는다. 개인적으로 비동기 코드와 LINQ를 함께 사용할 때는 순서를 명시적으로 '확인'하면서 시퀀스를 평가하고 컬렉션을 생성해야 코드가 더 명확해졌다.

```
async Task<string> DownloadAllAsync(HttpClient client,
  IEnumerable<string> urls)
{
  // 각 URL에 수행할 동작을 정의한다.
  var downloads = urls.Select(url => client.GetStringAsync(url));
  // 시퀀스를 평가하지 않았으므로
  // 아직 실제로 시작한 작업은 없다는 점에 주의한다.

  // 동시에 모든 URL에서 다운로드를 시작한다.
```

```
    Task<string>[] downloadTasks = downloads.ToArray();
    // 이제 모든 작업을 시작했다.

    // 모든 다운로드의 완료를 비동기적으로 대기한다.
    string[] htmlPages = await Task.WhenAll(downloadTasks);

    return string.Concat(htmlPages);
}
```

고찰

작업 중 하나가 예외를 일으키면 Task.WhenAll은 작업과 함께 해당 예외를 반환하며 실패한다. 여러 작업이 예외를 일으키면 모든 예외를 Task.WhenAll이 반환하는 Task에 넣는다. 하지만 작업이 대기 상태면 예외 중 하나만 일으킨다. 예외를 각각 확인하고 싶다면 다음과 같이 Task.WhenAll이 반환하는 Task의 Exception 속성을 살펴봐야 한다.

```
async Task ThrowNotImplementedExceptionAsync()
{
  throw new NotImplementedException();
}

async Task ThrowInvalidOperationExceptionAsync()
{
  throw new InvalidOperationException();
}

async Task ObserveOneExceptionAsync()
{
  var task1 = ThrowNotImplementedExceptionAsync();
  var task2 = ThrowInvalidOperationExceptionAsync();

  try
  {
    await Task.WhenAll(task1, task2);
  }
  catch (Exception ex)
  {
```

```
    // "ex"는 NotImplementedException 아니면 InvalidOperationException이다.
    ...
  }
}

async Task ObserveAllExceptionsAsync()
{
  var task1 = ThrowNotImplementedExceptionAsync();
  var task2 = ThrowInvalidOperationExceptionAsync();

  Task allTasks = Task.WhenAll(task1, task2);
  try
  {
    await allTasks;
  }
  catch
  {
    AggregateException allExceptions = allTasks.Exception;
    ...
  }
}
```

개인적으로 Task.WhenAll을 사용할 때는 대개 모든 예외를 살펴보지 않는다. 대개 모든 예외가 아닌 첫 번째로 발생한 예외에만 대응해도 충분하다.

앞의 예제에서 ThrowNotImplementedExceptionAsync, ThrowInvalidOperationExceptionAsync 메서드는 직접 예외를 일으키지 않는다는 점에 주의한다. async 키워드를 사용했기 때문에 예외가 잡히면 정상적으로 반환하는 작업에 넣는다. 대기할 수 있는 형식을 반환하는 메서드의 정상적이고 당연한 동작이다.

참고

2.5절은 여러 작업 중 하나의 완료를 기다리는 방법을 설명한다.

2.6절은 여러 작업의 완료를 기다리다가 각 작업이 완료되는 대로 처리하는 방법을 설명한다.

2.8절은 async Task 메서드의 예외 처리를 설명한다.

2.5 여러 작업 중 하나의 완료를 대기

문제점

여러 작업 중 하나의 완료에 대응해야 한다. 1위가 독식하는 구도에서 독립적인 여러 작업을 시도할 때 흔히 마주할 수 있는 문제다. 동시에 여러 웹 서비스에 주식 시세를 요청하고 나서 가장 먼저 응답하는 서비스의 정보에만 관심을 둘 때를 예로 들 수 있다.

해법

Task.WhenAny 메서드를 사용한다. Task.WhenAny는 일련의 작업을 입력받고, 입력받은 작업 중 하나를 완료하면, 완료하는 작업을 반환한다. 반환한 작업의 결과는 완료한 작업이다. 복잡해 보여도 걱정할 필요 없다. 글로 설명하긴 어렵지만 코드로 보면 이해하기 쉽다.

```
// 먼저 응답한 URL에서 받은 데이터의 길이를 반환한다.
async Task<int> FirstRespondingUrlAsync(HttpClient client,
  string urlA, string urlB)
{
  // 동시에 두 URL에서 다운로드를 시작한다.
  Task<byte[]> downloadTaskA = client.GetByteArrayAsync(urlA);
  Task<byte[]> downloadTaskB = client.GetByteArrayAsync(urlB);

  // 두 작업 중 하나의 완료를 기다린다.
  Task<byte[]> completedTask =
    await Task.WhenAny(downloadTaskA, downloadTaskB);

  // 해당 URL에서 받은 데이터의 길이를 반환한다.
  byte[] data = await completedTask;
  return data.Length;
}
```

고찰

Task.WhenAny가 반환하는 작업은 실패 또는 취소 상태로 완료하지 않는다. 이 '외부' 작업은 항상 성공적으로 완료하며 결과값은 첫 번째로 완료한 Task, 즉 '내부' 작업이다. 내부 작업이 예외를 지니고 완료했더라도 해당 예외를 Task.WhenAny가 반환하는 외부 작업으로 전파하지 않는다. 따라서 대개 작업이 끝난 뒤에도 await로 내부 작업을 기다려서 예외가 있는지 확인 해야 한다.

또 첫 번째 작업이 끝났을 때 나머지 작업의 취소 여부도 생각해 봐야 한다. 나머지 작업을 취소하지도 않고 대기하지도 않는다면 나머지 작업은 버려진다. 버려진 작업은 실행을 계속하겠지만 결과는 무시당한다. 버려진 작업의 예외 역시 무시당한다. 버려진 작업을 취소하지 않으면 계속 실행하면서 HTTP 연결, DB 연결, 타이머 등 불필요한 자원을 낭비할 수 있다.

Task.Delay를 작업 중 하나로 넣고 Task.WhenAny를 사용해서 타임아웃을 구현할 수도 있지만 권장하지 않는다. 취소를 통해 타임아웃을 표현하는 쪽이 더 자연스럽고 취소를 사용하면 타임아웃에 걸린 작업을 실제로 취소한다는 장점도 있다.

또 작업이 완료할 때마다 처리해야 한다면 Task.WhenAny를 사용하지 말아야 한다. 작업 목록을 만들어 놓고 완료하는 작업을 하나씩 목록에서 지워 나가면 충분하지 않을까 생각할 수 있다. 하지만 이렇게 하면 $O(N^2)$의 실행 시간이 걸린다. $O(N)$에 처리할 수 있는 알고리즘이 있다. 적절한 $O(N)$ 알고리즘은 2.6절에서 살펴본다.

참고

2.4절은 모든 작업의 완료를 비동기적으로 기다리는 방법을 설명한다.

2.6절은 모든 작업의 완료를 기다리면서 각 작업이 완료할 때마다 처리하는 방법을 설명한다.

10.3절은 취소 토큰을 사용해서 타임아웃을 구현하는 방법을 설명한다.

2.6 작업이 완료될 때마다 처리

문제점

대기할 작업이 여럿이고 각 작업이 끝나면 별도의 처리를 하고 싶다. 하지만 다른 작업이 다 끝날 때까지 기다리지 않고 각 작업이 끝나자마자 처리하고 싶다.

다음 예제 코드는 3개의 지연 작업을 시작한 뒤에 각 작업의 완료를 기다린다.

```
async Task<int> DelayAndReturnAsync(int value)
{
  await Task.Delay(TimeSpan.FromSeconds(value));
  return value;
}

// 현재 이 메서드는 "2", "3", "1"을 순서대로 출력한다.
// 이 메서드가 "1", "2", "3"을 출력하게 하고 싶다.
async Task ProcessTasksAsync()
{
  // 일련의 작업을 생성한다.
  Task<int> taskA = DelayAndReturnAsync(2);
  Task<int> taskB = DelayAndReturnAsync(3);
  Task<int> taskC = DelayAndReturnAsync(1);
  Task<int>[] tasks = new[] { taskA, taskB, taskC };

  // 각 작업을 순서대로 기다린다.
  foreach (Task<int> task in tasks)
  {
    var result = await task;
    Trace.WriteLine(result);
  }
}
```

세 번째 작업이 가장 먼저 끝나는 작업인데도 현재 이 코드는 각 작업을 순서대로 기다린다. 다른 작업의 완료를 기다리지 않고 각 작업이 끝나자마자 Trace.WriteLine 등의 처리를 하고 싶다.

해법

이 문제를 풀 수 있는 몇 가지 방법이 있다. 첫 번째로 가장 추천하는 방법을 소개하려 한다. 나머지는 '고찰'에서 설명한다.

가장 쉬운 해법은 작업을 기다리고 결과를 처리할 async 메서드를 상위 레벨에 추가해서 코드를 재구성하는 것이다. 이렇게 하고 나면 코드가 다음과 같이 상당히 단순해진다.

```csharp
async Task<int> DelayAndReturnAsync(int value)
{
  await Task.Delay(TimeSpan.FromSeconds(value));
  return value;
}

async Task AwaitAndProcessAsync(Task<int> task)
{
  int result = await task;
  Trace.WriteLine(result);
}

// 이 메서드는 이제  "1", "2", "3"을 출력한다.
async Task ProcessTasksAsync()
{
  // 일련의 작업을 생성한다.
  Task<int> taskA = DelayAndReturnAsync(2);
  Task<int> taskB = DelayAndReturnAsync(3);
  Task<int> taskC = DelayAndReturnAsync(1);
  Task<int>[] tasks = new[] { taskA, taskB, taskC };

  IEnumerable<Task> taskQuery =
    from t in tasks select AwaitAndProcessAsync(t);
  Task[] processingTasks = taskQuery.ToArray();

  // 모든 처리가 끝나길 기다린다.
  await Task.WhenAll(processingTasks);
}
```

아니면 이 코드를 다음과 같이 작성할 수 있다.

```
async Task<int> DelayAndReturnAsync(int value)
{
  await Task.Delay(TimeSpan.FromSeconds(value));
  return value;
}

// 이 메서드는 이제 "1", "2", "3"을 출력한다.
async Task ProcessTasksAsync()
{
  // 일련의 작업을 생성한다.
  Task<int> taskA = DelayAndReturnAsync(2);
  Task<int> taskB = DelayAndReturnAsync(3);
  Task<int> taskC = DelayAndReturnAsync(1);
  Task<int>[] tasks = new[] { taskA, taskB, taskC };

  Task[] processingTasks = tasks.Select(async t =>
  {
    var result = await t;
    Trace.WriteLine(result);
  }).ToArray();

  // 모든 처리가 끝나길 기다린다.
  await Task.WhenAll(processingTasks);
}
```

두 번째로 재구성한 코드는 이 문제를 해결하는 가장 깔끔하고 편리한 방법이다. 원래 코드와 약간 다르다는 점에 주의한다. 원래 코드는 작업을 하나씩 처리하지만 이 코드는 동시에 작업을 처리한다. 대개 별문제 없겠지만 이 방법이 상황에 맞지 않는다면 12.2절의 잠금을 사용하거나 바로 다음에 소개할 대안을 생각해 보기 바란다.

고찰

코드의 재구성이 마음에 들지 않는다면 다른 방법도 있다. 스티븐 토읍Stephen Toub과 존 스킷Jon Skeet은 각각 순서대로 완료할 작업의 배열을 반환하는 확장 메서드를 개발했다. 스티븐 토읍의 해법은 .NET Parallel Programming 블로그[2]에서, 존 스킷의 해법은 존 스킷의 코딩 블로그[3]에서 찾아볼 수 있다.

 Nito.AsyncEx NuGet 패키지[4]에 들어 있는 AsyncEx라는 오픈소스 라이브러리[5]의 OrderBy Completion 확장 메서드를 사용하는 방법도 있다.

OrderByCompletion 같은 확장 메서드를 사용하면 원래 코드에서 바꿀 부분을 최소화할 수 있다.

```csharp
async Task<int> DelayAndReturnAsync(int value)
{
  await Task.Delay(TimeSpan.FromSeconds(value));
  return value;
}

// 이 메서드는 이제 "1", "2", "3"을 출력한다.
async Task UseOrderByCompletionAsync()
{
  // 일련의 작업을 생성한다.
  Task<int> taskA = DelayAndReturnAsync(2);
  Task<int> taskB = DelayAndReturnAsync(3);
  Task<int> taskC = DelayAndReturnAsync(1);
  Task<int>[] tasks = new[] { taskA, taskB, taskC };

  // 각 작업의 완료를 대기한다.
  foreach (Task<int> task in tasks.OrderByCompletion())
  {
    int result = await task;
    Trace.WriteLine(result);
  }
}
```

2   https://devblogs.microsoft.com/pfxteam/processing-tasks-as-they-complete

3   https://codeblog.jonskeet.uk/2012/01/16/eduasync-part-19-ordering-by-completion-ahead-of-time

4   https://www.nuget.org/packages/Nito.AsyncEx

5   https://github.com/StephenCleary/AsyncEx

참고

2.4절은 모든 작업의 완료를 비동기적으로 기다리는 방법을 설명한다.

2.7 연속 작업용 컨텍스트 회피

문제점

async 메서드는 await 후에 재개할 때 기본적으로 같은 컨텍스트 안에서 실행을 재개한다. 이때 컨텍스트가 UI 컨텍스트이고 많은 수의 async 메서드가 UI 컨텍스트에서 재개하면 성능 문제가 일어날 수 있다.

해법

원래 컨텍스트에서 재개하지 않으려면 다음과 같이 ConfigureAwait의 결과를 await로 기다리면서 continueOnCapturedContext 매개 변수에 false를 전달해야 한다.

```
async Task ResumeOnContextAsync()
{
  await Task.Delay(TimeSpan.FromSeconds(1));

  // 이 메서드는 같은 컨텍스트 안에서 재개한다.
}

async Task ResumeWithoutContextAsync()
{
  await Task.Delay(TimeSpan.FromSeconds(1)).ConfigureAwait(false);

  // 이 메서드는 재개할 때 자신의 컨텍스트를 무시한다.
}
```

고찰

UI 스레드에 많은 수의 연속 작업^{continuation}을 실행하면 성능 문제가 일어날 수 있다. 이런 유형의 성능 문제는 진단하기 어렵다. 연속 작업의 수가 시스템을 느리게 하는 유일한 원인이 아니기 때문이다. 애플리케이션이 복잡해지면 '티끌 모아 태산'이라는 말처럼 작은 문제가 모여 UI 성능 문제가 일어나기 시작한다.

진짜 문제는 UI 스레드에 연속 작업이 몇 개여야 많다고 할 수 있는가다. 명확한 답은 없지만 마이크로소프트의 루시안 위스칙^{Lucian Wischik}이 공개한 유니버설 윈도우^{Universal Windows} 팀의 지침에 따르면 초당 백여 개 정도는 괜찮아도 초당 천 개 정도는 너무 많다고 한다.

이런 문제는 애초에 피하는 게 상책이다. 모든 async 메서드를 작성할 때 원래 컨텍스트에서 재개할 필요가 없다면 ConfigureAwait를 사용하기 바란다. 그렇게 해도 아무런 불이익이 없다.

또 async 코드를 작성할 때 컨텍스트를 알아놓으면 좋다. 일반적으로 async 메서드는 UI 요소 또는 ASP.NET의 요청, 응답 처리처럼 컨텍스트가 필요하거나 백그라운드 작업일 때처럼 컨텍스트에서 자유롭거나 둘 중 하나다. 일부는 컨텍스트가 필요하고 일부는 컨텍스트가 필요 없는 async 메서드가 있다면 둘 이상의 async 메서드로 분리하는 방법도 생각해 보기 바란다. 이런 방식은 코드를 계층별로 더 잘 정리하는 데 도움을 준다.

참고

1장은 비동기 프로그래밍을 소개한다.

2.8 async Task 메서드의 예외 처리

문제점

예외 처리는 모든 설계에서 중요한 부분이다. 성공 사례에 관한 설계는 쉽다. 하지만 실패 사례까지 다루지 않으면 올바른 설계라 할 수 없다. 다행히 async Task 메서드의 예외 처리는 간단하다.

해법

동기 코드와 마찬가지로 다음과 같이 간단한 try, catch를 통해 예외를 잡을 수 있다.

```
async Task ThrowExceptionAsync()
{
  await Task.Delay(TimeSpan.FromSeconds(1));
  throw new InvalidOperationException("Test");
}

async Task TestAsync()
{
  try
  {
    await ThrowExceptionAsync();
  }
  catch (InvalidOperationException)
  {
  }
}
```

async Task 메서드에서 발생한 예외는 반환할 Task에 추가된다. 추가한 예외는 반환한 Task 가 대기 중일 때만 일어난다.

```
async Task ThrowExceptionAsync()
{
  await Task.Delay(TimeSpan.FromSeconds(1));
  throw new InvalidOperationException("Test");
}

async Task TestAsync()
{
  // 메서드가 예외를 일으키고 이 예외를 반환할 작업에 추가한다.
  Task task = ThrowExceptionAsync();
```

```
  try
  {
      // 작업을 대기 중인 여기에서 예외가 다시 일어난다.
      await task;
  }
  catch (InvalidOperationException)
  {
      // 예외는 여기서 제대로 잡힌다.
  }
}
```

고찰

async Task에서 예외가 일어나면 해당 예외를 잡아서 반환할 Task에 추가한다. async void 메서드는 예외를 추가할 Task가 없으므로 동작 방식이 다르다. async void 메서드의 예외 처리는 2.9절에서 다룬다.

실패한 작업을 await로 대기 중이면 해당 작업의 첫 번째 예외가 다시 발생한다. 예외가 다시 발생할 때의 문제점을 잘 알고 있다면 스택 추적이 궁금할 수 있다. 안심해도 좋다. 예외가 다시 발생할 때 원래 스택 추적은 그대로 보존된다.

좀 복잡해 보이지만 이 모든 복잡한 구조가 잘 맞물려서 동작하기 때문에 단순한 상황은 간단한 코드로 해결할 수 있다. 대부분 코드는 호출한 비동기 메서드의 예외를 전파해야 한다. 비동기 메서드가 반환하는 작업을 await로 대기하기만 하면 예외를 자연스럽게 전파할 수 있다.

Task.WhenAll을 사용할 때처럼 Task에 여러 개의 예외가 들어 있는 상황도 있을 수 있지만, await는 첫 번째 예외만 다시 던진다. 모든 예외를 처리하는 방법은 2.4절을 참고한다.

참고

2.4절은 다수의 작업을 기다리는 방법을 설명한다.

2.9절은 async void 메서드의 예외를 잡는 기법을 설명한다.

7.2절은 async Task 메서드가 일으키는 예외의 단위 테스트를 설명한다.

2.9 async void 메서드의 예외 처리

문제점

async void 메서드가 전파하는 예외를 처리해야 한다.

해법

괜찮은 해법은 없다. 할 수만 있다면 void가 아닌 Task를 반환하게 메서드를 바꿔야 한다. 하지만 그럴 수 없는 상황도 있다. 예를 들어 void를 반환해야 하는 ICommand 구현을 단위 테스트해야 한다고 하자. 이럴 땐 다음과 같이 Task를 반환하는 Execute 메서드의 오버로드를 만들 수 있다.

```
sealed class MyAsyncCommand : ICommand
{
  async void ICommand.Execute(object parameter)
  {
    await Execute(parameter);
  }

  public async Task Execute(object parameter)
  {
    ...// 여기에 비동기 작업을 구현한다.
  }

  ...// CanExecute 등 기타 멤버
}
```

async void 메서드의 예외는 전파하지 않는 편이 좋다. async void 메서드를 꼭 사용해야 한다면 메서드의 모든 코드를 try 블록으로 감싸고 직접 예외를 처리하는 방법을 생각해 보기 바란다.

async void 메서드의 예외는 다른 방법으로도 처리할 수 있다. async void 메서드가 예외를 전파하면 이 예외는 async void 메서드가 실행을 시작한 시점에 활성 상태였던 SynchronizationContext에서 발생한다. SynchronizationContext를 제공하는 실행 환경이면 대개 전역 범위에서 이런 최상위 레벨의 예외를 처리할 방법이 있다. 예를 들어 WPF에는 Application.DispatcherUnhandledException이, 유니버설 윈도우에는 Application.UnhandledException이, ASP.NET에는 UseExceptionHandler 미들웨어가 있다.

또 SynchronizationContext를 직접 다뤄서 async void 메서드의 예외를 처리할 수도 있다. SynchronizationContext를 따로 만들려면 쉽지 않지만 다행히 Nito.AsyncEx라는 무료 NuGet 헬퍼 라이브러리의 AsyncContext 형식을 사용할 수 있다. AsyncContext는 특히 콘솔 애플리케이션, Win32 서비스처럼 기본적으로 SynchronizationContext가 없는 애플리케이션에 유용하다. 다음 예제는 AsyncContext를 사용해서 async void 메서드를 실행하고 예외를 처리한다.

```
static class Program
{
  static void Main(string[] args)
  {
    try
    {
      AsyncContext.Run(() => MainAsync(args));
    }
    catch (Exception ex)
    {
      Console.Error.WriteLine(ex);
    }
  }

  // 부적절한 코드다!!!
  // 실제로 꼭 필요할 때가 아니면 async void를 사용하지 말아야 한다.
  static async void MainAsync(string[] args)
  {
```

```
        ...
    }
}
```

고찰

async void보다 async Task를 선호하는 이유의 하나는 Task를 반환하는 메서드의 테스트가 더 쉽기 때문이다. void를 반환하는 메서드를 Task를 반환하는 메서드로 오버로딩하기만 해도 외부에서 API를 테스트해 볼 수 있다.

AsyncContext처럼 따로 SynchronizationContext 형식을 제공해야 한다면 소유하지 않은 스레드에 해당 SynchronizationContext를 설치하지 말아야 한다. 일반적으로 UI 스레드, 클래식 ASP.NET의 요청 스레드처럼 이미 SynchronizationContext가 있는 스레드에 설치하지 말아야 하며 스레드 풀 스레드에도 설치하지 말아야 한다. 콘솔 애플리케이션의 main 스레드는 사용자 소유이므로 개발자가 직접 생성하는 모든 스레드도 마찬가지다.

 AsyncContext 형식은 Nito.AsyncEx NuGet 패키지[6]에 들어 있다.

참고

2.8절은 async Task 메서드의 예외 처리를 설명한다.

7.3절은 async void 메서드의 단위 테스트를 설명한다.

---

6   https://www.nuget.org/packages/Nito.AsyncEx

2.10 ValueTask 생성

문제점

ValueTask<T>를 반환하는 메서드를 구현해야 한다.

해법

ValueTask<T>는 대개 반환할 수 있는 동기적 결과가 있고 비동기 동작이 드문 상황에서 반환 형식으로 쓰인다. 일반적으로 애플리케이션 코드는 ValueTask<T>가 아닌 Task<T>를 반환 형식으로 사용해야 한다. 프로파일링^{profiling}을 통해 애플리케이션의 성능 향상을 확인할 수 있을 때만 ValueTask<T>를 반환 형식으로 쓸지 생각해 봐야 한다. 즉 ValueTask<T>를 반환하는 메서드를 구현해야 할 상황이 분명 있다는 뜻이다. 이런 상황의 하나로 ValueTask를 반환하는 DisposeAsync 메서드가 있는 IAsyncDisposable을 구현할 때를 들 수 있다. 비동기 삭제에 관한 더 자세한 내용은 11.6절을 참고한다.

ValueTask<T>를 반환하는 메서드를 구현하는 가장 쉬운 방법은 정상적인 async 메서드처럼 async, await를 사용하는 것이다.

```
public async ValueTask<int> MethodAsync()
{
  await Task.Delay(100); // 비동기 작업
  return 13;
}
```

ValueTask<T>를 반환하는 메서드는 즉시 값을 반환할 수 있을 때가 많다. 그럴 땐 Value Task<T> 생성자를 사용해서 해당 상황에 맞게 최적화한 뒤에 필요할 때만 느린 비동기 메서드로 전달할 수 있다.

```
public ValueTask<int> MethodAsync()
{
  if (CanBehaveSynchronously)
```

```
      return new ValueTask<int>(13);
    return new ValueTask<int>(SlowMethodAsync());
  }

  private Task<int> SlowMethodAsync();
```

제네릭이 아닌 ValueTask도 비슷하게 할 수 있다. 즉 ValueTask의 기본 생성자를 사용해서 성공적으로 완료한 ValueTask를 반환할 수 있다. 다음 예제는 비동기 삭제 로직을 딱 한 번 실행하는 IAsyncDisposable 인터페이스의 구현을 보여 준다. 이후 호출하는 DisposeAsync 메서드는 성공적으로 그리고 '동기적으로' 완료한다.

```
  private Func<Task> _disposeLogic;

  public ValueTask DisposeAsync()
  {
    if (_disposeLogic == null)
      return default;

    // 주의: 이 단순한 예제는 스레드로부터 안전(thread-safe)하지 않다.
    // 여러 스레드가 DisposeAsync를 호출하면
    // 삭제 로직이 두 번 이상 실행될 수도 있다.
    Func<Task> logic = _disposeLogic;
    _disposeLogic = null;
    return new ValueTask(logic());
  }
```

고찰

대부분 메서드는 Task<T>를 반환해야 한다. ValueTask<T>보다 Task<T>를 사용할 때 문제가 더 적기 때문이다. 이런 문제는 2.11절에서 자세히 살펴본다.

대개 ValueTask나 ValueTask<T>를 사용하는 인터페이스를 구현 중이라면 간단하게 async, await를 사용할 수 있다. ValueTask<T>를 직접 사용하고 싶다면 더 복잡한 구현이 필요하다.

여기서 소개한 ValueTask<T>와 ValueTask의 인스턴스를 만드는 방법은 더 간단하고 일반적인 방법이다. 할당을 절대적으로 최소화해야 하는 까다로운 상황에 더 적합한 방법도 있다. 이렇게 더 수준 높은 방법을 통해 IValueTaskSource<T> 구현을 캐싱 또는 풀링하고 다양한 비동기 메서드 호출에 다시 사용할 수 있다. 자세한 내용은 ManualResetValueTaskSourceCore<T> 형식에 관한 마이크로소프트 문서[7]를 참고하기 바란다.

참고

2.11절은 ValueTask<T> 형식과 ValueTask 형식을 사용할 때의 한계를 설명한다.

11.6절은 비동기 삭제를 다룬다.

2.11 ValueTask 사용

문제점

ValueTask<T> 값을 사용해야 한다.

해법

await는 ValueTask<T>나 ValueTask 값을 사용하는 가장 간단하고 일반적인 방법이다. 대부분 다음과 같이 사용한다.

```
ValueTask<int> MethodAsync();

async Task ConsumingMethodAsync()
{
    int value = await MethodAsync();
}
```

---

7 https://docs.microsoft.com/ko-kr/dotnet/api/system.threading.tasks.sources.manualresetvaluetasksourcecore-1 – 옮긴이

74

또 다음과 같이 Task<T>와 마찬가지로 동시성 작업을 수행한 뒤 await로 대기할 수도 있다.

```
ValueTask<int> MethodAsync();

async Task ConsumingMethodAsync()
{
  ValueTask<int> valueTask = MethodAsync();
  ...// 기타 동시성 작업
  int value = await valueTask;
}
```

ValueTask는 단 한 번만 대기하므로 두 방법 모두 적절하다. 이렇게 한 번만 대기한다는 점은 ValueTask의 제약 사항 중 하나다.

 ValueTask나 ValueTask<T>는 딱 한 번만 대기할 수 있다.

더 복잡한 작업을 하려면 다음과 같이 AsTask를 호출해서 ValueTask<T>를 Task<T>로 변환해야 한다.

```
ValueTask<int> MethodAsync();

async Task ConsumingMethodAsync()
{
  Task<int> task = MethodAsync().AsTask();
  ...// 기타 동시성 작업
  int value = await task;
  int anotherValue = await task;
}
```

Task<T>는 await로 여러 번 대기해도 완벽하게 안전하다. 2.4절처럼 모든 작업의 완료를 비동기적으로 기다리는 등 다른 방식으로도 활용할 수 있다.

```
ValueTask<int> MethodAsync();

async Task ConsumingMethodAsync()
{
  Task<int> task1 = MethodAsync().AsTask();
  Task<int> task2 = MethodAsync().AsTask();
  int[] results = await Task.WhenAll(task1, task2);
}
```

하지만 각 ValueTask<T>에서 AsTask는 한 번만 호출할 수 있다. 일반적인 처리 방법은 즉시 Task<T>로 변환한 다음 ValueTask<T>를 무시하는 것이다. 또 하나의 ValueTask<T>에 await와 AsTask 호출을 함께할 수 없다는 점에 주의한다.

대부분 코드는 ValueTask<T>를 즉시 await로 대기하거나 Task<T>로 변환해야 한다.

고찰

ValueTask<T>의 다른 속성은 더 높은 수준의 활용에 중점을 맞추고 있으며 지금까지 봐온 속성과 다르게 동작하는 경향이 있다. 특히 ValueTask<T>.Result는 Task<T>.Result보다 제약이 많다. ValueTask<T>에서 동기적으로 결과를 구하는 코드는 ValueTask<T>.Result나 ValueTask<T>.GetAwaiter().GetResult()를 호출할 수 있다. 하지만 이런 멤버는 ValueTask<T>를 완료하기 전에는 절대 호출하지 말아야 한다. Task<T>에서 동기적으로 결과를 구하면 작업을 완료할 때까지 호출한 스레드를 차단한다. 하지만 ValueTask<T>는 그런 보장을 하지 않는다.

ValueTask나 ValueTask<T>에서 동기적으로 결과를 얻으려면 ValueTask를 완료한 뒤에 한 번만 할 수 있다. 또 이 ValueTask는 await로 대기하거나 Task로 변환할 수 없다.

반복해서 실행할 위험이 있는 코드가 ValueTask나 ValueTask<T>를 반환하는 메서드를 호출한다면 즉시 해당 ValueTask를 await로 대기하거나 AsTask를 호출해서 Task로 변환해야 한다.

이런 간단한 지침으로 모든 상황에 대응할 수는 없다. 하지만 대부분 애플리케이션은 이 정도로 충분하다.

참고

2.10절은 메서드에서 ValueTask<T>와 ValueTask 값을 반환하는 방법을 설명한다.

2.4절과 2.5절은 동시에 여러 작업을 기다리는 방법을 설명한다.

3장

비동기 스트림

비동기 스트림^{asynchronous stream}은 비동기적으로 다수의 데이터 항목을 수신하는 방법이며 비동기 열거 가능형인 IAsyncEnumerable<T>를 바탕으로 만들어졌다. 비동기 열거 가능형은 열거 가능형의 비동기 버전이다. 즉 필요에 따라 항목을 만들 수 있으며 각 항목을 비동기적으로 만들 수 있다.

개인적으로 이미 익숙한 다른 형식과 비동기 스트림을 대조하고 차이점을 생각해 보는 시간이 매우 유용했다. 이렇게 하면 비동기 스트림을 사용해야 할 때와 다른 형식이 더 적합할 때를 기억하는 데 도움을 준다.

비동기 스트림과 Task⟨T⟩

Task<T>를 사용하는 일반적인 비동기 처리 방법은 하나의 데이터 값만 비동기적으로 처리하기에는 충분하다. Task<T>는 완료하고 나면 끝이다. 즉 하나의 Task<T>는 둘 이상의 값을 제공할 수 없다. T가 컬렉션이라도 값은 한 번만 제공할 수 있다. Task<T>와 async의 사용에 관한 자세한 내용은 1장의 '비동기 프로그래밍' 절과 2장을 참고한다.

Task\<T\>와 비동기 스트림을 비교하면 비동기 스트림은 열거 가능형과 더 비슷하다. 특히 IAsyncEnumerator\<T\>는 한 번에 하나씩 얼마든지 많은 T 값을 제공할 수 있다. IEnumerator\<T\>와 마찬가지로 IAsyncEnumerator\<T\>의 길이는 무한할 수 있다.

비동기 스트림과 IEnumerable\<T\>

IAsyncEnumerable\<T\>는 이름이 암시하듯이 IEnumerable\<T\>와 비슷하다. 별로 놀랍지 않게도 둘 다 사용하는 쪽에서 한 번에 하나씩 요소를 가져갈 수 있다. 큰 차이점은 이름처럼 하나는 비동기이고 다른 하나는 아니라는 점이다.

IEnumerable\<T\>를 사용하는 코드는 IEnumerable\<T\>를 반복하며 각 요소를 가져올 때 다른 코드를 차단한다. IEnumerable\<T\>의 각 요소가 데이터베이스 쿼리나 API 호출 등 I/O와 엮인 작업을 나타낸다면 I/O까지도 차단하는 IEnumerable\<T\>는 좋은 선택이 아니다. IAsyncEnumerable\<T\>는 각 요소를 비동기적으로 가져온다는 점을 제외하면 IEnumerable\<T\>와 똑같이 동작한다.

비동기 스트림과 Task\<IEnumerable\<T\>\>

2개 이상의 항목이 들어 있는 컬렉션도 분명 비동기적으로 반환할 수 있다. Task\<List\<T\>\>가 좋은 예다. 하지만 List\<T\>를 반환하는 async 메서드는 하나의 return 문밖에 실행할 수 없다. 따라서 반환하기 전에 컬렉션을 완전히 채워야 한다. Task\<IEnumerable\<T\>\>를 반환하는 메서드도 비동기적으로 열거 가능형을 반환할 수 있지만, 해당 열거 가능형의 평가는 동기적으로 이뤄진다. LINQ-to-Entities에 Task\<List\<T\>\>를 반환하는 LINQ 메서드인 ToListAsync가 있다고 하자. LINQ 공급자^{provider}가 이 메서드를 실행하면 목록을 반환하기 전에 데이터베이스와 통신해서 돌려받은 응답으로 목록을 다 채워야 한다.

Task\<IEnumerable\<T\>\>의 한계는 각 항목을 바로 반환할 수 없다는 점이다. 컬렉션을 반환하려면 모든 항목을 메모리에 로드하고 컬렉션을 채운 뒤에 한 번에 컬렉션을 통째로 반환해야 한다. LINQ 쿼리를 반환할 때도 비동기적으로 쿼리를 빌드할 수는 있지만 반환한 쿼리를 받은 뒤에는 쿼리에서 각 항목을 동기적으로 가져와야 한다. 마찬가지로 IAsyncEnumerable<T>도 여러 항목을 비동기적으로 반환하지만 IAsyncEnumerable<T>는 반환한 각 항목을 비동기적으로 처리할 수 있다는 차이가 있다. 말 그대로 항목의 비동기 스트림이다.

비동기 스트림과 IObservable<T>

옵저버블은 진정한 개념의 비동기 스트림이며 한 번에 하나씩 만들어 내는 알림을 통해 차단 없이 제대로 비동기 코드를 지원할 수 있다. 하지만 IObservable<T>의 사용 방식은 IAsyncEnumerable<T>와 완전히 다르다. IObservable<T>는 6장에서 더 자세하게 설명한다.

IObservable<T>를 사용하려면 옵저버블 알림을 만들 LINQ와 비슷한 쿼리를 정의한 다음 옵저버블을 구독해서 알림을 공급하기 시작해야 한다. 옵저버블을 사용해서 작업할 코드는 먼저 들어오는 알림에 대응할 방법을 정의한 뒤에 활성화해야 한다. 이런 방식이 바로 '리액티브reactive'다. 한편 IAsyncEnumerable<T>의 사용법은 비동기라는 점만 빼면 IEnumerable<T>의 사용법과 비슷하다.

또 배압backpressure이라는 문제도 있다. System.Reactive의 모든 알림은 동기식이라 옵저버블은 하나의 항목에 관한 알림을 구독자에 보내는 즉시 실행을 계속하면서 전송할 다음 항목을 가져온다. 이때 API를 다시 호출할 수도 있다. 옵저버블을 구독한 코드가 각 알림이 도착하는 대로 비동기 작업을 하는 등 비동기적으로 스트림을 사용하는 중이면 알림의 소비가 끝나기 전에 다음 알림이 도착해서 알림 사이에 경쟁이 일어날 수 있다.

IObservable<T>는 푸시push 기반이고, IAsyncEnumerable<T>는 풀pull 기반이라고 생각하면 좋다. 옵저버블 스트림은 코드에 알림을 밀어push넣지만 비동기 스트림은 코드가 스트림에서 데이터 항목을 비동기적으로 끌어당길pull 수 있다. 옵저버블 스트림은 소비하는 코드가 다음 항목을 요청할 때만 실행을 재개한다.

정리

때로는 이론적인 예가 유용할 수 있다. 많은 API가 결과를 페이징하려고 offset과 limit를 매개 변수로 사용한다. 이런 API에서 결과를 가져온 뒤에 상위 레벨 메서드에서 페이징을 다룰 필요가 없게 직접 페이징을 처리하는 메서드를 정의하고 싶다고 하자.

이 메서드가 Task<T>를 반환한다면 하나의 T밖에 반환할 수 없다는 제약이 있다. 결과가 T인 API를 한 번 호출한다면 괜찮겠지만 API를 여러 번 호출해야 하는 메서드라면 Task<T>는 반환 형식으로 적합하지 않다.

IEnumerable<T>를 반환하는 메서드라면 API를 여러 번 호출하는 루프를 만들어서 결과를 페이징할 수 있다. 메서드가 API를 호출할 때마다 API는 해당 페이지의 결과를 yield return으로 반환한다. API 호출이 더 필요할 때는 다른 페이지의 결과가 필요할 때뿐이다. 안타깝게도 IEnumerable<T>를 반환하는 메서드는 비동기적일 수 없다. 따라서 모든 API 호출은 동기적이어야 한다.

Task<List<T>>를 반환하는 메서드라면 비동기적으로 API를 호출하고 API 결과를 페이징하는 루프를 만들 수 있다. 하지만 API의 응답을 받을 때마다 각 항목을 반환할 수는 없다. 모든 결과를 쌓아 놓고 한 번에 반환해야 한다.

IObservable<T>를 반환하는 메서드라면 System.Reactive를 사용해서 스트림을 구독할 때 각 항목을 요청하기 시작하고 각 항목을 가져오는 대로 전달하는 옵저버블 스트림을 구현할 수 있다. 이 추상화는 푸시 기반이라 코드로 밀려오는 API의 결과를 처리해야 하는 듯이 보여서 처리하기가 더 어렵다. IObservable<T>는 WebSocket/SignalR의 메시지를 수신하고 응답해야 하는 등의 상황에 더 적합하다.

IAsyncEnumerable<T>를 반환하는 메서드라면 await와 yield return을 함께 사용하는 정상적인 루프를 통해 진정한 풀 기반 비동기 스트림을 만들 수 있다. IAsyncEnumerable<T>는 이런 상황에 자연스럽게 잘 어울린다.

표 3-1은 많이 쓰이는 형식의 다양한 역할을 정리해서 보여 준다.

형식	단일 값 또는 복수 값	동기 또는 비동기	푸시 또는 풀
T	단일 값	동기	해당 없음
IEnumerable<T>	복수 값	동기	해당 없음
Task<T>	단일 값	비동기	풀
IAsyncEnumerable<T>	복수 값	비동기	풀
IObservable<T>	단일 또는 복수 값	비동기	푸시

3.1 비동기 스트림 생성

문제점

다수의 값을 반환해야 하며 각 값은 비동기 작업이 필요할 수 있다. 여기까지 도달하는 경로는 대개 다음 둘 중 하나다.

- IEnumerable<T> 등으로 다수의 값을 반환 중이고 비동기 작업을 추가해야 한다.
- Task<T> 등으로 하나의 비동기 작업 결과를 반환 중이고 다른 반환 값을 추가해야 한다.

해법

yield return을 사용하면 메서드에서 다수의 값을 반환할 수 있다. 그리고 비동기 메서드는 async와 await를 사용한다. 비동기 스트림을 사용하면 이 둘을 합칠 수 있다. 반환 형식으로 IAsyncEnumerable<T>를 사용하기만 하면 된다.

```
async IAsyncEnumerable<int> GetValuesAsync()
{
  await Task.Delay(1000); // 비동기 작업
  yield return 10;
  await Task.Delay(1000); // 추가적인 비동기 작업
```

```
    yield return 13;
  }
```

이 간단한 예제는 await와 함께 yield return을 사용해서 비동기 스트림을 생성하는 방법을
보여 준다.

좀 더 현실적인 예를 들면 다음과 같이 페이징용 매개 변수를 사용하는 API의 모든 결과를
비동기적으로 나열할 수 있다.

```
async IAsyncEnumerable<string> GetValuesAsync(HttpClient client)
{
  int offset = 0;
  const int limit = 10;
  while (true)
  {
    // 전체 결과 중 현재 페이지를 가져와서 파싱한다.
    string result = await client.GetStringAsync(
      $"https://example.com/api/values?offset={offset}&limit={limit}");
    string[] valuesOnThisPage = result.Split('\n');

    // 현재 페이지의 결과를 전달한다.
    foreach (string value in valuesOnThisPage)
      yield return value;

    // 마지막 페이지면 끝낸다.
    if (valuesOnThisPage.Length != limit)
      break;

    // 아니면 다음 페이지로 넘어간다.
    offset += limit;
  }
}
```

GetValuesAsync를 시작하면 데이터의 첫 페이지를 요청한 다음 첫 번째 요소를 전달한다. 그
런 다음 두 번째 요소는 요청하는 즉시 전달할 수 있다. 첫 번째 요소와 같이 첫 페이지에 있
기 때문이다. 그리고 다음 요소, 그다음 요소, 그렇게 최대 10개까지는 같은 페이지 안에 있

어서 즉시 전달할 수 있다. 이제 11번째 요소를 요청하면 valuesOnThisPage 안의 모든 값을 사용했기 때문에 첫 페이지에 남은 요소가 없다. GetValuesAsync는 while 루프를 계속 실행해서 다음 페이지로 넘어간다. 그런 다음 데이터의 두 번째 페이지를 비동기적으로 요청하고 새로운 값을 돌려받은 뒤에 11번째 요소를 전달한다.

고찰

async와 await가 등장한 이후로 yield return과 함께 사용할 수 있는지 궁금해 하는 개발자가 많았다. 수년 동안은 불가능한 일이었다. 하지만 이제 비동기 스트림 덕분에 C#과 최신 버전의 닷넷에서는 그렇게 할 수 있다.

앞의 예제에서 주의해야 할 점 하나는 결과의 일부에만 비동기 작업이 필요하다는 점이다. 예제에서는 페이지의 길이가 10이라 10개의 요소당 한 번의 비동기 작업이 필요하다. 페이지의 길이가 20이면 20개의 요소당 한 번만 비동기 작업이 필요하다.

이게 비동기 스트림의 정상적인 사용 방식이다. 스트림의 비동기적 반복[iteration]은 사실 대부분 동기적이다. 비동기 스트림은 단지 다음 항목을 비동기적으로 가져올 수 있을 뿐이다. 비동기 스트림은 비동기 코드와 동기 코드를 모두 염두에 두고 만들어졌다. 비동기 스트림이 ValueTask<T>를 바탕으로 만들어진 이유다. 비동기 스트림은 내부적으로 ValueTask<T>를 사용하기 때문에 항목을 동기적으로 가져오든 비동기적으로든 가져오든 효율을 극대화할 수 있다. ValueTask<T>와 적절한 사용 시점의 자세한 설명은 2.10절을 참고한다.

비동기 스트림을 구현하려면 취소 기능의 지원도 생각해야 한다. 비동기 스트림의 취소에 관한 상세한 논의는 3.4절을 참고한다. 실제로 취소가 필요 없는 상황도 있다. 비동기 스트림을 사용하는 코드는 항상 다음 요소를 가져오지 않기로 선택할 수 있다. 외부에서의 취소가 없다면 완벽하게 좋은 방법이다. 다음 요소를 가져오는 중이라도 취소하길 바라는 비동기 스트림이 있다면 CancellationToken을 사용해서 적절한 취소를 지원할 수 있다.

3.2절은 비동기 스트림의 사용법을 설명한다.

3.4절은 비동기 스트림의 취소 처리를 설명한다.

2.10절은 ValueTask<T>와 적절한 사용 시점을 자세히 설명한다.

3.2 비동기 스트림 사용

문제점

비동기 열거 가능형이라고도 하는 비동기 스트림의 결과를 처리해야 한다.

해법

비동기 작업은 await를 통해 사용하고 열거 가능형은 일반적으로 foreach를 통해 사용한다. 비동기 열거 가능형은 이 둘을 합친 await foreach로 사용한다. 예를 들면 다음과 같이 API 응답을 페이징하는 비동기 열거 가능형을 사용해서 각 요소를 콘솔에 출력할 수 있다.

```
IAsyncEnumerable<string> GetValuesAsync(HttpClient client);

public async Task ProcessValueAsync(HttpClient client)
{
  await foreach (string value in GetValuesAsync(client))
  {
    Console.WriteLine(value);
  }
}
```

개념상 이 예제는 GetValuesAsync를 호출하고 GetValuesAsync는 IAsyncEnumerable<T>를 반환한다. foreach는 비동기 열거 가능형에서 비동기 열거자^{enumerator}를 생성한다. 논리적으로 비동기 열거자는 다음 요소를 가져오는 작업을 비동기로 수행할 수 있다는 점만 빼면 일반적인 열거자와 비슷하다. 따라서 await foreach는 다음 요소의 도착 또는 비동기 열거자의 완료를 대기한다. 다음 요소가 도착하면 await foreach는 루프의 바디[body]를 실행하고 비동기 열거자가 완료하면 루프를 빠져나간다.

또 당연히 다음과 같이 각 요소를 비동기적으로 처리할 수도 있다.

```
IAsyncEnumerable<string> GetValuesAsync(HttpClient client);

public async Task ProcessValueAsync(HttpClient client)
{
  await foreach (string value in GetValuesAsync(client))
  {
    await Task.Delay(100); // 비동기 작업
    Console.WriteLine(value);
  }
}
```

여기서 await foreach는 루프 바디를 완료하기 전에는 다음 요소로 넘어가지 않는다. 따라서 await foreach는 비동기적으로 첫 번째 요소를 받은 뒤에 첫 번째 요소에 관한 루프 바디를 비동기적으로 실행한다. 그리고 비동기적으로 다음 요소를 받은 뒤에 해당 요소에 관한 루프 바디를 비동기적으로 실행한다. 그리고 계속 이런 식으로 진행한다.

await foreach 안에는 await가 숨어 있다. 즉 다음 요소를 가져오는 작업을 await로 대기한다. 일반적인 await라면 2.7절에서 설명했듯이 ConfigureAwait(false)를 사용해서 암시적인 컨텍스트 캡처를 피할 수 있다. 비동기 스트림도 ConfigureAwait(false)를 지원하며, 이때 숨겨진 await 문으로 ConfigureAwait(false)를 전달한다.

```
IAsyncEnumerable<string> GetValuesAsync(HttpClient client);

public async Task ProcessValueAsync(HttpClient client)
{
  await foreach (string value in GetValuesAsync(client).ConfigureAwait(false))
  {
    await Task.Delay(100).ConfigureAwait(false); // 비동기 작업
    Console.WriteLine(value);
```

```
        }
    }
```

고찰

await foreach는 비동기 스트림을 사용하는 가장 자연스러운 방법이다. C# 언어는 await foreach 안에서 컨텍스트를 회피하는 ConfigureAwait(false)를 지원한다.

또 취소 토큰을 전달할 수도 있지만 비동기 스트림 자체의 복잡성 때문에 방법이 조금 복잡하다. 3.4절에서 설명한다.

await foreach로 비동기 스트림을 사용할 수 있고 또 그게 자연스럽지만 비동기 스트림을 사용할 수 있는 비동기 LINQ 연산자를 총망라한 라이브러리도 있다. 3.3절에서 그중에 더 대중적인 라이브러리 일부를 다룬다.

await foreach의 바디는 동기적이거나 비동기적일 수도 있다. 특히 비동기적일 때는 IObservable<T> 등 다른 스트림 추상화와 함께 사용하려면 제대로 처리하기가 훨씬 더 까다롭다. 옵저버블 구독은 동기적이어야 하지만 await foreach는 태생적으로 비동기 처리를 허용하기 때문이다.

await foreach는 다음 요소를 가져오는 작업에 쓰이는 await를 만들어 주고 열거 가능형의 비동기 삭제에 쓰이는 await도 만들어 준다.

참고

3.1절은 비동기 스트림의 생성을 설명한다.

3.4절은 비동기 스트림의 취소 처리를 설명한다.

3.3절은 비동기 스트림과 함께 쓰이는 일반적인 LINQ 메서드를 설명한다.

11.6절은 비동기 삭제를 설명한다.

3.3 비동기 스트림과 LINQ를 함께 사용

문제점

잘 정의하고 충분한 테스트를 거친 연산자로 비동기 스트림을 처리하고 싶다.

해법

IEnumerable<T>에는 LINQ to Objects가 있고 IObservable<T>에는 LINQ to Events가 있다. 둘 다 쿼리를 만들 때 사용할 수 있는 연산자를 정의한 확장 메서드 라이브러리가 있다. 또 IAsyncEnumerable<T>도 닷넷 커뮤니티가 제공하는 System.Linq.Async NuGet 패키지를 통해 LINQ를 지원한다.

예를 들어 LINQ에 관해 많이 보이는 질문의 하나는 조건자^{predicate}가 비동기적일 때 Where 연산자의 사용법이다. 다시 말해 데이터베이스나 API의 각 요소를 검색해서 결과 시퀀스에 포함해야 할지 확인하는 등 비동기적 조건을 바탕으로 시퀀스를 걸러내고 싶다는 뜻이다. Where 연산자는 대리자에게 즉시 그리고 동기적으로 답변의 반환을 요구하기 때문에 비동기 조건과 함께 사용할 수 없다.

비동기 스트림에 유용한 다양한 연산자를 정의해 놓은 지원 라이브러리도 있다. 다음 예제의 WhereAwait는 적절한 선택이다.

```
IAsyncEnumerable<int> values = SlowRange().WhereAwait(
  async value =>
  {
    // 요소의 포함 여부를 결정할 비동기 작업을 수행한다.
    await Task.Delay(10);
    return value % 2 == 0;
  });

await foreach (int result in values)
{
  Console.WriteLine(result);
}
```

```
// 진행에 따라 속도가 느려지는 시퀀스를 생성한다.
async IAsyncEnumerable<int> SlowRange()
{
  for (int i = 0; i != 10; ++i)
  {
    await Task.Delay(i * 100);
    yield return i;
  }
}
```

비동기 스트림용 LINQ 연산자는 동기 버전도 포함하고 있기 때문에 비동기 스트림에 동기적인 Where나 Select 등을 적용해도 아무 문제없다. 결과는 여전히 비동기 스트림이다.

```
IAsyncEnumerable<int> values = SlowRange().Where(
  value => value % 2 == 0);

await foreach (int result in values)
{
  Console.WriteLine(result);
}
```

Where, Select, SelectMany, Join 등 예전 LINQ 연산자가 모두 여기 해당한다. 요즘은 대부분 LINQ 연산자가 앞쪽 예제의 WhereAwait처럼 비동기 대리자를 전달받는다.

고찰

비동기 스트림은 풀 기반이라 옵저버블과 달리 시간에 관한 연산자가 없다. Throttle과 Sample은 비동기 스트림의 세계에 어울리지 않는다. 비동기 스트림은 요청에 따라 비동기 스트림에서 요소를 당겨 오는 방식이기 때문이다.

또 비동기 스트림용 LINQ 메서드는 평범한 열거 가능형에도 유용할 수 있다. 필요하다면 모든 IEnumerable<T>에서 ToAsyncEnumerable()를 호출할 수 있고, 그러면 WhereAwait, SelectAwait 등 비동기 대리자를 지원하는 연산자를 사용할 수 있는 비동기 스트림 인터페이스가 생긴다.

깊이 들어가기 전에 연산자의 이름에 쓰인 단어를 살펴보자. 예제에서 사용한 WhereAwait는 Where의 비동기 버전이다. 비동기 스트림용 LINQ 연산자는 Async나 Await로 끝난다. Async로 끝나는 연산자는 비동기 시퀀스가 아닌 일반적인 값을 나타내는 대기 가능한 형식을 반환한다. Await로 끝나는 연산자는 비동기 대리자를 전달받으며 Await라는 이름답게 전달한 대리자에 실제로 await를 수행한다는 뜻을 지닌다.

Where에 Await 접미사가 붙는 WhereAwait 연산자를 사용하는 예제는 이미 살펴봤다. Async 접미사는 값을 추출하거나 계산을 수행한 뒤에 비동기 시퀀스가 아닌 비동기 스칼라 값을 반환하는 연산자에만 붙는다. 이런 연산자의 예로는 조건자와 일치하는 요소의 수를 셀 수 있는 Count의 비동기 스트림 버전인 CountAsync가 있다.

```
int count = await SlowRange().CountAsync(
  value => value % 2 == 0);
```

조건자도 비동기적일 수 있다. 그럴 땐 CountAwaitAsync 연산자를 사용한다. CountAwaitAsync 연산자는 await로 대기할 비동기 대리자를 전달받을 뿐만 아니라 하나의 최종값인 요소의 수를 만들어 내기도 한다.

```
int count = await SlowRange().CountAwaitAsync(
  async value =>
  {
    await Task.Delay(10);
    return value % 2 == 0;
  });
```

정리하자면 대리자를 전달받을 수 있는 연산자는 Await 접미사가 붙는 이름과 없는 이름, 2개의 이름을 지닌다. 또 비동기 스트림이 아닌 최종값을 반환하는 연산자는 Async로 끝난다. 비동기 대리자를 전달받을 뿐만 아니라 최종값을 반환하기도 하는 연산자면 Await, Async 두 접미사가 같이 붙는다.

비동기 스트림용 LINQ 연산자는 System.Linq.Async라는 Nuget 패키지[1]에 들어 있다. 부수적인 비동기 스트림용 LINQ 연산자는 System.Interactive.Async라는 Nuget 패키지[2]에서 찾을 수 있다.

참고

3.1절은 비동기 스트림의 생성을 설명한다.

3.2절은 비동기 스트림의 사용을 설명한다.

3.4 비동기 스트림의 취소

문제점

비동기 스트림을 취소할 방법이 필요하다.

해법

모든 비동기 스트림에 취소가 필요하진 않다. 조건만 맞추면 간단히 열거를 중지할 수 있다. 이런 형태의 '취소'만 필요하다면 다음 예제처럼 실제 취소 기능은 필요 없다.

```
await foreach (int result in SlowRange())
{
  Console.WriteLine(result);
  if (result >= 8)
    break;
}
```

---

1 https://www.nuget.org/packages/System.Linq.Async
2 https://www.nuget.org/packages/System.Interactive.Async

92

```csharp
// 진행에 따라 속도가 느려지는 시퀀스를 생성한다.
async IAsyncEnumerable<int> SlowRange()
{
  for (int i = 0; i != 10; ++i)
  {
    await Task.Delay(i * 100);
    yield return i;
  }
}
```

그렇긴 하지만 원본 스트림에 취소 토큰을 전달하는 일부 연산자처럼 비동기 스트림의 취소가 유용할 때가 있다. 그럴 땐 CancellationToken을 사용해서 외부 코드에서 await foreach를 중지할 수 있다.

IAsyncEnumerable<T>를 반환하는 async 메서드는 매개 변수 앞에 EnumeratorCancellation 특성을 추가로 정의해서 취소 토큰을 전달받을 수 있다. 전달받은 토큰은 자유롭게 사용할 수 있으며 대개 다음과 같이 취소 토큰을 사용하는 다른 API로 토큰을 전달한다.

```csharp
using var cts = new CancellationTokenSource(500);
CancellationToken token = cts.Token;
await foreach (int result in SlowRange(token))
{
  Console.WriteLine(result);
}

// 진행에 따라 속도가 느려지는 시퀀스를 생성한다.
async IAsyncEnumerable<int> SlowRange(
  [EnumeratorCancellation] CancellationToken token = default)
{
  for (int i = 0; i != 10; ++i)
  {
    await Task.Delay(i * 100, token);
    yield return i;
  }
}
```

고찰

위 예제는 CancellationToken을 직접 비동기 열거자를 반환하는 메서드에 전달한다. 가장 일반적인 사용법이다.

코드에 비동기 열거자를 전달하고 이 열거자에 CancellationToken을 적용해야 하는 상황도 있다. 열거 가능형은 새로운 열거를 시작할 때 취소 토큰을 사용하므로 이런 식으로 CancellationToken을 적용해도 괜찮다. 열거 가능형 자체는 SlowRange 메서드가 정의하지만 실제로 사용하기 전에는 열거를 시작하지 않는다. 또 다른 취소 토큰을 열거 가능형의 다른 열거에 전달해야 하는 상황도 있다.

간단히 말해 열거 가능형 자체는 취소와 상관이 없고 해당 열거 가능형으로 만든 열거자를 취소할 수 있다는 뜻이다. 흔하진 않지만 중요한 사용법이며 비동기 스트림이 비동기 스트림의 열거에 CancellationToken를 추가할 수 있는 WithCancellation 확장 메서드를 지원하는 이유이기도 하다.

```
async Task ConsumeSequence(IAsyncEnumerable<int> items)
{
  using var cts = new CancellationTokenSource(500);
  CancellationToken token = cts.Token;
  await foreach (int result in items.WithCancellation(token))
  {
    Console.WriteLine(result);
  }
}

// 진행에 따라 속도가 느려지는 시퀀스를 생성한다.
async IAsyncEnumerable<int> SlowRange(
  [EnumeratorCancellation] CancellationToken token = default)
{
  for (int i = 0; i != 10; ++i)
  {
    await Task.Delay(i * 100, token);
    yield return i;
  }
}
```

```
await ConsumeSequence(SlowRange());
```

EnumeratorCancellation라는 매개 변수 특성을 사용하면 컴파일러는 WithCancellation에서 EnumeratorCancellation으로 표시한 토큰 매개 변수로 토큰을 전달하는지 확인한다. 그리고 이제 취소 요청은 처음 몇 개의 항목을 처리한 뒤 OperationCanceledException 예외를 일으킨다.

WithCancellation 확장 메서드는 ConfigureAwait(false)를 방해하지 않는다. 두 확장 메서드는 다음과 같이 함께 묶어서 사용할 수 있다.

```
async Task ConsumeSequence(IAsyncEnumerable<int> items)
{
  using var cts = new CancellationTokenSource(500);
  CancellationToken token = cts.Token;
  await foreach (int result in items
    .WithCancellation(token).ConfigureAwait(false))
  {
    Console.WriteLine(result);
  }
}
```

참고

3.1절은 비동기 스트림의 생성을 설명한다.

3.2절은 비동기 스트림의 사용을 설명한다.

10장은 다양한 기술을 사용하는 협조적 취소를 설명한다.

4장

병렬 처리의 기초

4장에서는 병렬 프로그래밍 방식을 설명한다. 병렬 프로그래밍을 사용하면 작업을 CPU가 다룰 수 있는 단위로 쪼개서 여러 스레드에 나눠 줄 수 있다. 4장의 병렬 처리 예제는 CPU를 사용하는 작업만 다룬다. I/O 관련 작업처럼 당연히 비동기인 작업을 병렬로 실행하고 싶다면 2장, 특히 2.4절을 참고한다.

4장에서 설명하는 병렬 처리 추상화는 닷넷 프레임워크에 들어 있는 작업 병렬 라이브러리 TPL, Task Parallel Library의 일부다.

4.1 데이터의 병렬 처리

문제점

데이터 컬렉션의 각 데이터에 같은 작업을 수행하려 한다. 이 작업은 CPU를 사용하는 작업이며 약간의 시간이 걸릴 수 있다.

해법

Parallel 형식에는 특별히 이런 문제에 맞게 만들어진 ForEach 메서드가 들어 있다. 다음 예제는 여러 개의 행렬을 전달받아서 모두 회전시킨다.

```
void RotateMatrices(IEnumerable<Matrix> matrices, float degrees)
{
  Parallel.ForEach(matrices, matrix => matrix.Rotate(degrees));
}
```

타당하지 않은 값을 맞닥뜨리는 등 루프를 일찍 종료하고 싶은 상황도 있을 수 있다. 다음 예제는 각 행렬을 역변환한다. 하지만 역변환할 수 없는 행렬을 맞닥뜨리면 루프를 중지한다.

```
void InvertMatrices(IEnumerable<Matrix> matrices)
{
  Parallel.ForEach(matrices, (matrix, state) =>
  {
    if (!matrix.IsInvertible)
      state.Stop();
    else
      matrix.Invert();
  });
}
```

이 코드는 ParallelLoopState.Stop으로 루프를 중지해서 루프 바디의 추가 호출을 방지한다. 이 루프가 병렬 루프라는 점을 명심하기 바란다. 따라서 현재 항목의 다음 항목에 관한 호출을 포함해서 이미 다른 루프 바디가 실행 중일 수 있다. 예를 들어 이 예제에서 세 번째 행렬이 역변환할 수 없는 행렬이라 루프를 중단하더라도 이미 네 번째, 다섯 번째 행렬이 처리 중일 수 있다는 뜻이다.

사실 병렬 루프를 취소하는 기능이 필요할 때가 더 많다. 루프의 취소와 중지는 다르다. 중지는 루프의 내부에서 일어나며 취소는 루프의 외부에서 일어난다. 예를 들어 CancellationTokenSource를 취소할 수 있는 취소 버튼이 있다면 다음과 같이 병렬 루프를 취소할 수 있다.

```
void RotateMatrices(IEnumerable<Matrix> matrices, float degrees,
  CancellationToken token)
{
  Parallel.ForEach(matrices,
    new ParallelOptions { CancellationToken = token },
    matrix => matrix.Rotate(degrees));
}
```

주의해야 할 점 하나는 각 병렬 작업이 다른 스레드에서 실행 중일 수 있어서 모든 공유 상태를 보호해야 한다는 점이다. 다음 예제는 각 행렬을 역변환하고, 역변환할 수 없는 행렬의 수를 센다.

```
// 주의: 가장 효율적인 구현 방법은 아니다.
// 공유 상태를 보호하는 잠금(lock)의 사용법을 보여 주는 예제일 뿐이다.
int InvertMatrices(IEnumerable<Matrix> matrices)
{
  object mutex = new object();
  int nonInvertibleCount = 0;
  Parallel.ForEach(matrices, matrix =>
  {
    if (matrix.IsInvertible)
    {
      matrix.Invert();
    }
    else
    {
      lock (mutex)
      {
        ++nonInvertibleCount;
      }
    }
  });
  return nonInvertibleCount;
}
```

고찰

Parallel.ForEach 메서드는 일련의 값을 병렬로 처리할 수 있다. 비슷한 솔루션으로 PLINQ(병렬 LINQ)가 있다. LINQ와 비슷한 문법을 지닌 PLINQ는 Parallel과 거의 똑같은 기능을 제공한다. Parallel과 PLINQ의 차이점은 PLINQ는 컴퓨터의 모든 코어를 사용할 수 있다고 가정하지만 Parallel은 CPU의 상황에 따라 동적으로 대응한다는 점이다.

Parallel.ForEach는 병렬 버전의 foreach 루프다. Parallel 클래스는 for 루프를 병렬로 처리할 수 있는 Parallel.For 메서드도 지원한다. Parallel.For는 같은 인덱스를 사용하는 데이터 배열이 여러 개일 때 특히 유용하다.

참고

4.2절은 병렬로 일련의 값을 합하거나 평균을 구하는 등 집계하는 방법을 설명한다.

4.5절은 PLINQ의 기초를 설명한다.

10장은 취소를 설명한다.

4.2 병렬 집계

문제점

병렬 작업이 끝나면 결과를 집계해야 한다. 집계의 예로는 값의 합산, 평균값 계산 등이 있다.

해법

Parallel 클래스는 병렬 루프의 범위 안에 존재하는 변수인 로컬 값의 개념을 통해 집계를 지원한다. 즉 루프의 바디는 동기화 없이 로컬 값을 직접 사용할 수 있다는 뜻이다. 루프는 각 로컬 결과를 집계할 준비가 끝나면 localFinally 대리자를 사용해서 집계를 수행한다.

localFinally 대리자가 최종 결과가 들어 있는 변수에 접근하려면 동기화가 필요하다는 점에 주의해야 한다. 다음은 병렬로 합을 구하는 예제다.

```
// 주의: 가장 효율적인 구현 방법은 아니다.
// 공유 상태를 보호하는 잠금(lock)의 사용법을 보여 주는 예제일 뿐이다.
int ParallelSum(IEnumerable<int> values)
{
  object mutex = new object();
  int result = 0;
  Parallel.ForEach(source: values,
    localInit: () => 0,
    body: (item, state, localValue) => localValue + item,
    localFinally: localValue =>
    {
      lock (mutex)
        result += localValue;
    });
  return result;
}
```

PLINQ는 Parallel 클래스보다 더 자연스러운 집계를 지원한다.

```
int ParallelSum(IEnumerable<int> values)
{
  return values.AsParallel().Sum();
}
```

PLINQ는 Sum처럼 집계에 많이 쓰이는 연산자를 기본적으로 지원하기 때문에 아주 간단하게 끝났다. 또 PLINQ는 Aggregate 연산자를 통해 제네릭의 집계도 지원한다.

```
int ParallelSum(IEnumerable<int> values)
{
  return values.AsParallel().Aggregate(
    seed: 0,
    func: (sum, item) => sum + item
  );
}
```

고찰

이미 Parallel 클래스를 사용 중이라면 Parallel 클래스의 집계 기능을 사용할 수 있겠지만, 대개 PLINQ가 지원하는 집계 기능이 훨씬 표현력이 좋으며 코드도 더 짧아진다.

참고

4.5절은 PLINQ의 기초를 설명한다.

4.3 병렬 호출

문제점

서로 독립적인 여러 개의 메서드를 병렬로 호출하려 한다.

해법

Parallel 클래스에는 이럴 때 사용할 수 있는 Invoke라는 간단한 멤버 메서드가 있다. 다음 예제는 배열을 반으로 나눈 뒤에 각 반쪽을 독립적으로 처리한다.

```
void ProcessArray(double[] array)
{
  Parallel.Invoke(
    () => ProcessPartialArray(array, 0, array.Length / 2),
    () => ProcessPartialArray(array, array.Length / 2, array.Length)
  );
}

void ProcessPartialArray(double[] array, int begin, int end)
{
  // CPU 집약적인 처리
}
```

또 실제로 실행해 보기 전까지 호출 횟수를 알 수 없다면 다음과 같이 Parallel.Invoke 메서드로 대리자의 배열을 전달할 수도 있다.

```
void DoAction20Times(Action action)
{
  Action[] actions = Enumerable.Repeat(action, 20).ToArray();
  Parallel.Invoke(actions);
}
```

Parallel.Invoke는 Parallel 클래스의 다른 멤버 메서드와 마찬가지로 취소를 지원한다.

```
void DoAction20Times(Action action, CancellationToken token)
{
  Action[] actions = Enumerable.Repeat(action, 20).ToArray();
  Parallel.Invoke(new ParallelOptions { CancellationToken = token }, actions);
}
```

고찰

Parallel.Invoke는 간단한 병렬 호출에 훌륭한 해결책이다. 하지만 완벽한 해결책은 아니라는 점에 주의하기 바란다. 입력 데이터의 각 항목에 작업을 적용하려면 Parallel.ForEach를 사용해야 하고, 각 작업이 일종의 출력을 생성한다면 PLINQ를 사용해야 한다.

참고

4.1절은 각 데이터 항목에 작업을 수행하는 Parallel.ForEach를 설명한다.

4.5절은 PLINQ를 설명한다.

4.4 동적 병렬 처리

문제점

실제로 실행해 봐야 알 수 있는 정보에 따라 병렬 작업의 구조와 개수가 달라지는 좀 더 복잡한 상황이다.

해법

작업 병렬 라이브러리^{TPL}의 핵심은 Task 형식이다. Parallel 클래스와 PLINQ는 강력한 Task 형식을 편리하게 쓸 수 있게 감싼 래퍼^{wrapper}일 뿐이다. 동적 병렬 처리가 필요하다면 Task 형식을 직접 사용하는 게 가장 쉽다.

다음은 이진 트리의 각 노드에 비용이 많이 드는 처리를 수행해야 하는 예제다. 이진 트리의 구조는 실제로 실행하기 전에는 알 수 없어서 동적 병렬 처리의 예제로 적당하다. 일단 이 예제에서는 무조건 부모 노드를 먼저 처리한 뒤에 자식 노드를 처리한다고 가정한다. Traverse 메서드는 현재 노드를 처리하고 노드 아래에 있는 브랜치^{branch}마다 하나씩, 총 2개의 하위 작업을 생성한다. ProcessTree 메서드는 최상위 레벨의 부모 작업을 생성하고 작업의 완료를 기다리는 방식으로 처리를 시작한다.

```
void Traverse(Node current)
{
  DoExpensiveActionOnNode(current);
  if (current.Left != null)
  {
    Task.Factory.StartNew(
      () => Traverse(current.Left),
      CancellationToken.None,
      TaskCreationOptions.AttachedToParent,
      TaskScheduler.Default);
  }
  if (current.Right != null)
  {
    Task.Factory.StartNew(
```

```
        () => Traverse(current.Right),
        CancellationToken.None,
        TaskCreationOptions.AttachedToParent,
        TaskScheduler.Default);
    }
}

void ProcessTree(Node root)
{
    Task task = Task.Factory.StartNew(
        () => Traverse(root),
        CancellationToken.None,
        TaskCreationOptions.None,
        TaskScheduler.Default);
    task.Wait();
}
```

AttachedToParent 플래그는 각 브랜치의 Task와 부모 노드의 Task를 연결했음을 나타낸다. 이렇게 해서 Task 인스턴스 사이에 트리 노드의 부모 자식 관계와 똑같은 부모 자식 관계를 만든다. 부모 작업은 자신의 대리자를 실행한 뒤에 자식 작업의 완료를 기다린다. 자식 작업에서 발생한 예외는 자식 작업에서 부모 작업으로 전파된다. 따라서 ProcessTree는 루트 노드의 Task에서 Wait를 한 번 호출해서 모든 트리의 작업을 기다릴 수 있다.

부모 자식 등의 관계가 없는 상황이면 연속 작업^{continuation}을 사용해서 다른 작업 뒤에 실행할 작업을 예약할 수 있다. 연속 작업이란 원래 작업을 완료했을 때 실행하는 별도의 작업이다.

```
Task task = Task.Factory.StartNew(
    () => Thread.Sleep(TimeSpan.FromSeconds(2)),
    CancellationToken.None,
    TaskCreationOptions.None,
    TaskScheduler.Default);
Task continuation = task.ContinueWith(
    t => Trace.WriteLine("Task is done"),
    CancellationToken.None,
    TaskContinuationOptions.None,
    TaskScheduler.Default);
// 연속 작업에 전달하는 인수 "t"는 "작업(task)"을 뜻한다.
```

고찰

앞의 코드 예제는 CancellationToken.None과 TaskScheduler.Default를 사용한다. 취소 토큰은 10.2절에서 설명하고 작업 스케줄러는 13.3절에서 설명한다. StartNew와 ContinueWith가 사용할 TaskScheduler는 항상 명시적으로 지정하는 편이 좋다.

이렇게 작업을 부모 자식 관계로 정리하는 방법은 필수는 아니지만 동적 병렬 처리에서 흔히 쓰이는 방법이다. 스레드로부터 안전한$^{\text{thread-safe}}$ 컬렉션에 새로운 작업을 모두 저장한 뒤에 TaskWaitAll을 사용해서 모든 작업이 완료할 때까지 기다릴 수도 있다.

 병렬 처리에 Task를 사용하는 방법은 비동기 처리에 Task를 사용하는 방법과 완전히 다르다.

동시성 프로그래밍에서 Task 형식은 두 가지 목적으로 쓰인다. 즉 병렬 작업 또는 비동기 작업일 수 있다. 병렬 작업은 Task.Wait, Task.Result, Task.WaitAll, Task.WaitAny처럼 작업을 차단하는 멤버 메서드를 사용할 수 있다. 또 병렬 작업은 AttachedToParent를 사용해서 작업 사이에 부모 자식 관계를 만들 수 있다. 병렬 작업은 Task.Run이나 Task.Factory.StartNew로 생성해야 한다.

한편 비동기 작업은 작업을 차단하는 멤버 메서드를 사용하지 말고 Await, Task.WhenAll, Task.WhenAny를 사용해야 한다. 비동기 작업은 AttachedToParent를 사용할 수 없지만 다른 작업을 대기하는 방식으로 일종의 암시적인 부모 자식 관계를 만들 수 있다.

참고

4.3절은 병렬 작업을 시작할 때 이미 작업에 사용할 메서드를 모두 알고 있다는 가정하에 일련의 메서드를 병렬로 호출하는 방법을 설명한다.

4.5 PLINQ

문제점

일련의 데이터를 병렬 처리해서 다른 일련의 데이터를 만들어 내거나 데이터를 요약해야
한다.

해법

대부분 개발자는 풀^{pull} 기반으로 일련의 데이터를 처리할 수 있는 LINQ에 익숙하다. PLINQ
는 병렬 처리를 지원할 수 있게 확장한 LINQ다.

PLINQ는 입력 시퀀스로 출력 시퀀스를 만들어 내는 스트리밍에 잘 맞는다. 다음은 순서대
로 각 요소에 2를 곱하는 간단한 예제다. 실제로는 간단한 곱셈이 아닌 훨씬 CPU 집약적인
연산을 해야 할 수 있다.

```
IEnumerable<int> MultiplyBy2(IEnumerable<int> values)
{
  return values.AsParallel().Select(value => value * 2);
}
```

위 예제의 결과는 순서와 상관없이 만들어질 수 있다. 그게 PLINQ의 기본적인 동작 방식
이다. 결과가 만들어지는 순서를 지정할 수도 있다. 다음 예제는 똑같이 병렬로 처리하면서
도 원래 순서를 그대로 유지한다.

```
IEnumerable<int> MultiplyBy2(IEnumerable<int> values)
{
  return values.AsParallel().AsOrdered().Select(value => value * 2);
}
```

그 밖에 PLINQ의 자연스러운 사용법은 병렬로 데이터를 집계하거나 요약하는 것이다. 다음
은 병렬로 합계를 구하는 코드다.

```
int ParallelSum(IEnumerable<int> values)
{
  return values.AsParallel().Sum();
}
```

고찰

Parallel 클래스가 유용한 상황도 많지만 집계를 수행하거나 시퀀스를 다른 시퀀스로 변환하려면 PLINQ 코드가 더 간단하다. Parallel 클래스는 PLINQ보다 시스템의 다른 프로세스에 더 친화적이라는 점을 기억하기 바란다. 특히 서버에서 병렬 처리를 수행해야 한다면 잊지 말아야 할 특징이다.

PLINQ는 Where, Select는 물론 Sum, Average, 제네릭인 Aggregate 같은 집계까지 포함해서 다양한 연산자의 병렬 버전을 제공한다. 일반적으로 LINQ로 할 수 있는 작업이라면 PLINQ를 사용해서 병렬로 할 수 있다. 따라서 병렬로 실행하면 더 좋을 수 있는 LINQ 코드를 사용 중이라면 PLINQ가 탁월한 선택이다.

참고

4.1절은 Parallel 클래스를 사용해서 시퀀스 안의 각 요소에 코드를 실행하는 방법을 설명한다.

10.5절은 PLINQ 쿼리를 취소하는 방법을 설명한다.

5장

데이터 흐름의 기초

TPL 데이터 흐름은 메시나 파이프라인을 만들어서 비동기적으로 데이터를 전송할 수 있는 강력한 라이브러리다. 데이터 흐름은 매우 선언적인 코딩 방식이다. 일반적으로 먼저 메시를 완벽하게 정의한 뒤에 데이터 처리를 시작한다. 결국 메시는 데이터가 흐르는 구조가 된다. 따라서 애플리케이션을 조금 다른 방식으로 생각해야 한다. 하지만 그렇게 한 단계 뛰어넘고 나면 데이터 흐름을 자연스럽게 적용할 수 있는 상황이 많다.

메시는 다양한 블록의 연결을 통해 만들어진다. 각 블록은 단순하며 데이터 처리의 한 단계씩을 담당한다. 블록은 데이터 처리가 끝나면 결과를 연결 중인 모든 블록으로 전달한다.

TPL 데이터 흐름을 사용하려면 애플리케이션에 `System.Threading.Tasks.Dataflow` NuGet 패키지[1]를 설치해야 한다.

5.1 블록 연결

문제점

데이터 흐름 블록을 다른 블록과 연결해서 메시mesh를 만들어야 한다.

---

1   https://www.nuget.org/packages/System.Threading.Tasks.Dataflow

해법

TPL 데이터 흐름 라이브러리가 제공하는 블록은 가장 기초적인 멤버만 정의하고 있다. TPL 데이터 흐름 메서드의 상당수는 사실 확장 메서드다. LinkTo 확장 메서드는 데이터 흐름 블록을 서로 연결할 수 있는 간단한 방법을 제공한다.

```
var multiplyBlock = new TransformBlock<int, int>(item => item * 2);
var subtractBlock = new TransformBlock<int, int>(item => item - 2);
// 연결 후에 multiplyBlock에서 나온 값은 subtractBlock으로 들어간다.
multiplyBlock.LinkTo(subtractBlock);
```

기본적으로 연결 중인 데이터 흐름 블록은 데이터만 전파하고 완료 또는 오류를 전파하지 않는다. 파이프라인처럼 데이터 흐름이 선형^{linear}이면 완료를 전파하고 싶을 수 있다. 다음과 같이 링크에 PropagateCompletion를 설정하면 완료나 오류를 전파할 수 있다.

```
var multiplyBlock = new TransformBlock<int, int>(item => item * 2);
var subtractBlock = new TransformBlock<int, int>(item => item - 2);

var options = new DataflowLinkOptions { PropagateCompletion = true };
multiplyBlock.LinkTo(subtractBlock, options);

...

// 첫 번째 블록의 완료를 자동으로 두 번째 블록에 전파한다.
multiplyBlock.Complete();
await subtractBlock.Completion;
```

고찰

연결이 끝나면 데이터는 자동으로 소스 블록에서 대상 블록으로 흐른다. PropagateCompletion 옵션은 데이터와 함께 완료도 전달한다. 하지만 파이프라인 안의 각 단계에서 결함이 생긴 블록은 예외를 AggregateException으로 감싸서 다음 블록으로 전파한다. 따라서 파이프라인이 길면 원래 오류가 여러 겹의 AggregateException 인스턴스로 둘러싸일 수 있다.

AggregateException에는 이런 상황에서 오류 처리를 도울 수 있는 Flatten 같은 여러 멤버 메서드가 있다.

데이터 흐름 블록은 다양한 방식으로 연결할 수 있다. 메시에는 분기, 병합, 루프도 있을 수 있다. 하지만 대부분 상황은 간단한 선형 파이프라인으로도 충분하다. 5장에서는 주로 파이프라인을 다루며 분기도 간단하게 다루려 한다. 더 복잡한 상황은 이 책에서 다루는 범위를 벗어난다.

DataflowLinkOptions 형식은 예제에서 사용한 PropagateCompletion처럼 링크에 설정할 수 있는 몇 가지 옵션을 제공한다. 그리고 LinkTo 오버로드 중에는 링크를 통해 전달할 데이터를 필터링할 수 있는 조건자를 사용할 수 있는 오버로드도 있다. 필터를 통과하지 못한 데이터라도 그냥 버려지지 않는다. 필터를 통과한 데이터는 링크를 따라 이동한다. 필터를 통과하지 못한 데이터는 다른 링크를 통해 넘어가려고 시도하며 다른 링크가 없으면 블록 안에 그대로 남는다. 이렇게 블록 안에 데이터 항목이 남으면 해당 블록은 다른 데이터 항목을 생성하지 못하며 남은 데이터 항목을 삭제할 때까지 전체 블록이 멈춘다.

참고

5.2절은 링크를 따라 오류를 전파하는 방법을 설명한다.

5.3절은 블록 사이의 연결을 끊는 방법을 설명한다.

8.8절은 데이터 흐름 블록을 System.Reactive의 옵저버블 스트림과 연결하는 방법을 설명한다.

5.2 오류 전파

문제점

데이터 흐름 메시 안에서 발생할 수 있는 오류에 대응할 방법이 필요하다.

해법

데이터 흐름 블록으로 전달한 대리자가 예외를 일으키면 해당 블록은 결함 상태로 바뀐다. 결함 상태로 바뀐 블록은 모든 데이터를 버리며 새로운 데이터도 받지 않는다. 다음 예제의 블록은 첫 번째 값이 예외를 일으키고 두 번째 값이 버려지기 때문에 아무런 출력을 생성하지 않는다.

```
var block = new TransformBlock<int, int>(item =>
{
  if (item == 1)
    throw new InvalidOperationException("Blech.");
  return item * 2;
});
block.Post(1);
block.Post(2);
```

데이터 흐름 블록의 예외를 잡으려면 Completion 속성을 await로 대기해야 한다. Completion 속성은 블록이 완료할 때 완료하는 Task를 반환한다. 블록에 결함이 생기면 Completion 작업에도 결함이 생긴다.

```
try
{
  var block = new TransformBlock<int, int>(item =>
  {
    if (item == 1)
      throw new InvalidOperationException("Blech.");
    return item * 2;
  });
  block.Post(1);
  await block.Completion;
}
catch (InvalidOperationException)
{
  // 여기서 예외가 잡힌다.
}
```

PropagateCompletion 옵션을 사용해서 완료를 전파하면 오류도 함께 전파한다. 하지만 예외를 다음 블록으로 전달할 땐 AggregateException으로 감싸서 전달한다. 다음 예제는 파이프라인의 맨 끝에서 예외를 잡기 때문에 앞쪽 블록에서 전파한 예외는 AggregateException으로 잡힌다.

```
try
{
  var multiplyBlock = new TransformBlock<int, int>(item =>
  {
    if (item == 1)
      throw new InvalidOperationException("Blech.");
    return item * 2;
  });
  var subtractBlock = new TransformBlock<int, int>(item => item - 2);
  multiplyBlock.LinkTo(subtractBlock,
    new DataflowLinkOptions { PropagateCompletion = true });
  multiplyBlock.Post(1);
  await subtractBlock.Completion;
}
catch (AggregateException)
{
  // 여기서 예외가 잡힌다.
}
```

각 블록은 들어온 오류를 AggregateException으로 감싼다. 이미 AggregateException으로 감싼 상태로 들어오더라도 마찬가지다. 따라서 파이프라인의 앞쪽에서 오류가 일어나서 여러 블록을 거친 뒤에 잡힌다면 원래 오류는 여러 겹의 AggregateException으로 둘러싸인다. AggregateException.Flatten 메서드는 이런 상황에서의 오류 처리를 단순화한다.

고찰

메시나 파이프라인을 만들 때 오류를 처리할 방법도 생각해야 한다. 간단한 메시라면 오류를 전파하고 마지막에 한 번에 잡는 방식이 가장 좋다. 메시가 더 복잡하면 데이터 흐름이 끝났을 때 각 블록을 확인해야 할 수도 있다.

또 예외가 일어나도 블록을 계속 사용할 수 있는 상태로 유지하고 싶다면 예외를 일종의 데이터로 취급해서 정상적으로 처리가 끝난 데이터와 함께 메시를 통해 흐르게 하는 방식도 선택할 수 있다. 이런 방식을 사용하면 모든 블록이 결함 없이 계속 다음 데이터를 처리할 수 있어서 데이터 흐름 메시의 가용성을 유지할 수 있다. 자세한 내용은 14.6절을 참고한다.

참고

5.1절은 블록과 블록을 연결하는 방법을 설명한다.

5.3절은 블록 사이의 연결을 끊는 방법을 설명한다.

14.6절은 데이터 흐름 메시 안에서 데이터와 오류를 함께 전달하는 방법을 설명한다.

5.3 블록의 연결 해제

문제점

처리 중인 데이터 흐름의 구조를 동적으로 바꿔야 한다. 실제로는 거의 필요하지 않은 복잡한 상황에 해당한다.

해법

데이터 흐름 블록은 언제든 연결하거나 연결을 해제할 수 있다. 데이터는 메시를 자유롭게 통과할 수 있으며 언제든 연결하거나 연결을 해제해도 안전하다. 연결과 연결 해제 모두 완벽하게 스레드로부터 안전thread-safe하다.

다음과 같이 데이터 흐름 블록 링크를 만들 때 LinkTo 메서드가 반환하는 IDisposable을 저장해 놓고, 연결을 해제하고 싶을 때 해당 IDisposable을 삭제할 수 있다.

```
var multiplyBlock = new TransformBlock<int, int>(item => item * 2);
var subtractBlock = new TransformBlock<int, int>(item => item - 2);

IDisposable link = multiplyBlock.LinkTo(subtractBlock);
multiplyBlock.Post(1);
multiplyBlock.Post(2);

// 블록의 연결 해제
// 위에서 보낸(Post) 데이터는 이미 링크를 통해 넘어갔을 수도 있고 아닐 수도 있다.
// 실제 코드라면 Dispose를 호출하지 말고 블록을 사용하는 방법을 생각해 보기 바란다.
link.Dispose();
```

고찰

링크를 통해 데이터가 흐르는 중인지 아닌지 확신할 수 없는 상태에서 연결을 해제하려 한다면 경합 조건이 발생할 수 있다. 하지만 이런 경합 조건은 대개 문제를 일으키지 않는다. 데이터는 연결이 끊어지기 전에 흐르거나 아니면 흐르지 않거나 둘 중 하나이기 때문이다. 즉 경합 조건 때문에 데이터의 중복이나 손실이 일어나진 않는다.

연결을 해제해야 하는 상황은 흔치 않지만, 몇몇 상황에서는 유용할 수 있다. 예를 들어 링크의 필터는 바꿀 방법이 없다. 링크의 필터를 바꾸고 싶다면 먼저 연결을 해제한 뒤에 새로운 링크와 필터를 만들어야 한다. 이때 DataflowLinkOptions.Append를 false로 설정할 수도 있다. 그리고 다른 예로 전략적으로 연결을 해제해서 데이터 흐름 메시를 일시 정지하는 방법도 있다.

참고

5.1절은 블록과 블록을 연결하는 방법을 설명한다.

5.4 블록의 흐름 조절

문제점

데이터 흐름 메시를 분기해야 하는 상황에 데이터를 적당히 분산해서 흐르게 하고 싶다.

해법

기본적으로 블록은 데이터를 출력할 때 모든 링크의 생성 순서를 확인한 뒤에 이 순서대로 각 링크에 하나씩 데이터를 전달하려고 시도한다. 또 기본적으로 각 블록은 입력 버퍼를 유지하며 처리할 준비가 되지 않아도 모든 입력 데이터를 받아들인다.

이런 특징 때문에 '분기'를 해야 하는 상황에서 소스 블록에 2개의 대상 블록을 연결하면 두 번째 대상 블록은 데이터를 받지 못하는 문제가 일어날 수 있다. 소스 블록은 데이터를 만들어 내면 각 링크로 데이터를 보내려고 시도한다. 첫 번째 대상 블록이 항상 데이터를 받아서 전부 버퍼에 넣기 때문에 소스 블록은 아예 두 번째 대상 블록으로 데이터를 전달하려고 시도하지 않는다. 이런 문제는 대상 블록의 BoundedCapacity 옵션을 조절해서 고칠 수 있다. 기본적으로 BoundedCapacity의 기본 설정값은 DataflowBlockOptions.Unbounded라 첫 번째 대상 블록은 데이터를 처리할 준비가 되지 않아도 모든 데이터를 버퍼에 저장한다.

BoundedCapacity에는 무한을 나타내는 DataflowBlockOptions.Unbounded는 물론 1 이상의 모든 값을 설정할 수 있다. 대상 블록이 소스 블록에서 오는 데이터를 바로바로 처리할 수 있다면 간단하게 1로 설정해도 충분하다.

```
var sourceBlock = new BufferBlock<int>();
var options = new DataflowBlockOptions { BoundedCapacity = 1 };
var targetBlockA = new BufferBlock<int>(options);
var targetBlockB = new BufferBlock<int>(options);

sourceBlock.LinkTo(targetBlockA);
sourceBlock.LinkTo(targetBlockB);
```

고찰

흐름 조절은 분기 상황에서의 부하 분산에도 유용하지만 다른 상황에서도 사용할 수 있다. 예를 들어 I/O 작업에서 나오는 데이터로 데이터 흐름 메시를 채우는 중일 때 메시의 블록에 BoundedCapacity를 적용할 수 있다. 이렇게 하면 메시가 준비를 마칠 때까지 I/O 데이터를 너무 많이 읽지 않으며 메시는 처리할 수 없는 입력 데이터를 모두 버퍼에 저장하지 않는다.

참고

5.1절은 블록을 서로 연결하는 방법을 설명한다.

5.5 데이터 흐름 블록으로 병렬 처리

문제점

데이터 흐름 메시로 병렬 처리를 수행하려 한다.

해법

기본적으로 데이터 흐름 블록은 다른 블록과 독립적이다. 두 블록을 연결해도 각 블록은 독립적으로 처리를 수행한다. 따라서 모든 데이터 흐름 메시는 기본적으로 어느 정도 병렬성을 지니고 있다.

여기서 한 발 더 나아가 유독 CPU 연산이 많은 블록이 있다면 MaxDegreeOfParallelism 옵션을 설정해서 블록이 입력 데이터를 병렬로 처리하게 할 수 있다. 이 옵션의 기본 설정값은 1이라 각 데이터 흐름 블록은 한 번에 하나의 데이터만 처리한다.

BoundedCapacity는 DataflowBlockOptions.Unbounded 또는 1 이상의 값으로 설정할 수 있다. 다음 예제에서는 수에 상관없이 모든 작업이 동시에 데이터를 곱할 수 있다.

```
var multiplyBlock = new TransformBlock<int, int>(
  item => item * 2,
  new ExecutionDataflowBlockOptions
  {
    MaxDegreeOfParallelism = DataflowBlockOptions.Unbounded
  });
var subtractBlock = new TransformBlock<int, int>(item => item - 2);
multiplyBlock.LinkTo(subtractBlock);
```

고찰

MaxDegreeOfParallelism 옵션을 사용하면 간단하게 블록 안에서 병렬 처리를 수행할 수 있다. 쉽지 않은 점은 병렬 처리가 필요한 블록을 결정하는 일이다. 한 가지 방법으로 디버거에서 데이터 흐름을 일시 정지하고 대기 중인 데이터 항목의 수, 즉 블록이 아직 처리하지 않은 데이터 항목의 수를 확인해 보는 방법이 있다. 예상보다 데이터 항목의 수가 너무 많으면 블록을 재구성해야 하거나 병렬 처리가 유용할 수 있다는 뜻이다.

또 MaxDegreeOfParallelism은 데이터 흐름 블록이 비동기 처리를 수행할 때도 작용한다. 이럴 땐 MaxDegreeOfParallelism 옵션으로 동시성의 수준, 즉 슬롯의 수를 지정할 수 있다. 각 데이터 항목은 블록이 처리를 시작할 때 슬롯을 차지하며 비동기 처리가 완전히 끝날 때만 슬롯을 빠져나간다.

참고

5.1절은 블록을 서로 연결하는 방법을 설명한다.

5.6 사용자 지정 데이터 흐름 블록 생성

문제점

재사용할 수 있는 로직을 데이터 흐름 블록에 넣고 싶다. 이렇게 하면 복잡한 로직을 포함하는 더 큰 블록을 만들 수 있다.

해법

Encapsulate 메서드를 사용하면 하나의 입력과 출력이 있는 블록으로 이뤄진 데이터 흐름 메시의 모든 부분을 잘라낼 수 있다. Encapsulate는 2개의 엔드포인트로 하나의 블록을 만들어 준다. 두 엔드포인트 사이에 데이터와 완료를 전파하는 일은 개발자가 책임져야 한다. 다음 코드는 2개의 블록으로 데이터와 완료를 전파하는 사용자 지정 데이터 흐름 블록을 만든다.

```
IPropagatorBlock<int, int> CreateMyCustomBlock()
{
  var multiplyBlock = new TransformBlock<int, int>(item => item * 2);
  var addBlock = new TransformBlock<int, int>(item => item + 2);
  var divideBlock = new TransformBlock<int, int>(item => item / 2);

  var flowCompletion = new DataflowLinkOptions { PropagateCompletion = true };
  multiplyBlock.LinkTo(addBlock, flowCompletion);
  addBlock.LinkTo(divideBlock, flowCompletion);

  return DataflowBlock.Encapsulate(multiplyBlock, divideBlock);
}
```

고찰

메시를 사용자 지정 데이터 흐름 블록으로 캡슐화하려면 사용자에게 노출할 옵션의 종류도 생각해야 한다. 또 각 블록의 옵션을 안쪽의 메시로 전달할 방법도 생각해야 한다. 대부분 일부 블록 옵션은 적당하지 않거나 의미가 없다. 이런 이유로 사용자 지정 데이터 흐름 블록은 대개 DataflowBlockOptions 매개 변수를 그대로 사용하지 않고 따로 옵션을 정의한다.

DataflowBlock.Encapsulate은 하나의 입력 블록과 하나의 출력 블록이 있는 메시만 캡슐화할 수 있다. 여러 개의 입력 또는 출력이 있는 메시를 재사용하고 싶다면 별도의 개체 안에 캡슐화한 뒤에 입력은 ITargetBlock<T> 형식의 속성으로 출력은 IReceivableSourceBlock<T> 형식의 속성으로 노출해야 한다.

5장의 예제에서는 Encapsulate를 사용해서 사용자 지정 데이터 흐름 블록을 만들었다. 데이터 흐름 인터페이스를 직접 구현할 수도 있지만 훨씬 어렵다. 사용자 지정 데이터 흐름 블록을 만드는 방법은 마이크로소프트 문서[2]를 참고하기 바란다.

참고

5.1절은 블록을 서로 연결하는 방법을 설명한다.

5.2절은 블록의 링크를 따라 오류를 전파하는 방법을 설명한다.

---

2   https://docs.microsoft.com/ko-kr/dotnet/standard/parallel-programming/walkthrough-creating-a-custom-dataflow-block-type – 옮긴이

6장

System.Reactive의 기초

LINQ는 개발자가 컬렉션 형태의 모든 데이터를 쿼리할 수 있게 해주는 언어 기능의 모음이다. 가장 많이 쓰이는 LINQ 공급자는 `IEnumerable<T>`를 바탕으로 하는 LINQ to Objects와 `IQueryable<T>`를 바탕으로 하는 LINQ to Entities 두 가지다. 그 밖에 다른 공급자도 많지만 대부분 공급자는 쿼리를 지연 실행하며 필요에 따라 시퀀스에서 값을 생성한다는 공통적인 구조를 지닌다. 즉 개념상 실행 중에 쿼리에서 한 번에 하나씩 값 항목을 당겨오는 '풀pull' 모델이다.

System.Reactive(Rx)는 이벤트를 시간의 경과에 따라 도착하는 데이터 시퀀스로 취급한다. 따라서 Rx는 `IObservable<T>`를 바탕으로 하는 LINQ to Events로 생각할 수 있다. 옵저버블과 기타 LINQ 공급자의 가장 큰 차이는 Rx가 '푸시push' 모델이라는 점이다. 즉 쿼리를 통해 프로그램이 도착하는 이벤트에 대응할 방법을 정의한다. Rx는 LINQ를 바탕으로 만들어졌으며 몇 가지 강력한 연산자를 확장 메서드로 새로 추가했다.

6장에서는 많이 쓰이는 Rx 연산자 몇 가지를 살펴본다. LINQ 연산자를 모두 사용할 수 있어서 다른 LINQ 제공자와 마찬가지로 `Where`, `Select` 같은 간단한 연산자도 개념적으로 똑같이 사용할 수 있지만, 이런 일반적인 LINQ 연산자는 설명하지 않는다. LINQ를 바탕으로 Rx가 새로 추가한 시간 관련 처리 같은 기능에 초점을 맞추려 한다.

System.Reactive를 사용하려면 애플리케이션에 System.Reactive NuGet 패키지[1]를 설치해야 한다.

6.1 닷넷 이벤트 변환

문제점

System.Reactive의 입력 스트림으로 취급해야 할 이벤트가 있으며 이벤트가 발생할 때마다 OnNext를 통해 데이터를 생성해야 한다.

해법

Observable 클래스는 몇 가지 이벤트 변환 메서드를 정의하고 있다. 대부분 닷넷 프레임워크 이벤트는 FromEventPattern과 호환이 가능하지만 일반적인 패턴을 따르지 않는 이벤트가 있다면 FromEvent를 사용할 수 있다.

FromEventPattern은 이벤트 대리자의 형식이 EventHandler<T>일 때 가장 잘 동작한다. 최신 프레임워크 형식의 상당수가 이벤트 대리자 형식으로 EventHandler<T>를 사용한다. 예를 들어 Progress<T> 형식이 정의하는 ProgressChanged 이벤트는 EventHandler<T> 형식이라 간단하게 FromEventPattern으로 감쌀 수 있다.

```
var progress = new Progress<int>();
IObservable<EventPattern<int>> progressReports =
  Observable.FromEventPattern<int>(
    handler => progress.ProgressChanged += handler,
    handler => progress.ProgressChanged -= handler);
progressReports.Subscribe(data => Trace.WriteLine("OnNext: " + data.EventArgs));
```

---

1   https://www.nuget.org/packages/System.Reactive

여기서 data.EventArgs의 형식이 강력한 형식인 int로 바뀐다는 점에 주의해야 한다. 앞의 예제에서 int인 FromEventPattern의 형식 인수는 EventHandler<T>의 형식 T와 같다. FromEventPattern의 두 람다^{lambda} 인수를 통해 System.Reactive는 이벤트를 구독하거나 구독을 취소할 수 있다.

최신 사용자 인터페이스 프레임워크는 EventHandler<T>를 사용하기 때문에 간단하게 FromEventPattern과 함께 사용할 수 있지만 예전 형식은 이벤트마다 고유한 대리자 형식을 정의할 때가 많다. 예전 형식도 FromEventPattern과 함께 사용할 수 있지만 약간의 처리가 필요하다. 예를 들어 System.Timers.Timer 형식은 ElapsedEventHandler 형식인 Elapsed 이벤트를 정의한다. 이런 예전 이벤트는 다음과 같이 FromEventPattern으로 감쌀 수 있다.

```
var timer = new System.Timers.Timer(interval: 1000) { Enabled = true };
IObservable<EventPattern<ElapsedEventArgs>> ticks =
  Observable.FromEventPattern<ElapsedEventHandler, ElapsedEventArgs>(
    handler => (s, a) => handler(s, a),
    handler => timer.Elapsed += handler,
    handler => timer.Elapsed -= handler);
ticks.Subscribe(data => Trace.WriteLine("OnNext: " + data.EventArgs.SignalTime));
```

이 예제에서 data.EventArgs는 여전히 강력한 형식이라는 점에 주의한다. FromEventPattern의 형식 인수는 이제 고유한 핸들러 형식과 파생된 EventArgs 형식이다. FromEventPattern의 첫 번째 람다 인수는 EventHandler<ElapsedEventArgs>를 ElapsedEventHandler로 변환한다. 이 변환은 이벤트를 전달하는 역할만 해야 한다.

보다시피 문법이 확실히 어색해진다. 다음은 리플렉션^{reflection}을 사용하는 다른 방법을 보여준다.

```
var timer = new System.Timers.Timer(interval: 1000) { Enabled = true };
IObservable<EventPattern<object>> ticks =
  Observable.FromEventPattern(timer, nameof(Timer.Elapsed));
ticks.Subscribe(data => Trace.WriteLine("OnNext: "
  + ((ElapsedEventArgs)data.EventArgs).SignalTime));
```

이렇게 하면 FromEventPattern의 호출이 훨씬 간단해진다. 하지만 사용하는 코드 쪽에서 강력한 형식의 데이터를 얻을 수 없다는 단점에 주의해야 한다. data.EventArgs가 형식 개체라 직접 ElapsedEventArgs로 형 변환을 해야 하기 때문이다.

고찰

이벤트는 System.Reactive 스트림의 일반적인 데이터 공급원이다. 6.1절은 첫 번째 인수가 발신자^{sender}이고, 두 번째 인수가 이벤트 인수 형식인 기본 이벤트 패턴을 따르는 모든 이벤트를 감싸는 방법을 다룬다. 일반적인 이벤트 형식이 아니어도 Observable.FromEvent 메서드의 오버로드를 사용해서 옵저버블로 감쌀 수 있다.

이벤트를 옵저버블로 감싸면 이벤트가 발생할 때마다 OnNext가 불린다. AsyncCompleted EventArgs를 처리 중이라면 모든 예외를 오류(OnError)가 아닌 데이터(OnNext)로 전달하기 때문에 놀라운 동작이 일어날 수 있다. 예를 들어 다음과 같이 WebClient.DownloadString Completed를 감쌌다고 해보자.

```
var client = new WebClient();
IObservable<EventPattern<object>> downloadedStrings =
  Observable.
  FromEventPattern(client, nameof(WebClient.DownloadStringCompleted));
downloadedStrings.Subscribe(
  data =>
  {
    var eventArgs = (DownloadStringCompletedEventArgs)data.EventArgs;
    if (eventArgs.Error != null)
      Trace.WriteLine("OnNext: (Error) " + eventArgs.Error);
    else
      Trace.WriteLine("OnNext: " + eventArgs.Result);
  },
  ex => Trace.WriteLine("OnError: " + ex.ToString()),
  () => Trace.WriteLine("OnCompleted"));
client.DownloadStringAsync(new Uri("http://invalid.example.com/"));
```

WebClient.DownloadStringAsync가 오류와 함께 완료되면 AsyncCompletedEventArgs.Error 안에 예외를 지닌 채로 이벤트가 발생한다. 안타깝게도 System.Reactive는 이 이벤트를 데이터 이벤트로 본다. 따라서 앞의 코드를 실행하면 OnError:가 아닌 OnNext: (Error)가 찍힌다.

구독과 구독 해제가 특정 컨텍스트에서 이뤄져야 하는 이벤트도 있다. 예를 들어 많은 UI 컨트롤의 이벤트는 UI 스레드에서 구독해야만 한다. System.Reactive는 구독과 구독 해제용 컨텍스트를 제어할 수 있는 SubscribeOn이라는 연산자를 제공한다. 하지만 대부분 UI 스레드에서 UI 관련 구독을 하므로 SubscribeOn 연산자가 필요한 상황은 거의 없다.

SubscribeOn은 이벤트 핸들러를 추가, 제거하는 코드의 컨텍스트를 제어한다. Subscribe로 전달한 대리자의 옵저버블 알림에 사용할 컨텍스트를 제어하는 ObserveOn과 혼동하지 말기 바란다.

참고

6.2절은 이벤트가 발생한 컨텍스트를 변경하는 방법을 설명한다.

6.4절은 구독자에게 너무 많은 이벤트가 몰리지 않게 이벤트를 조절하는 방법을 설명한다.

6.2 컨텍스트로 알림 전달

문제점

System.Reactive는 스레드에 구애받지 않으려고 최선을 다한다. 따라서 OnNext 같은 알림은 항상 '현재' 스레드에서 발생한다. 각 OnNext 알림은 순차적으로 발생하지만 무조건 같은 스레드에서 발생하지는 않는다.

종종 이런 알림이 특정 컨텍스트에서 발생하길 바랄 때가 있다. 예를 들어 UI 요소는 해당 UI 요소를 소유한 UI 스레드에서만 다뤄야 하므로 스레드 풀 스레드에 도착한 알림에 대응해서 UI를 업데이트하려면 알림을 UI 스레드로 넘겨야 한다.

해법

System.Reactive는 알림을 다른 스케줄러로 옮길 수 있는 ObserveOn 연산자를 제공한다.

다음 예제는 Interval 연산자를 사용해서 초당 한 번씩 OnNext 알림을 생성한다.

```
private void Button_Click(object sender, RoutedEventArgs e)
{
  Trace.WriteLine($"UI thread is {Environment.CurrentManagedThreadId}");
  Observable.Interval(TimeSpan.FromSeconds(1))
    .Subscribe(x => Trace.WriteLine(
      $"Interval {x} on thread {Environment.CurrentManagedThreadId}"));
}
```

실행한 기기에 따라 다르겠지만 실제 실행 결과는 다음과 같은 모습이다.

```
UI thread is 9
Interval 0 on thread 10
Interval 1 on thread 10
Interval 2 on thread 11
Interval 3 on thread 11
Interval 4 on thread 10
Interval 5 on thread 11
Interval 6 on thread 11
```

Interval은 특정 스레드가 아닌 타이머^{timer} 기반이므로 UI 스레드가 아닌 스레드 풀 스레드에서 알림이 발생한다. UI 요소를 업데이트해야 한다면 다음과 같이 ObserveOn을 통해 알림을 보내고 UI 스레드를 나타내는 동기화 컨텍스트를 전달할 수 있다.

```
private void Button_Click(object sender, RoutedEventArgs e)
{
  SynchronizationContext uiContext = SynchronizationContext.Current;
  Trace.WriteLine($"UI thread is {Environment.CurrentManagedThreadId}");
  Observable.Interval(TimeSpan.FromSeconds(1))
    .ObserveOn(uiContext)
    .Subscribe(x => Trace.WriteLine(
      $"Interval {x} on thread {Environment.CurrentManagedThreadId}"));
}
```

그 밖에 일반적으로 ObserveOn은 필요할 때 UI 스레드를 벗어나는 용도로 쓰인다. 마우스를 움직일 때마다 CPU 집약적인 계산을 해야 하는 상황이 있다고 하자. 기본적으로 모든 마우스의 움직임은 UI 스레드에서 발생하므로 ObserveOn을 사용해서 알림을 스레드 풀 스레드로 옮긴 뒤에 계산을 수행하고, 결과 알림을 UI 스레드로 되돌려 보낼 수 있다.

```
SynchronizationContext uiContext = SynchronizationContext.Current;
Trace.WriteLine($"UI thread is {Environment.CurrentManagedThreadId}");
Observable.FromEventPattern<MouseEventHandler, MouseEventArgs>(
    handler => (s, a) => handler(s, a),
    handler => MouseMove += handler,
    handler => MouseMove -= handler)
  .Select(evt => evt.EventArgs.GetPosition(this))
  .ObserveOn(Scheduler.Default)
  .Select(position =>
  {
    // 복잡한 계산
    Thread.Sleep(100);
    var result = position.X + position.Y;
    var thread = Environment.CurrentManagedThreadId;
    Trace.WriteLine($"Calculated result {result} on thread {thread}");
    return result;
  })
  .ObserveOn(uiContext)
  .Subscribe(x => Trace.WriteLine(
    $"Result {x} on thread {Environment.CurrentManagedThreadId}"));
```

이 예제를 실행하면 스레드 풀 스레드에서 계산을 마친 결과를 UI 스레드에서 화면에 출력한다는 점을 알 수 있다. 하지만 계산과 결과 출력이 입력 속도를 따라오지 못한다는 점도 알수 있다. 마우스 위치의 업데이트가 100ms보다 더 잦아서 큐에 쌓이기 때문이다. System. Reactive는 이런 상황을 처리할 수 있는 몇 가지 기법을 제공한다. 6.4절에서는 그중 많이 쓰이는 방법의 하나인 입력 조절을 설명한다.

고찰

ObserveOn은 실제로 알림을 System.Reactive 스케줄러로 옮긴다. 여기서는 기본 스케줄러인 스레드 풀 스케줄러를 다뤘고 UI 스케줄러를 만드는 방법 한 가지를 다뤘다. ObserveOn 연산자의 가장 일반적인 용도는 UI 스레드로 옮기거나 UI 스레드에서 벗어나는 것이다. 하지만 스케줄러는 다른 상황에서도 유용하다. 스케줄러가 유용한 좀 더 복잡한 상황을 예로 들면 7.6절처럼 단위 테스트를 할 때 스케줄러로 시간 경과를 조작할 수 있다.

 ObserveOn은 옵저버블 알람용 컨텍스트를 제어한다. 이벤트 핸들러를 추가, 제거하는 코드의 컨텍스트를 제어하는 SubscribeOn과 혼동하지 말기 바란다.

참고

6.1절은 이벤트에서 시퀀스를 만드는 방법과 SubscribeOn의 사용법을 설명한다.

6.4절은 이벤트 스트림을 조절하는 방법을 설명한다.

7.6절은 System.Reactive 코드를 테스트할 때 사용하는 특별한 스케줄러를 설명한다.

6.3 Window와 Buffer로 이벤트 데이터 그룹화

문제점

입력 이벤트가 도착하는 대로 그룹화하고 싶다. 예를 들어 두 번의 입력에 한 번씩 대응한다든지 2초 안에 일어난 모든 입력에 대응해야 한다든지 하는 상황이 있을 수 있다.

해법

System.Reactive는 입력 시퀀스를 그룹화할 수 있는 Buffer와 Window라는 2개의 연산자를 제공한다. Buffer는 들어오는 이벤트의 그룹화가 끝날 때까지 기다렸다가 그룹화가 끝나면 모든 이벤트를 이벤트 컬렉션으로 한 번에 전달한다. Window는 들어오는 이벤트를 논리적으로 그룹화하지만 도착하는 대로 전달한다. Buffer의 반환 형식은 컬렉션의 이벤트 스트림인 IObservable<IList<T>>이고, Window의 반환 형식은 이벤트 스트림의 이벤트 스트림인 IObservable<IObservable<T>>다.

다음 예제는 Interval 연산자를 사용해서 초당 한 번씩 OnNext 알림을 생성한 뒤에 2개씩 버퍼에 저장한다.

```
Observable.Interval(TimeSpan.FromSeconds(1))
  .Buffer(2)
  .Subscribe(x => Trace.WriteLine(
    $"{DateTime.Now.Second}: Got {x[0]} and {x[1]}"));
```

이 코드는 2초마다 한 쌍의 결과를 만들어 낸다.

```
13: Got 0 and 1
15: Got 2 and 3
17: Got 4 and 5
19: Got 6 and 7
21: Got 8 and 9
```

다음은 Window를 사용해서 비슷하게 2개의 이벤트를 그룹화하는 예제다.

```
Observable.Interval(TimeSpan.FromSeconds(1))
  .Window(2)
  .Subscribe(group =>
  {
    Trace.WriteLine($"{DateTime.Now.Second}: Starting new group");
    group.Subscribe(
      x => Trace.WriteLine($"{DateTime.Now.Second}: Saw {x}"),
      () => Trace.WriteLine($"{DateTime.Now.Second}: Ending group"));
  });
```

이 Window 예제를 실행하면 다음과 같은 결과가 나온다.

```
17: Starting new group
18: Saw 0
19: Saw 1
19: Ending group
19: Starting new group
20: Saw 2
21: Saw 3
21: Ending group
21: Starting new group
22: Saw 4
23: Saw 5
23: Ending group
23: Starting new group
```

예제를 통해 Buffer와 Window의 차이를 살펴봤다. Buffer는 그룹화할 이벤트를 모두 기다린 뒤에 하나의 컬렉션을 내보낸다. Window도 같은 방식으로 이벤트를 그룹화하지만, 이벤트가 도착하는 대로 내보낸다. 즉 Window는 즉시 해당 이벤트를 내보낼 옵저버블을 내보낸다.

또 Buffer와 Window 모두 시간을 기준으로 사용할 수도 있다. 다음은 1초 동안 모든 마우스의 움직임을 모으는 예제다.

```
private void Button_Click(object sender, RoutedEventArgs e)
{
  Observable.FromEventPattern<MouseEventHandler, MouseEventArgs>(
      handler => (s, a) => handler(s, a),
      handler => MouseMove += handler,
      handler => MouseMove -= handler)
    .Buffer(TimeSpan.FromSeconds(1))
    .Subscribe(x => Trace.WriteLine(
      $"{DateTime.Now.Second}: Saw {x.Count} items."));
}
```

실제 마우스의 움직임에 따라 다르겠지만 다음과 비슷한 결과가 나타나야 한다.

```
49: Saw 93 items.
50: Saw 98 items.
51: Saw 39 items.
52: Saw 0 items.
53: Saw 4 items.
54: Saw 0 items.
55: Saw 58 items.
```

고찰

Buffer와 Window는 입력을 원하는 형태로 다듬을 수 있는 도구다. 그 밖에 유용한 기법인 Throttle은 6.4절에서 배운다.

Buffer와 Window 모두 더 복잡한 상황에서 사용할 수 있는 다양한 오버로드를 지원한다. skip 과 timeShift 매개 변수가 있는 오버로드를 사용하면 다른 그룹과 겹치는 그룹을 만들거나 그룹 사이에 정해진 수의 요소를 건너뛰는 그룹을 만들 수 있다. 또 대리자를 전달받아서 그 룹의 범위를 동적으로 정의할 수 있는 오버로드도 있다.

참고

6.1절은 이벤트에서 시퀀스를 생성하는 방법을 설명한다.

6.4절은 이벤트 스트림을 조절하는 방법을 설명한다.

6.4 Throttle과 Sample로 이벤트 스트림 조절

문제점

리액티브 코드를 작성하면서 흔히 겪는 어려움으로 이벤트가 너무 빨리 들어오는 상황을 들수 있다. 이벤트 스트림의 전개가 너무 빠르면 프로그램의 처리 능력을 넘어설 수 있다.

해법

System.Reactive는 넘치는 이벤트 데이터를 다룰 수 있는 특별한 연산자인 Throttle과 Sample을 통해 빠르게 들어오는 이벤트를 제어할 수 있는 두 가지 방법을 제공한다.

Throttle 연산자는 슬라이딩 타임아웃 윈도우를 설정한다. 입력 이벤트가 도착하면 타임아웃 윈도우를 리셋하고 타임아웃 윈도우가 만료되면 마지막으로 도착한 이벤트 값을 윈도우에서 내보낸다.

다음 예제는 마우스 움직임을 모니터링하고 Throttle을 사용해서 마우스가 1초 동안 완전히멈췄을 때만 업데이트를 전달한다.

```
private void Button_Click(object sender, RoutedEventArgs e)
{
  Observable.FromEventPattern<MouseEventHandler, MouseEventArgs>(
      handler => (s, a) => handler(s, a),
      handler => MouseMove += handler,
      handler => MouseMove -= handler)
    .Select(x => x.EventArgs.GetPosition(this))
    .Throttle(TimeSpan.FromSeconds(1))
```

```
    .Subscribe(x => Trace.WriteLine(
        $"{DateTime.Now.Second}: Saw {x.X + x.Y}"));
}
```

마우스의 움직임에 따라 결과가 크게 달라지겠지만 예를 들면 다음과 같다.

```
47: Saw 139
49: Saw 137
51: Saw 424
56: Saw 226
```

Throttle은 사용자가 텍스트 상자에 텍스트를 입력할 때 사용자가 입력을 멈추지 않으면 실제로 검색을 수행하지 않는 자동 완성 같은 상황에 자주 쓰인다.

Sample은 다른 방식으로 빠르게 전개하는 시퀀스를 제어한다. Sample은 일반적인 타임아웃 주기를 설정하고 타임아웃이 만료할 때마다 윈도우에서 가장 최근 값을 결과값으로 내보낸다. 샘플링 기간 안에 수신한 값이 없으면 해당 기간에 관한 결과값을 내보내지 않는다.

다음 예제는 마우스의 움직임을 1초 간격으로 샘플링한다. Throttle 예제와 달리 Sample 예제는 데이터가 보일 때까지 마우스를 멈추고 있을 필요가 없다.

```
private void Button_Click(object sender, RoutedEventArgs e)
{
  Observable.FromEventPattern<MouseEventHandler, MouseEventArgs>(
      handler => (s, a) => handler(s, a),
      handler => MouseMove += handler,
      handler => MouseMove -= handler)
    .Select(x => x.EventArgs.GetPosition(this))
    .Sample(TimeSpan.FromSeconds(1))
    .Subscribe(x => Trace.WriteLine(
        $"{DateTime.Now.Second}: Saw {x.X + x.Y}"));
}
```

다음은 마우스를 처음 몇 초 동안 그대로 둔 뒤에 계속해서 마우스를 움직였을 때의 결과다.

```
12: Saw 311
17: Saw 254
18: Saw 269
19: Saw 342
20: Saw 224
21: Saw 277
```

고찰

Throttle과 Sample은 넘치는 입력을 조절하는 기본적인 도구다. 또 LINQ의 기본 연산자인 Where로도 간단하게 입력을 필터링할 수 있다는 점을 잊지 말아야 한다. Throttle과 Sample 연산자는 Where와 비슷하다고 생각할 수 있다. 이벤트 데이터를 필터링하지 않고 타임 윈도우를 필터링한다는 차이가 있을 뿐이다. 세 연산자 모두 방식은 다르지만 빠르게 들어오는 입력을 제어하는 데 유용하다.

참고

6.1절은 이벤트에서 스트림을 생성하는 방법을 설명한다.

6.2절은 이벤트가 발생하는 컨텍스트를 변경하는 방법을 설명한다.

6.5 타임아웃

문제점

이벤트가 정해진 시간 안에 도착한다고 예상할 수 있는 상황이며 이벤트가 도착하지 않더라도 프로그램이 제때 응답할 수 있어야 한다. 대부분 이렇게 예상할 수 있는 종류의 이벤트는 웹 서비스 요청의 응답 같은 단일 비동기 작업이다.

해법

Timeout 연산자는 입력 스트림에 슬라이딩 타임아웃 윈도우를 설정한다. 그리고 새로운 이벤트가 도착할 때마다 타임아웃 윈도우를 리셋한다. 윈도우에 들어온 이벤트가 없이 타임아웃이 만료하면 Timeout 연산자는 TimeoutException이 들어 있는 OnError 알림과 함께 스트림을 종료한다.

다음 예제는 example.com으로 웹 요청을 보내고 1초의 타임아웃을 적용한다. 이 코드는 웹 요청을 시작하려고 ToObservable을 사용해서 Task<T>를 IObservable<T>로 변환한다. 자세한 내용은 8.6절을 참고한다.

```
void GetWithTimeout(HttpClient client)
{
  client.GetStringAsync("http://www.example.com/").ToObservable()
    .Timeout(TimeSpan.FromSeconds(1))
    .Subscribe(
      x => Trace.WriteLine($"{DateTime.Now.Second}: Saw {x.Length}"),
      ex => Trace.WriteLine(ex));
}
```

Timeout은 웹 요청 같은 비동기 작업에 이상적이지만 모든 이벤트 스트림에 적용할 수 있다. 다음 예제는 Timeout을 더 다루기 쉬운 마우스 움직임에 적용한다.

```
private void Button_Click(object sender, RoutedEventArgs e)
{
  Observable.FromEventPattern<MouseEventHandler, MouseEventArgs>(
      handler => (s, a) => handler(s, a),
      handler => MouseMove += handler,
      handler => MouseMove -= handler)
    .Select(x => x.EventArgs.GetPosition(this))
    .Timeout(TimeSpan.FromSeconds(1))
    .Subscribe(
      x => Trace.WriteLine($"{DateTime.Now.Second}: Saw {x.X + x.Y}"),
      ex => Trace.WriteLine(ex));
}
```

이 예제를 실행하고 마우스를 조금 움직인 뒤에 1초 동안 가만히 두면 다음과 같은 결과가 나타난다.

```
16: Saw 180
16: Saw 178
16: Saw 177
16: Saw 176
System.TimeoutException: 작업 시간을 초과했습니다.
```

OnError로 TimeoutException을 전달하고 나면 스트림이 끝난다는 점에 주의한다. 그 이후로 는 마우스를 움직여도 아무 반응이 없다. 이렇게 동작하기를 원하지 않을 수 있기 때문에 Timeout 연산자의 오버로드 중에는 타임아웃이 일어날 때 예외와 함께 스트림을 끝내지 않고 두 번째 스트림으로 대체하는 오버로드도 있다.

다음 예제는 타임아웃이 일어나기 전에는 마우스의 움직임을 주시하고 타임아웃 이후로는 마우스 클릭을 주시한다.

```csharp
private void Button_Click(object sender, RoutedEventArgs e)
{
  IObservable<Point> clicks =
    Observable.FromEventPattern<MouseButtonEventHandler, MouseButtonEventArgs>(
      handler => (s, a) => handler(s, a),
      handler => MouseDown += handler,
      handler => MouseDown -= handler)
    .Select(x => x.EventArgs.GetPosition(this));

  Observable.FromEventPattern<MouseEventHandler, MouseEventArgs>(
      handler => (s, a) => handler(s, a),
      handler => MouseMove += handler,
      handler => MouseMove -= handler)
    .Select(x => x.EventArgs.GetPosition(this))
    .Timeout(TimeSpan.FromSeconds(1), clicks)
    .Subscribe(
      x => Trace.WriteLine($"{DateTime.Now.Second}: Saw {x.X},{x.Y}"),
      ex => Trace.WriteLine(ex));
}
```

이 코드를 실행하고 마우스를 잠깐 움직이다가 1초 동안 기다린 뒤에 두 군데를 클릭하면 다음과 같이 타임아웃 전의 마우스 움직임과 타임아웃 이후 두 번의 클릭 위치가 나타난다.

```
49: Saw 95,39
49: Saw 94,39
49: Saw 94,38
49: Saw 94,37
53: Saw 130,141
55: Saw 469,4
```

고찰

Timeout은 적지 않은 애플리케이션에서 꼭 필요한 연산자다. 개발자는 다른 상황이 어떻든 자기 프로그램이 항상 응답할 수 있기를 바라기 때문이다. 타임아웃은 비동기 작업이 있는 프로그램에 특히 유용하지만 모든 이벤트 스트림에 적용할 수 있다. 사실 내부적으로는 작업을 취소하지 않는다는 점에 주의한다. 타임아웃이 지나더라도 작업이 성공하거나 실패할 때까지 실행을 이어간다.

참고

6.1절은 이벤트에서 시퀀스를 생성하는 방법을 설명한다.

8.6절은 비동기 코드를 옵저버블 이벤트 스트림으로 감싸는 방법을 설명한다.

10.6절은 CancellationToken의 결과로 시퀀스의 구독을 취소하는 방법을 설명한다.

10.3절은 CancellationToken을 타임아웃으로 사용하는 방법을 설명한다.

7장

테스트

테스트는 소프트웨어의 품질에 가장 중요한 부분이다. 최근 몇 년 동안 단위 테스트 지지자가 엄청나게 늘어나서 어디서든 단위 테스트에 관해 듣거나 본 적이 있을 것이다. 애플리케이션의 완성과 함께 종합적인 테스트가 끝나는 코딩 방식인 테스트 주도 개발을 장려하는 사람도 있다. 코드의 품질 향상, 전체적인 개발 시간의 단축 등 단위 테스트의 장점은 모두 잘 알고 있지만, 여전히 단위 테스트를 하지 않는 개발자가 많다.

조금이라도 좋으니 단위 테스트를 작성해 보기 바란다. 가장 자신 없는 코드로 시작해 보자. 개인적인 경험상 단위 테스트의 가장 큰 장점 두 가지는 다음과 같다.

- **코드의 이해도 향상**   애플리케이션 안에 분명히 제대로 동작하지만, 동작 원리를 알 수 없는 부분이 있는가? 이상한 버그 리포트bug report가 들어오면 항상 이런 부분이 마음에 걸리기 마련이다. 난해한 코드의 단위 테스트 작성은 코드의 동작 방식을 명확하게 이해할 수 있는 좋은 방법이다. 코드의 동작을 설명하는 단위 테스트를 작성하고 나면 코드의 비밀이 드러난다. 그러다 보면 결국 코드의 동작 그리고 다른 코드와의 종속성을 설명하는 단위 테스트의 모음이 만들어진다.

- **코드를 수정할 때 자신감 증가**   조만간 손대기 두려운 코드를 수정해야 하는 기능 요청feature request이 들어올지도 모른다. 아무리 피해도 모른 체할 수 없는 시점이 온다. 그 느낌은 겪어 봐서 잘 안다. 사전 예방이 최선이다. 즉 기능 요청이 들어오기 전에

두려운 코드의 단위 테스트를 작성해야 한다. 단위 테스트를 끝내고 나면 수정한 코드 때문에 기존 동작에 문제가 생길 때 즉시 알 수 있는 조기 경보 체계가 갖춰진다. 또 풀 요청^{pull request}이 있을 때 단위 테스트가 있다면 수정한 코드가 기존 동작을 해치지 않다는 확신을 가질 수 있다.

이 두 가지 장점은 다른 개발자의 코드는 물론 자신의 코드에도 해당한다. 그리고 분명히 다른 장점도 있다. 단위 테스트로 버그의 발생 빈도가 줄어들까? 십중팔구는 그렇다. 단위 테스트가 프로젝트의 전체 시간을 줄여 줄까? 그럴 수 있다. 하지만 앞서 설명한 두 가지 장점은 단위 테스트를 작성할 때마다 확실하게 경험해 왔다. 따라서 개인적으로 단위 테스트를 권장할 때 내세우는 장점이기도 하다.

7장에는 테스트에 관한 모든 예제가 들어 있다. 평소에 단위 테스트를 작성하는 개발자를 포함해서 많은 개발자가 동시성 코드의 테스트를 꺼린다. 어렵다고 생각하기 때문이다. 앞으로 7장의 예제를 통해 보여 주겠지만 동시성 코드의 단위 테스트는 생각만큼 어렵지 않다. async와 System.Reactive 같은 최신 기능과 라이브러리는 테스트에 많은 신경을 써왔고 그 성과를 보여 준다. 특히 동시성 프로그래밍이 처음이라 새로운 코드가 어렵거나 무섭게 보인다면 7장의 예제를 사용해서 단위 테스트를 작성해 보기 바란다.

7.1 async 메서드의 단위 테스트

문제점

단위 테스트해야 할 async 메서드가 있다.

해법

MSTest, NUnit, xUnit 같은 최신 단위 테스트 프레임워크는 대부분 async Task를 테스트할 수 있는 메서드를 지원한다. MSTest는 비주얼 스튜디오 2012를 통해 이런 테스트를 지원하기 시작했다. 다른 단위 테스트 프레임워크를 사용한다면 최신 버전으로 업그레이드해야 할 수도 있다.

다음 예제는 MSTest를 사용한 async 메서드의 단위 테스트다.

```
[TestMethod]
public async Task MyMethodAsync_ReturnsFalse()
{
    var objectUnderTest = ...;
    bool result = await objectUnderTest.MyMethodAsync();
    Assert.IsFalse(result);
}
```

단위 테스트 프레임워크는 이 메서드의 반환 형식이 Task라는 점을 인식하고 테스트를 '성공'이나 '실패'로 표시하기 전에 지능적으로 작업의 완료를 기다린다.

사용 중인 단위 테스트 프레임워크가 async Task의 단위 테스트를 지원하지 않는다면 테스트 중인 비동기 작업을 기다릴 수 있는 일종의 도움이 필요하다. 한 가지 방법으로 GetAwaiter().GetResult()를 사용하면 작업을 동기적으로 차단할 수 있다. Wait()가 아닌 GetAwaiter().GetResult()를 사용하면 작업에 예외가 있어도 AggregateException으로 감싸지 않는다. 개인적으로는 Nito.AsyncEx NuGet 패키지의 AsyncContext 형식을 사용하는 쪽을 선호한다.

```
[TestMethod]
public void MyMethodAsync_ReturnsFalse()
{
    AsyncContext.Run(async () =>
    {
        var objectUnderTest = ...;
        bool result = await objectUnderTest.MyMethodAsync();
        Assert.IsFalse(result);
    });
}
```

AsyncContext.Run은 모든 비동기 메서드의 완료를 기다린다.

고찰

비동기 의존성의 모킹^{mocking}은 처음에는 좀 어색할 수 있다. 최소한 세 가지 상황, 즉 Task. FromResult로 모킹해서 동기적으로 성공할 때, Task.FromException으로 모킹해서 동기적으로 오류가 있을 때, Task.Yield로 모킹하고 값을 반환해서 비동기적으로 성공할 때 메소드의 대응 방식을 테스트해 보면 좋다. Task.FromResult와 Task.FromException의 적용 범위는 2.2절에서 확인할 수 있다. Task.Yield는 비동기 동작을 강제할 수 있으며 본질적으로 단위 테스트에 유용하다.

```
interface IMyInterface
{
  Task<int> SomethingAsync();
}

class SynchronousSuccess : IMyInterface
{
  public Task<int> SomethingAsync()
  {
    return Task.FromResult(13);
  }
}

class SynchronousError : IMyInterface
{
  public Task<int> SomethingAsync()
  {
    return Task.FromException<int>(new InvalidOperationException());
  }
}

class AsynchronousSuccess : IMyInterface
{
  public async Task<int> SomethingAsync()
  {
    await Task.Yield(); // 비동기 동작을 강제한다.
    return 13;
  }
}
```

비동기 코드를 테스트할 때는 동기 코드를 테스트할 때보다 교착 상태와 경합 조건이 더 자주 나타날 수 있어서 테스트마다 타임아웃을 설정하면 유용하다. 비주얼 스튜디오 IDE를 통해 솔루션에 테스트마다 타임아웃을 설정할 수 있는 테스트 설정 파일을 추가할 수 있다. 타임아웃은 기본 설정값이 꽤 크기 때문에 개인적으로는 보통 테스트마다 타임아웃을 2초로 설정한다.

 AsyncContext 형식은 Nito.AsyncEx NuGet 패키지[1]에 들어 있다.

참고

7.2절은 비동기 메서드의 실패 사례를 단위 테스트하는 방법을 설명한다.

7.2 async 메서드의 실패 사례를 단위 테스트

문제점

async Task 메서드의 특정 오류를 확인하는 단위 테스트를 작성해야 한다.

해법

데스크톱 또는 서버에서 개발 중이라면 MSTest가 지원하는 ExpectedExceptionAttribute를 통해 오류를 테스트할 수 있다.

```
// 뒤쪽을 보면 알겠지만, 권장하는 방법은 아니다.
[TestMethod]
```

---

1   https://www.nuget.org/packages/Nito.AsyncEx

```
[ExpectedException(typeof(DivideByZeroException))]
public async Task Divide_WhenDenominatorIsZero_ThrowsDivideByZero()
{
    await MyClass.DivideAsync(4, 0);
}
```

하지만 이 방법이 최선은 아니다. 사실 ExpectedException은 형편없는 방법이다. 예상했던 예외가 단위 테스트 메서드가 호출하는 모든 메서드에서 발생할 수 있기 때문이다. 일률적인 단위 테스트가 아닌 특정 코드에서 해당 예외가 발생하는지 확인하는 방법이 더 좋다.

대부분 최신 단위 테스트 프레임워크에는 형태가 좀 다를 수는 있어도 Assert.ThrowsAsync <TException>이 들어 있다. 예를 들면 다음과 같이 xUnit의 ThrowsAsync를 사용할 수 있다.

```
[Fact]
public async Task Divide_WhenDenominatorIsZero_ThrowsDivideByZero()
{
    await Assert.ThrowsAsync<DivideByZeroException>(async () =>
    {
        await MyClass.DivideAsync(4, 0);
    });
}
```

 ThrowsAsync가 반환하는 작업을 await로 대기해야 한다는 점을 잊지 말아야 한다. await는 발견한 모든 어설션(assertion) 오류를 전파한다. await를 빼먹고 컴파일러의 경고를 무시한다면 메서드의 동작과 상관없이 항상 단위 테스트가 성공으로 끝난다.

안타깝게도 async와 함께 사용할 수 있는 ThrowsAsync가 없는 단위 테스트 프레임워크도 있다. 그런 프레임워크를 사용 중이라면 다음과 같이 직접 만들 수 있다.

```
/// <summary>
/// Ensures that an asynchronous delegate throws an exception.
/// </summary>
/// <typeparam name="TException">
/// The type of exception to expect.
```

```
/// </typeparam>
/// <param name="action">The asynchronous delegate to test.</param>
/// <param name="allowDerivedTypes">
/// Whether derived types should be accepted.
/// </param>
public static async Task<TException> ThrowsAsync<TException>(Func<Task> action,
    bool allowDerivedTypes = true)
    where TException : Exception
{
  try
  {
    await action();
    var name = typeof(Exception).Name;
    Assert.Fail($"Delegate did not throw expected exception {name}.");
    return null;
  }
  catch (Exception ex)
  {
    if (allowDerivedTypes && !(ex is TException))
      Assert.Fail($"Delegate threw exception of type {ex.GetType().Name}" +
          $", but {typeof(TException).Name} or a derived type was expected.");
    if (!allowDerivedTypes && ex.GetType() != typeof(TException))
      Assert.Fail($"Delegate threw exception of type {ex.GetType().Name}" +
          $", but {typeof(TException).Name} was expected.");
    return (TException)ex;
  }
}
```

이 메서드는 다른 Assert.ThrowsAsync<TException> 메서드처럼 사용할 수 있다. 반환 값을 대기해야 한다는 점을 잊지 말기 바란다.

고찰

오류 처리 테스트는 성공 사례 테스트만큼 중요하다. 성공 사례 테스트는 소프트웨어를 출시하기 전에 모든 개발자가 시도하는 테스트라 오히려 오류 처리 테스트가 더 중요하다는 사람도 있다. 애플리케이션의 이상한 동작은 예상치 못한 오류 때문일 수 있다.

어쨌든 ExpectedException에서 벗어나야 한다. 테스트 중에 아무 때나 예외를 테스트하지 말고 특정 시점에 발생한 예외를 테스트하는 편이 낫다. ExpectedException이 아닌 ThrowsAsync를 사용하거나 자신의 단위 테스트 프레임워크에 있는 ThrowsAsync에 해당하는 기능을 사용하기 바란다. 아니면 앞의 예제처럼 ThrowsAsync를 구현해서 사용하기 바란다.

참고

7.1절 비동기 메서드 단위 테스트의 기초를 설명한다.

7.3 async void 메서드의 단위 테스트

문제점

단위 테스트해야 할 async void 메서드가 있다.

해법

잠깐.

이 문제는 해결보다는 회피에 전력을 기울여야 한다. async void 메서드를 async Task로 바꿀 수 있다면 그렇게 해야 한다.

인터페이스의 메서드 시그니처를 따라야 하는 등 메서드가 async void여야만 한다면 2개의 메서드로 나눠서 작성하는 방법을 생각해 보기 바란다. 즉 모든 로직을 담는 async Task 메서드와 단순히 이 async Task 메서드를 호출하고 결과를 기다리는 async void 래퍼 메서드로 나눌 수 있다. 이렇게 하면 async void 메서드는 구조적 요구 사항을 충족하며 모든 로직이 담긴 async Task 메서드는 테스트가 가능하다.

메서드를 변경할 수 없는 상황에서 async void 메서드를 단위 테스트해야 한다 해도 방법은 있다. 다음과 같이 Nito.AsyncEx 라이브러리의 AsyncContext 클래스를 사용할 수 있다.

```
[TestMethod]
 public void MyMethodAsync_DoesNotThrow()
 {
   AsyncContext.Run(() =>
   {
     var objectUnderTest = new Sut(); // ...;
     objectUnderTest.MyVoidMethodAsync();
   });
 }
```

AsyncContext 형식은 async void 메서드를 포함해서 모든 비동기 작업이 완료할 때까지 대기
하며 발생하는 예외를 전파한다.

 AsyncContext 형식은 Nito.AsyncEx NuGet 패키지[2]에 들어 있다.

고찰

async 코드의 주요 지침 중 하나는 async void를 피하는 것이다. 개인적으로는 AsyncContext
를 사용해서 async void 메서드를 단위 테스트하지 말고 코드를 리팩토링하는 방법을 강력하
게 추천한다.

참고

7.1절은 async Task 메서드의 단위 테스트 방법을 설명한다.

---

2   https://www.nuget.org/packages/Nito.AsyncEx

7.4 데이터 흐름 메시의 단위 테스트

문제점

애플리케이션 안에 있는 데이터 흐름 메시가 올바르게 작동하는지 검증해야 한다.

해법

데이터 흐름 메시는 독립적이다. 즉 자체적으로 수명 주기를 지니며 기본적으로 비동기적이다. 따라서 가장 자연스러운 테스트 방법은 비동기적인 단위 테스트다. 다음은 5.6절의 사용자 지정 데이터 흐름 블록을 검증하는 단위 테스트다.

```
[TestMethod]
public async Task MyCustomBlock_AddsOneToDataItems()
{
  var myCustomBlock = CreateMyCustomBlock();

  myCustomBlock.Post(3);
  myCustomBlock.Post(13);
  myCustomBlock.Complete();

  Assert.AreEqual(4, myCustomBlock.Receive());
  Assert.AreEqual(14, myCustomBlock.Receive());

  await myCustomBlock.Completion;
}
```

안타깝게도 데이터 흐름 메시를 단위 테스트할 때 일어나는 실패는 간단한 문제가 아니다. 데이터 흐름 메시는 예외를 다음 블록으로 전파할 때마다 새로운 AggregateException으로 감싸기 때문이다. 다음 예제는 헬퍼 메서드를 사용해서 예외의 데이터를 삭제하고 사용자 지정 블록을 통해 이 예외를 전파한다.

```
[TestMethod]
public async Task MyCustomBlock_Fault_DiscardsDataAndFaults()
```

```
{
  var myCustomBlock = CreateMyCustomBlock();

  myCustomBlock.Post(3);
  myCustomBlock.Post(13);
  (myCustomBlock as IDataflowBlock).Fault(new InvalidOperationException());

  try
  {
    await myCustomBlock.Completion;
  }
  catch (AggregateException ex)
  {
    AssertExceptionIs<InvalidOperationException>(
        ex.Flatten().InnerException, false);
  }
}

public static void AssertExceptionIs<TException>(Exception ex,
    bool allowDerivedTypes = true)
{
  if (allowDerivedTypes && !(ex is TException))
    Assert.Fail($"Exception is of type {ex.GetType().Name}, but " +
        $"{typeof(TException).Name} or a derived type was expected.");
  if (!allowDerivedTypes && ex.GetType() != typeof(TException))
    Assert.Fail($"Exception is of type {ex.GetType().Name}, but " +
        $"{typeof(TException).Name} was expected.");
}
```

고찰

데이터 흐름 메시를 직접 단위 테스트할 수도 있지만 조금 거추장스럽다. 테스트하려는 메시
가 커다란 컴포넌트의 일부라면 컴포넌트 자체를 단위 테스트해서 은연중에 메시를 테스트
하는 쪽이 더 쉽다. 하지만 재사용할 수 있는 사용자 지정 블록이나 메시를 개발 중이라면 앞
의 예제와 같은 단위 테스트를 사용해야 한다.

7.1절은 async 메서드의 단위 테스트 방법을 설명한다.

7.5 System.Reactive 옵저버블의 단위 테스트

문제점

프로그램에서 사용 중인 IObservable<T>를 단위 테스트할 방법이 필요하다.

해법

System.Reactive에는 Return처럼 시퀀스를 만들어 내는 연산자도 있고, SingleAsync처럼 리액티브 시퀀스를 평범한 컬렉션이나 항목으로 변환할 수 있는 연산자도 있다. Return 같은 연산자로 옵저버블이 의존하는 스텁stub을 만들 수 있고, SingleAsync 같은 연산자로 결과를 테스트할 수 있다.

HTTP 서비스를 의존 요소로 사용하며 HTTP 호출에 타임아웃을 적용하는 다음 코드를 살펴보자.

```
public interface IHttpService
{
  IObservable<string> GetString(string url);
}

public class MyTimeoutClass
{
  private readonly IHttpService _httpService;

  public MyTimeoutClass(IHttpService httpService)
  {
    _httpService = httpService;
  }
```

```
    public IObservable<string> GetStringWithTimeout(string url)
    {
        return _httpService.GetString(url)
            .Timeout(TimeSpan.FromSeconds(1));
    }
}
```

테스트 대상은 옵저버블의 의존 요소를 사용해서 옵저버블을 결과로 만들어 내는 MyTimeout Class다.

Return 연산자는 하나의 요소가 들어 있는 콜드 시퀀스cold sequence를 생성한다. Return을 사용하면 간단한 스텁을 만들 수 있다. SingleAsync 연산자는 다음 이벤트가 도착하면 완료하는 Task<T>를 반환한다. SingleAsync는 다음과 같이 간단한 단위 테스트에 사용할 수 있다.

```
class SuccessHttpServiceStub : IHttpService
{
    public IObservable<string> GetString(string url)
    {
        return Observable.Return("stub");
    }
}

[TestMethod]
public async Task MyTimeoutClass_SuccessfulGet_ReturnsResult()
{
    var stub = new SuccessHttpServiceStub();
    var my = new MyTimeoutClass(stub);

    var result = await my.GetStringWithTimeout("http://www.example.com/")
        .SingleAsync();

    Assert.AreEqual("stub", result);
}
```

그 밖에 스텁 코드에 중요한 연산자로는 오류로 끝나는 옵저버블을 반환하는 Throw가 있다. Throw 연산자를 사용하면 오류 사례도 단위 테스트할 수 있다. 다음 예제는 7.2절의 ThrowsAsync 헬퍼를 사용한다.

```
private class FailureHttpServiceStub : IHttpService
{
  public IObservable<string> GetString(string url)
  {
    return Observable.Throw<string>(new HttpRequestException());
  }
}

[TestMethod]
public async Task MyTimeoutClass_FailedGet_PropagatesFailure()
{
  var stub = new FailureHttpServiceStub();
  var my = new MyTimeoutClass(stub);

  await ThrowsAsync<HttpRequestException>(async () =>
  {
    await my.GetStringWithTimeout("http://www.example.com/")
        .SingleAsync();
  });
}
```

고찰

Return과 Throw는 옵저버블 스텁을 만들 때 유용하고, SingleAsync는 비동기 단위 테스트로 옵저버블을 테스트할 수 있는 손쉬운 방법이다. 간단한 옵저버블에 사용하기 좋은 조합이지만 시간을 다루기 시작하는 순간 문제가 생긴다. 예를 들어 MyTimeoutClass의 타임아웃 기능을 테스트하려는 단위 테스트는 타임아웃 시간만큼 기다려야 한다. 하지만 그러면 경합 조건이 생겨서 단위 테스트의 신뢰도가 떨어지며 단위 테스트가 더 늘어나면 확장하기도 어려워서 좋지 않은 방법이다. 7.6절은 System.Reactive로 시간 자체를 순식간에 소모할 수 있는 특별한 방법을 설명한다.

7.1절은 `SingleAsync`를 대기하는 단위 테스트와 매우 비슷한 `async` 메서드의 단위 테스트 방법을 설명한다.

7.6절은 시간에 따라 달라지는 옵저버블 시퀀스의 단위 테스트 방법을 설명한다.

7.6 시간과 관련 있는 System.Reactive 옵저버블의 단위 테스트

문제점

시간에 따라 달라지는 옵저버블을 시간과 관계없이 단위 테스트하고 싶다. 타임아웃, `Window`와 `Buffer`, `Throttle`과 `Sample`을 사용하는 옵저버블이 시간에 따라 달라지는 옵저버블에 해당한다. 너무 많은 실행 시간을 들이지 않고 이런 옵저버블을 단위 테스트하고 싶다.

해법

단위 테스트 안에 지연 시간을 넣을 수도 있지만 이 방법에는 두 가지 문제점이 있다. 1) 단위 테스트의 실행에 시간이 오래 걸린다. 2) 모든 단위 테스트를 동시에 실행하므로 실행 시간을 예측할 수 없기 때문에 경합 조건이 생긴다.

System.Reactive(Rx) 라이브러리는 테스트를 염두에 두고 만들어졌다. 실제로 Rx 라이브러리 자체가 광범위한 단위 테스트를 거쳤다. Rx는 빈틈없는 단위 테스트를 지원할 수 있게 스케줄러라는 개념을 도입했고 시간을 다루는 Rx 연산자는 모두 이 추상 스케줄러를 사용해서 구현했다.

옵저버블을 테스트하려면 호출하는 쪽에서 스케줄러를 지정할 수 있어야 한다. 예를 들어 7.5절의 `MyTimeoutClass`에 다음과 같이 스케줄러를 추가할 수 있다.

```
public interface IHttpService
{
```

```
    IObservable<string> GetString(string url);
  }

  public class MyTimeoutClass
  {
    private readonly IHttpService _httpService;

    public MyTimeoutClass(IHttpService httpService)
    {
      _httpService = httpService;
    }

    public IObservable<string> GetStringWithTimeout(string url,
        IScheduler scheduler = null)
    {
      return _httpService.GetString(url)
          .Timeout(TimeSpan.FromSeconds(1), scheduler ?? Scheduler.Default);
    }
  }
```

그런 다음 HTTP 서비스 스텁을 다음과 같이 수정해서 스케줄러를 알 수 있게 하고, 가변 지연 시간을 적용할 수 있다.

```
  private class SuccessHttpServiceStub : IHttpService
  {
    public IScheduler Scheduler { get; set; }
    public TimeSpan Delay { get; set; }

    public IObservable<string> GetString(string url)
    {
      return Observable.Return("stub")
          .Delay(Delay, Scheduler);
    }
  }
```

이제 System.Reactive에 들어 있는 TestScheduler 형식을 사용할 차례다. TestScheduler는 가상의 시간을 제어할 수 있는 강력한 기능을 제공한다.

TestScheduler는 다른 System.Reactive와 달리 별도의 NuGet 패키지에 들어 있으므로 Microsoft.Reactive.Testing NuGet 패키지[3]를 설치해야 한다.

TestScheduler는 시간을 완벽하게 제어할 수 있는 기능을 제공하지만 코드에 TestScheduler 를 설정한 뒤에 TestScheduler.Start만 호출해도 충분할 때가 많다. Start는 모든 작업이 끝 나는 시점까지 가상으로 시간을 앞당긴다. 간단하게 성공 사례를 테스트하는 방법은 다음과 같다.

```
[TestMethod]
public void MyTimeoutClass_SuccessfulGetShortDelay_ReturnsResult()
{
  var scheduler = new TestScheduler();
  var stub = new SuccessHttpServiceStub
  {
    Scheduler = scheduler,
    Delay = TimeSpan.FromSeconds(0.5),
  };
  var my = new MyTimeoutClass(stub);
  string result = null;
  my.GetStringWithTimeout("http://www.example.com/", scheduler)
      .Subscribe(r => { result = r; });

  scheduler.Start();

  Assert.AreEqual("stub", result);
}
```

이 코드는 0.5초의 네트워크 지연을 흉내 낸다. 실제로 이 단위 테스트를 실행하면 0.5초 가 걸리지 않는다. 저자의 PC에서는 약 70ms가 걸렸다. 0.5초의 지연 시간은 가상의 시간 으로만 존재한다. 그 밖에 이 단위 테스트의 중요한 차이점은 비동기적이지 않다는 점이다. TestScheduler를 사용하므로 모든 테스트를 즉시 완료할 수 있다.

---

3   https://www.nuget.org/packages/Microsoft.Reactive.Testing

이제 모두 TestScheduler를 사용하기 때문에 타임아웃 상황을 쉽게 테스트할 수 있다.

```
[TestMethod]
public void MyTimeoutClass_SuccessfulGetLongDelay_ThrowsTimeoutException()
{
  var scheduler = new TestScheduler();
  var stub = new SuccessHttpServiceStub
  {
    Scheduler = scheduler,
    Delay = TimeSpan.FromSeconds(1.5),
  };
  var my = new MyTimeoutClass(stub);
  Exception result = null;

  my.GetStringWithTimeout("http://www.example.com/", scheduler)
      .Subscribe(_ => Assert.Fail("Received value"), ex => { result = ex; });

  scheduler.Start();

  Assert.IsInstanceOfType(result, typeof(TimeoutException));
}
```

다시 말하지만 이 단위 테스트는 실행에 1초 또는 1.5초가 걸리지 않는다. 가상의 시간을 사용하므로 순식간에 끝난다.

고찰

지금까지 수박 겉핥기에 불과하지만 System.Reactive 스케줄러와 가상 시간을 살펴봤다. System.Reactive 코드 작성을 시작할 때 단위 테스트를 함께 시작하면 좋다. 코드가 복잡해져도 Microsoft.Reactive.Testing으로 충분히 처리할 수 있으니 안심하기 바란다.

또 TestScheduler에는 가상의 시간을 단계적으로 진행할 수 있는 AdvanceTo와 AdvanceBy 메서드도 있다. 이런 메서드가 유용한 상황도 있을 수 있지만 단위 테스트는 한 가지만 테스트하려고 노력해야 한다. 타임아웃을 테스트할 때 하나의 단위 테스트를 작성하고 TestScheduler를 일부 진행해서 타임아웃이 일찍 발생했는지 확인한 뒤에 타임아웃을 넘길 때까지

TestScheduler를 진행해서 실제로 타임아웃이 발생했는지 확인할 수도 있다. 하지만 개인적으로는 가능하다면 따로 단위 테스트를 실행하는 방법을 선호한다. 예를 들면 하나의 단위 테스트로 타임아웃이 일찍 발생했는지 확인하고 다른 단위 테스트로 나중에 실제로 타임아웃이 발생했는지 확인한다.

참고

7.5절은 옵저버블 시퀀스를 단위 테스트하는 기초적인 방법을 설명한다.

상호운용

비동기, 병렬 처리, 리액티브reactive는 각각 어울리는 역할이 있는데 함께 사용해도 괜찮을까?

8장에서는 이런 기술을 함께 사용하는 방법을 배울 수 있는 다양한 상호운용 상황을 살펴본다. 각 기술이 만나는 경계에는 마찰이 거의 없다는 점과 각 기술이 서로 경쟁하는 관계가 아닌 보완하는 관계라는 점을 배울 수 있다.

8.1 'Async' 메서드와 'Completed' 이벤트용 비동기 래퍼

문제점

예전에는 이름이 Async로 끝나는 메서드와 이름이 Completed로 끝나는 이벤트를 사용하는 비동기 패턴이 있었다. 이런 낡은 비동기 패턴을 사용해서 작업을 수행하고 await로 결과를 기다리고 싶다.

Async로 끝나는 메서드와 Completed로 끝나는 이벤트를 사용하는 패턴을 이벤트 기반 비동기 패턴(EAP, Event-based Asynchronous Pattern)이라고 한다. 이 EAP가 작업 기반 비동기 패턴(TAP, Task-based Asynchronous Pattern)을 따를 수 있게 Task를 반환하는 메서드로 감싸려 한다.

해법

TaskCompletionSource<TResult> 형식을 사용해서 비동기 작업용 래퍼를 만들 수 있다. TaskCompletionSource<TResult> 형식을 사용하면 Task<TResult>를 제어할 수 있고 작업을 적절한 시간에 완료할 수 있다.

다음 예제는 WebClient의 확장 메서드로 문자열을 다운로드하는 메서드를 정의한다. WebClient 형식은 DownloadStringAsync와 DownloadStringCompleted을 정의하고 있다. 이 둘을 사용해서 다음과 같은 DownloadStringTaskAsync 메서드를 정의할 수 있다.

```
public static Task<string> DownloadStringTaskAsync(this WebClient client,
    Uri address)
{
  var tcs = new TaskCompletionSource<string>();

  // 이벤트 핸들러는 작업을 완료하고 스스로 등록을 취소한다.
  DownloadStringCompletedEventHandler handler = null;
  handler = (_, e) =>
  {
    client.DownloadStringCompleted -= handler;
    if (e.Cancelled)
      tcs.TrySetCanceled();
    else if (e.Error != null)
      tcs.TrySetException(e.Error);
    else
      tcs.TrySetResult(e.Result);
  };

  // 이벤트에 핸들러를 등록한 *뒤에* 작업을 시작한다.
  client.DownloadStringCompleted += handler;
  client.DownloadStringAsync(address);

  return tcs.Task;
}
```

고찰

이 예제는 그다지 유용하지 않다. WebClient가 이미 DownloadStringTaskAsync를 정의하고 있기도 하고, 아예 비동기에 더 적합한 HttpClient를 사용할 수도 있기 때문이다. 하지만 이 예제처럼 감싸는 방법을 통해 Task 형식을 사용하게 업데이트하지 않은 예전 비동기 코드를 사용할 수 있다.

 새로운 코드를 작성하려면 항상 HttpClient를 써야 한다. WebClient는 예전 코드로 작업할 때만 써야 한다.

일반적으로 문자열을 다운로드하는 TAP 메서드면 DownloadStringAsync처럼 이름 뒤에 Async를 붙인다. 하지만 지금 상황에서 이런 명명법은 적절하지 않다. EAP가 이미 같은 이름의 메서드를 정의하고 있기 때문이다. 이럴 때는 DownloadStringTaskAsync처럼 TAP 메서드의 이름 뒤에 TaskAsync를 붙여야 한다.

EAP 메서드를 감싸면 '시작'하는 메서드에서 예외가 발생할 가능성이 있다. 앞의 예제에서는 DownloadStringAsync에서 발생할 수 있다. 이럴 땐 예외를 전파할지 아니면 예외를 잡아서 TrySetException를 호출할지 결정해야 한다. 시작하자마자 발생하는 예외는 대부분 사용 오류이므로 어느 쪽을 택해도 상관없다. 사용 오류인지 확신할 수 없다면 예외를 잡아서 TrySetException를 호출하는 쪽을 추천한다.

참고

8.2절은 Begin으로 시작하는 메서드와 End로 시작하는 메서드를 사용하는 APM을 TAP로 감싸는 방법을 설명한다.

8.3절은 모든 종류의 알림을 TAP로 감싸는 방법을 설명한다.

8.2 'Begin'과 'End' 메서드용 비동기 래퍼

문제점

예전 비동기 패턴 중에 Begin으로 시작하는 메서드와 End로 시작하는 메서드를 쌍으로 사용하고 IAsyncResult로 비동기 작업을 표현하는 패턴이 있다. 이런 예전 비동기 패턴을 따르는 작업을 await로 소비하고 싶다.

 Begin으로 시작하는 메서드와 End로 시작하는 메서드를 사용하는 패턴을 비동기 프로그래밍 모델(APM, Asynchronous Programming Model)이라고 한다. 이제 APM을 작업 기반 비동기 패턴(TAP)을 따라 Task를 반환하는 메서드로 감싸려 한다.

해법

APM을 감싸는 가장 좋은 방법은 TaskFactory 형식의 FromAsync 메서드 중 하나를 사용하는 것이다. FromAsync도 사실 내부적으로는 TaskCompletionSource<TResult>를 사용하지만, APM을 감싸려면 FromAsync가 훨씬 사용하기 쉽다.

다음 예제는 WebRequest의 확장 메서드로 HTTP 요청을 보내고 응답을 받는 메서드를 정의한다. WebRequest 형식은 BeginGetResponse와 EndGetResponse를 정의하고 있어서 다음과 같이 GetResponseAsync 메서드를 정의할 수 있다.

```
public static Task<WebResponse> GetResponseAsync(this WebRequest client)
{
  return Task<WebResponse>.Factory.FromAsync(client.BeginGetResponse,
      client.EndGetResponse, null);
}
```

고찰

FromAsync는 혼란스러울 정도로 많은 수의 오버로드overload를 자랑한다.

일반적으로 앞의 예제처럼 FromAsync를 호출하는 방법이 가장 좋다. 먼저 Begin으로 시작하는 메서드를 호출하지 말고 전달한 다음, End로 시작하는 메서드도 호출하지 말고 전달한다. 그런 다음 Begin으로 시작하는 메서드의 인수를 AsyncCallback와 Object만 빼고 모두 전달한다. 마지막으로 null을 전달한다.

특히 FromAsync를 호출하기 전에 Begin으로 시작하는 메서드를 호출하면 안 된다. Begin으로 시작하는 메서드에서 얻은 IAsyncOperation를 전달해서 FromAsync를 호출할 수도 있지만, 그렇게 호출하면 FromAsync는 효율성이 떨어지는 구현을 사용할 수밖에 없다.

마지막에 항상 null을 전달하는 방식을 추천하는 이유가 궁금할 수 있다. FromAsync와 Task 형식은 닷넷 4.0과 함께 등장했으며 이때 async는 아직 존재하지 않았다. 당시에는 비동기 콜백callback에 state 개체를 사용하는 방식이 일반적이었고 Task 형식은 AsyncState 멤버를 통해 이를 지원했다. 새로 등장한 async 방식은 이제 state 개체가 필요 없어서 state 매개 변수로 항상 null을 전달해야 정상이다. 요즘 state는 개체는 메모리 사용을 최적화할 때 클로저 인스턴스를 피하는 용도로만 쓰인다.

참고

8.3절은 모든 종류의 알림을 TAP로 감싸는 방법을 설명한다.

8.3 범용 비동기 래퍼

문제점

특이하거나 표준이 아닌 비동기 작업과 이벤트를 await를 통해 소비하고 싶다.

해법

TaskCompletionSource<T>를 사용하면 모든 상황에 맞는 Task<T> 개체를 만들 수 있다. 즉 Task
CompletionSource<T>를 사용하면 성공, 실패, 취소, 이렇게 세 가지 방식으로 작업을 완료할
수 있다.

async가 등장하기 전에 마이크로소프트가 추천하는 두 가지 비동기 패턴으로 8.2절의 APM,
8.1절의 EAP가 있었다. 하지만 APM과 EAP 둘 다 상당히 불편했고 올바르게 사용하기 어
려운 상황도 있었다. 따라서 비공식적이지만 다음과 같은 메서드로 콜백을 사용하는 방식이
등장했다.

```
public interface IMyAsyncHttpService
{
  void DownloadString(Uri address, Action<string, Exception> callback);
}
```

이런 메서드는 DownloadString이 비동기적으로 다운로드를 시작하고 다운로드가 끝나면 결
과 또는 예외와 함께 콜백을 호출한다는 규칙을 따른다. 대개 callback은 백그라운드 스레드
에서 호출한다.

앞의 예제와 같은 비공식 비동기 메서드를 TaskCompletionSource<T>로 감싸면 다음 예제처럼
await와 함께 사용할 수 있다.

```
public static Task<string> DownloadStringAsync(
    this IMyAsyncHttpService httpService, Uri address)
{
  var tcs = new TaskCompletionSource<string>();
  httpService.DownloadString(address, (result, exception) =>
  {
    if (exception != null)
      tcs.TrySetException(exception);
    else
      tcs.TrySetResult(result);
  });
  return tcs.Task;
```

```
}
```

고찰

똑같은 방식으로 TaskCompletionSource<T> 패턴을 사용하면 공식, 비공식에 상관없이 모든 비동기 메서드를 감쌀 수 있다. 먼저 TaskCompletionSource<T> 인스턴스를 만든 뒤에 TaskCompletionSource<T>가 적절하게 작업을 완료할 수 있게 콜백을 마련한다. 그런 다음 실제 비동기 작업을 시작한다. 마지막으로 해당 TaskCompletionSource<T>에 딸린 Task<T>를 반환한다.

이 패턴에서는 TaskCompletionSource<T>가 항상 완료해야 한다는 점이 중요하다. 특히 오류 처리 방법을 잘 생각해서 TaskCompletionSource<T>가 적절하게 완료하는지 확인해야 한다. 앞의 예제는 확실하게 예외를 콜백으로 전달하므로 catch 블록이 필요 없다. 하지만 비공식 패턴을 사용 중이라면 콜백 안에서 예외를 잡아서 TaskCompletionSource<T>에 넣어야 할 수도 있다.

참고

8.1절은 Async로 끝나는 메서드와 Completed로 끝나는 이벤트를 사용하는 EAP를 TAP로 감싸는 방법을 설명한다.

8.2절은 Begin으로 시작하는 메서드와 End로 시작하는 메서드를 사용하는 APM을 TAP로 감싸는 방법을 설명한다.

8.4 병렬 처리 코드용 래퍼

문제점

CPU를 사용하는 병렬 처리 작업을 await로 소비하고 싶다. 대개 병렬 처리의 완료를 기다리는 동안 UI 스레드가 멈춰 있기를 바라진 않을 것이다.

해법

Parallel 형식과 PLINQ는 스레드 풀을 사용해서 병렬 처리를 수행한다. 또 호출 스레드를 병렬 처리 스레드의 하나로 합류시키기도 한다. 따라서 UI 스레드에서 병렬 메서드를 호출하면 처리가 끝날 때까지 UI가 응답하지 못한다.

UI의 응답성을 유지하려면 병렬 처리 작업을 Task.Run으로 감싸고 await로 결과를 기다려야 한다.

```
await Task.Run(() => Parallel.ForEach(...));
```

이 예제의 핵심은 병렬 처리 코드가 호출 스레드를 병렬 처리에 사용하는 스레드 풀에 합류시킨다는 점이다. PLINQ와 Parallel 클래스 모두 마찬가지다.

고찰

간단하지만 간과할 수 없는 예제다. Task.Run을 사용하면 모든 병렬 처리를 스레드 풀로 밀어낸다. Task.Run은 병렬 작업을 나타내는 Task를 반환하며 UI 스레드는 비동기적으로 작업의 완료를 기다릴 수 있다.

이 예제는 UI 코드에만 해당한다. ASP.NET 등 서버 쪽에서는 코드를 거의 병렬로 처리하지 않는다. 이미 서버 호스트가 병렬 처리를 수행하기 때문이다. 이런 이유로 서버 쪽 코드는 병렬로 처리하거나 스레드 풀로 작업을 떠넘기지 말아야 한다.

참고

4장은 병렬 처리의 기초를 설명한다.

2장은 비동기 코드의 기초를 설명한다.

8.5 System.Reactive 옵저버블용 비동기 래퍼

문제점

await를 사용해서 소비하고 싶은 옵저버블 스트림이 있다.

해법

먼저 이벤트 스트림에서 관심이 있는 옵저버블 이벤트를 선택해야 한다. 대개 다음과 같다.

- 스트림이 끝나기 전 마지막 이벤트
- 다음 이벤트
- 모든 이벤트

스트림의 마지막 이벤트를 잡으려면 다음과 같이 await로 LastAsync의 결과를 기다리거나 옵저버블을 직접 기다려야 한다.

```
IObservable<int> observable = ...;
int lastElement = await observable.LastAsync();
// 또는 int lastElement = await observable;
```

옵저버블이나 LastAsync를 await로 기다리면 비동기적으로 스트림이 완료할 때까지 기다린 뒤에 마지막 요소를 반환한다. await는 내부적으로 스트림을 구독하고 있다.

스트림에서 다음 이벤트를 잡으려면 FirstAsync를 사용한다. 다음 코드에서 await는 스트림을 구독한 뒤에 첫 번째 이벤트가 도착하자마자 완료하면서 구독을 해지한다.

```
IObservable<int> observable = ...;
int nextElement = await observable.FirstAsync();
```

스트림의 모든 이벤트를 잡으려면 ToList를 사용한다.

```
IObservable<int> observable = ...;
IList<int> allElements = await observable.ToList();
```

고찰

System.Reactive 라이브러리는 await를 통해 스트림을 소비할 수 있는 모든 도구를 제공한다. 유일하게 어려운 점은 스트림이 완료될 때까지 기다려야 할지 고민해야 한다는 점이다. 8.5절의 코드 중 LastAsync, ToList, 직접적인 await는 스트림이 완료될 때까지 기다린다. FirstAsync는 다음 이벤트만 기다린다.

여기서 소개한 예제로 만족하지 못한다면 LINQ와 System.Reactive의 모든 기능을 사용할 수 있다는 점을 기억하기 바란다. 또 Take, Buffer 같은 연산자도 전체 스트림의 완료를 기다리지 않고 필요한 요소를 비동기적으로 기다리는 데 도움을 준다.

await와 함께 사용할 수 있는 연산자 중에 FirstAsync, LastAsync 같은 연산자는 실제로 Task<T>를 반환하지 않는다. Task.WhenAll이나 Task.WhenAny를 사용할 생각이라면 옵저버블에 ToTask를 호출해서 얻을 수 있는 진짜 Task<T>가 필요하다. ToTask는 스트림의 마지막 값과 함께 완료하는 Task<T>를 반환한다.

참고

8.6절은 옵저버블 스트림 안에서 비동기 코드를 사용하는 방법을 설명한다.

8.8절은 옵저버블 스트림을 비동기 작업을 수행하는 데이터 흐름 블록의 입력으로 사용하는 방법을 설명한다.

6.3절은 옵저버블 스트림용 윈도우와 버퍼를 설명한다.

8.6 async 코드용 System.Reactive 옵저버블 래퍼

문제점

옵저버블과 결합하고 싶은 비동기 작업이 있다.

해법

모든 비동기 작업은 다음 두 가지 중 하나를 수행하는 옵저버블 스트림으로 다룰 수 있다.

- 하나의 요소를 만들어 낸 뒤에 완료
- 요소를 만들어 내지 못하고 실패

System.Reactive 라이브러리는 간단하게 Task<T>를 IObservable<T>로 변환하는 기능을 제공한다. 다음 코드는 웹페이지를 비동기적으로 다운로드하기 시작해서 옵저버블 시퀀스로 처리한다.

```
IObservable<HttpResponseMessage> GetPage(HttpClient client)
{
  Task<HttpResponseMessage> task =
    client.GetAsync("http://www.example.com/");
  return task.ToObservable();
}
```

이렇게 ToObservable을 사용하는 방법은 이미 async 메서드를 호출해서 변환할 Task를 지니고 있다고 가정한다.

그 밖에 StartAsync를 호출하는 방법도 있다. StartAsync도 즉시 async를 호출하지만 취소를 지원한다. 즉 구독을 삭제하면 비동기 메서드를 취소한다.

```
IObservable<HttpResponseMessage> GetPage(HttpClient client)
{
  return Observable.StartAsync(
    token => client.GetAsync("http://www.example.com/", token));
}
```

ToObservable와 StartAsync 모두 구독을 기다리지 않고 즉시 비동기 작업을 시작하는 '핫hot' 옵저버블이다. 구독해야만 작업을 시작하는 '콜드cold' 옵저버블을 만들려면 StartAsync와 마찬가지로 취소를 지원하는 FromAsync를 사용해야 한다.

```
IObservable<HttpResponseMessage> GetPage(HttpClient client)
{
  return Observable.FromAsync(
    token => client.GetAsync("http://www.example.com/", token));
}
```

FromAsync는 이미 시작한 비동기 작업의 옵저버블을 반환하는 ToObservable, StartAsync와 확연히 다르다. FromAsync는 구독할 때마다 독립적인 async 작업을 새로 시작한다.

마지막으로 SelectMany의 특별한 오버로드를 사용해서 소스 스트림의 각 이벤트가 도착하는 대로 비동기 작업을 시작할 수 있다. SelectMany도 취소를 지원한다.

다음 예제는 기존 URL 이벤트 스트림을 사용하며 각 URL이 도착하면 요청을 시작한다.

```
IObservable<HttpResponseMessage> GetPages(
    IObservable<string> urls, HttpClient client)
{
  return urls.SelectMany(
      (url, token) => client.GetAsync(url, token));
}
```

고찰

System.Reactive는 async가 등장하기 전에도 있었지만 async 코드와 잘 상호운용할 수 있게 방금 설명한 연산자와 함께 다양한 연산자를 추가했다. 다른 System.Reactive 연산자를 사용해서 똑같은 기능을 만들 수 있더라도 여기서 설명한 연산자의 사용을 추천한다.

참고

8.5절은 비동기 코드로 옵저버블 스트림을 사용하는 방법을 설명한다.

8.8절은 비동기 코드를 담을 수 있는 데이터 흐름 블록을 옵저버블 스트림의 입력으로 사용하는 방법을 설명한다.

8.7 비동기 스트림과 데이터 흐름 메시

문제점

한 솔루션 안에 비동기 스트림을 사용하는 부분과 데이터 흐름 메시를 사용하는 부분이 있고 서로 데이터를 전달하게 하려 한다.

해법

채널을 비동기 스트림으로 사용하는 기능은 채널 형식 안에 기본적으로 들어 있다. 자세한 내용은 9.8절을 참고한다. TPL 데이터 흐름 블록을 비동기 스트림으로 사용하려면 조금 거추장스럽지만 확실히 가능하긴 하다. 먼저 채널과 비슷한 API를 만들어 주는 데이터 흐름 블록 확장 메서드를 정의한 뒤에 이 확장 메서드를 통해 비동기 스트림을 사용하는 방법이 가장 쉽다.

```
public static class DataflowExtensions
{
  public static bool TryReceiveItem<T>(this ISourceBlock<T> block, out T value)
  {
    if (block is IReceivableSourceBlock<T> receivableSourceBlock)
      return receivableSourceBlock.TryReceive(out value);

    try
    {
      value = block.Receive(TimeSpan.Zero);
      return true;
```

```
      }
      catch (TimeoutException)
      {
        // 지금 당장은 사용할 수 있는 항목이 없다.
        value = default;
        return false;
      }
      catch (InvalidOperationException)
      {
        // 블록을 완료해서 항목이 더 없다.
        value = default;
        return false;
      }
    }

    public static async IAsyncEnumerable<T> ReceiveAllAsync<T>(
        this ISourceBlock<T> block,
        [EnumeratorCancellation] CancellationToken cancellationToken = default)
    {
      while (await block
          .OutputAvailableAsync(cancellationToken).ConfigureAwait(false))
      {
        while (block.TryReceiveItem(out var value))
        {
          yield return value;
        }
      }
    }
  }
```

EnumeratorCancellation 특성에 관한 자세한 내용은 3.4절을 참고한다.

앞서 소개한 예제의 확장 메서드를 사용하면 데이터를 출력하는 모든 데이터 흐름 블록을 비
동기 스트림으로 사용할 수 있다.

```
var multiplyBlock = new TransformBlock<int, int>(value => value * 2);

multiplyBlock.Post(5);
multiplyBlock.Post(2);
```

```
multiplyBlock.Complete();

await foreach (int item in multiplyBlock.ReceiveAllAsync())
{
  Console.WriteLine(item);
}
```

또 비동기 스트림을 사용해서 데이터 흐름 블록에 항목을 공급할 수도 있다. 스트림에서 항목을 끌어와서 블록에 넣는 루프만 있으면 충분하다. 다음 예제는 적절하지 않은 상황도 있을 수 있는 두 가지 가정이 필요하다. 첫째, 스트림이 완료할 때 블록을 완료한다고 가정한다. 둘째, 호출 스레드에서 실행을 시작한다고 가정한다. 사실 루프 전체를 항상 스레드 풀 스레드에서 실행하고 싶은 상황도 있을 수 있다.

```
public static async Task WriteToBlockAsync<T>(
    this IAsyncEnumerable<T> enumerable,
    ITargetBlock<T> block, CancellationToken token = default)
{
  try
  {
    await foreach (var item in enumerable
        .WithCancellation(token).ConfigureAwait(false))
    {
      await block.SendAsync(item, token).ConfigureAwait(false);
    }

    block.Complete();
  }
  catch (Exception ex)
  {
    block.Fault(ex);
  }
}
```

고찰

8.7절의 확장 메서드는 출발선으로 삼으려고 만들었다. 특히 `WriteToBlockAsync` 확장 메서드는 몇 가지 상황을 가정한다. 이런 메서드는 사용하기 전에 메서드의 동작을 생각해 보고 자신의 상황에 적합한 동작인지 확인해야 한다.

참고

9.8절은 채널을 비동기 스트림으로 사용하는 방법을 설명한다.

3.4절은 비동기 스트림의 취소를 다룬다.

5장은 TPL 데이터 흐름에 관한 예제를 다룬다.

3장은 비동기 스트림에 관한 예제를 다룬다.

8.8 System.Reactive 옵저버블과 데이터 흐름 메시

문제점

솔루션의 일부는 System.Reactive 옵저버블을, 일부는 데이터 흐름 메시를 사용하며 둘을 연결하려 한다.

System.Reactive 옵저버블과 데이터 흐름 메시는 각각 쓰임새가 있지만, 개념적으로 겹치는 부분도 있다. 8.8절에서는 작업의 각 부분에 맞는 최선의 도구를 사용할 수 있게 둘을 함께 사용하기 쉽다는 점을 보여 주려 한다.

해법

먼저 데이터 흐름 블록을 옵저버블 스트림의 입력으로 사용한다고 하자. 다음 코드는 별다른 처리를 하지 않는 버퍼 블록을 만들고 `AsObservable`를 호출해서 해당 블록에 옵저버블 인터페이스를 만든다.

```
var buffer = new BufferBlock<int>();
IObservable<int> integers = buffer.AsObservable();
integers.Subscribe(data => Trace.WriteLine(data),
  ex => Trace.WriteLine(ex),
  () => Trace.WriteLine("Done"));

buffer.Post(13);
```

버퍼 블록과 옵저버블 스트림은 정상적으로 또는 오류와 함께 완료할 수 있으며, AsObservable 메서드는 블록의 완료 또는 결함을 옵저버블 스트림의 완료 또는 결함으로 변환한다. 하지만 예외 때문에 블록에 결함이 생기면 해당 예외를 옵저버블 스트림으로 전달할 때 AggregateException으로 감싸서 전달한다. 연결 중인 블록이 결함을 전파하는 방식과 비슷하다.

반대로 옵저버블 스트림을 메시의 입력으로 사용하려면 조금 더 복잡할 뿐이다. 다음 코드는 AsObserver를 호출해서 블록이 옵저버블 스트림을 구독할 수 있게 한다.

```
IObservable<DateTimeOffset> ticks =
    Observable.Interval(TimeSpan.FromSeconds(1))
        .Timestamp()
        .Select(x => x.Timestamp)
        .Take(5);

var display = new ActionBlock<DateTimeOffset>(x => Trace.WriteLine(x));
ticks.Subscribe(display.AsObserver());

try
{
  display.Completion.Wait();
  Trace.WriteLine("Done.");
}
catch (Exception ex)
{
  Trace.WriteLine(ex);
}
```

마찬가지로 옵저버블 스트림의 완료는 블록의 완료로 바뀌고, 옵저버블 스트림의 모든 오류는 블록의 결함으로 바뀐다.

고찰

데이터 흐름 블록과 옵저버블 스트림은 개념적으로 많은 부분을 공유한다. 둘 다 데이터를 전달하며 완료와 결함의 개념이 있다. TPL 데이터 흐름은 비동기 프로그래밍과 병렬 프로그래밍을 함께 사용할 목적으로, System.Reactive는 리액티브 프로그래밍을 목적으로 만들어졌다는 차이가 있지만, 개념상 겹치는 부분이 많아서 자연스럽게 함께 잘 작동할 수 있을 정도로 호환성이 좋다.

참고

8.5절은 비동기 코드로 옵저버블 스트림을 사용하는 방법을 설명한다.

8.6절은 옵저버블 스트림 안에서 비동기 코드를 사용하는 방법을 설명한다.

8.9 System.Reactive 옵저버블을 비동기 스트림으로 변환

문제점

솔루션 안의 System.Reactive 옵저버블을 비동기 스트림으로 소비하고 싶다.

해법

System.Reactive 옵저버블은 푸시 기반이고, 비동기 스트림은 풀 기반이다. 따라서 개념적 불일치가 있다는 점을 바로 알 수 있다. 옵저버블 스트림의 응답성을 유지하려면 소비하는 코드의 요청이 있을 때까지 알림을 저장할 방법이 필요하다.

가장 간단한 해법은 이미 System.Linq.Async 라이브러리에 들어 있다.

```
IObservable<long> observable =
  Observable.Interval(TimeSpan.FromSeconds(1));

// 경고: 메모리를 끝없이 사용할 수도 있다. 고찰을 참고한다.
IAsyncEnumerable<long> enumerable =
  observable.ToAsyncEnumerable();
```

 ToAsyncEnumerable 확장 메서드는 System.Linq.Async NuGet 패키지[1]에 들어 있다.

하지만 이 간단한 ToAsyncEnumerable 확장 메서드가 내부적으로 무제한 생산자/소비자 큐를 사용하고 있다는 점을 알아야 한다. 다음과 같이 직접 채널을 사용해서 무제한 생산자/소비자 큐로 작성할 수 있는 확장 메서드와 본질적으로 똑같다.

```
// 경고: 메모리를 끝없이 사용할 수도 있다. 고찰을 참고한다.
public static async IAsyncEnumerable<T> ToAsyncEnumerable<T>(
    this IObservable<T> observable)
{
  Channel<T> buffer = Channel.CreateUnbounded<T>();
  using (observable.Subscribe(
      value => buffer.Writer.TryWrite(value),
      error => buffer.Writer.Complete(error),
      () => buffer.Writer.Complete()))
  {
    await foreach (T item in buffer.Reader.ReadAllAsync())
      yield return item;
  }
}
```

---

1   https://www.nuget.org/packages/System.Linq.Async – 옮긴이

아주 간단한 해법이지만 무제한 큐를 사용하기 때문에 옵저버블 이벤트의 소비 속도가 생산 속도를 따라갈 수 있다는 확신이 있을 때만 사용해야 한다. 잠시 정도라면 생산 속도가 소비 속도보다 빨라도 괜찮다. 그동안 옵저버블 이벤트는 버퍼에 들어간다. 소비 속도가 생산 속도를 따라잡기만 하면 앞의 해법은 제대로 동작한다. 하지만 생산 속도가 항상 소비 속도보다 빠르면 옵저버블 이벤트가 끊임없이 도착해서 버퍼가 늘어나다가 결국 프로세스의 모든 메모리가 바닥난다.

큐를 제한하면 메모리 문제를 피할 수 있다. 단 큐가 옵저버블 이벤트로 가득찼을 때 추가로 들어오는 이벤트를 처리할 방법을 결정해야 한다는 단점이 있다. 추가 이벤트의 삭제도 하나의 방법이다. 다음 예제는 제한적인 채널을 사용해서 버퍼가 가득차면 가장 오래된 옵저버블 알림을 버린다.

```
// 경고: 알림이 버려질 수 있다. 고찰을 참고한다.
public static async IAsyncEnumerable<T> ToAsyncEnumerable<T>(
    this IObservable<T> observable, int bufferSize)
{
  var bufferOptions = new BoundedChannelOptions(bufferSize)
  {
    FullMode = BoundedChannelFullMode.DropOldest,
  };
  Channel<T> buffer = Channel.CreateBounded<T>(bufferOptions);
  using (observable.Subscribe(
      value => buffer.Writer.TryWrite(value),
      error => buffer.Writer.Complete(error),
      () => buffer.Writer.Complete()))
  {
    await foreach (T item in buffer.Reader.ReadAllAsync())
      yield return item;
  }
}
```

고찰

소비 속도보다 생산 속도가 빠를 때 선택할 수 있는 방법으로는 소비 속도가 결국 생산 속도를 따라잡는다고 가정하고 생산 항목을 버퍼에 넣는 방법 또는 생산 항목을 제한하는 방법이 있다. 앞선 예제는 두 번째 방법으로 버퍼에 들어갈 수 없는 항목을 버려서 생산 항목을 제한한다. 또 이런 용도로 만들어진 Throttle이나 Sample 같은 옵저버블 연산자를 사용해서 생산 항목을 제한할 수도 있다. 자세한 내용은 5.4절을 참고한다. 상황에 따라 앞선 예제처럼 IAsyncEnumerable<T>로 변환하기 전에 Throttle이나 Sample로 입력 옵저버블을 처리하는 방법이 최선일 수도 있다.

무제한 큐와 제한 큐를 사용하는 방법을 제외하고 여기서 소개하지 않은 세 번째 방법이 있다. 배압^{backpressure}을 사용해서 버퍼가 알림을 수신할 준비가 끝날 때까지 알림 생성을 멈춰야 한다고 옵저버블 스트림에 알리는 방법이다. 안타깝게도 배압은 아직 System.Reactive의 표준 방식이 아니기 때문에 사용할 수 없는 방법이다. 배압은 복잡하고 미묘해서 다른 언어의 리액티브 라이브러리는 다양한 방식으로 배압을 구현해 왔다. System.Reactive가 그중 하나를 도입할지, 자체적으로 배압 방식을 만들지 아니면 구현하지 않고 그대로 둘지는 지켜볼 일이다.

참고

6.4절은 입력을 조절하려고 만든 System.Reactive 연산자를 설명한다.

9.8절은 채널을 무제한 생산자/소비자 큐로 사용하는 방법을 설명한다.

9.10절은 채널을 샘플링 큐로 사용해서 큐가 가득 차면 항목을 버리는 방법을 설명한다.

9장

컬렉션

동시성 애플리케이션에서는 적절한 컬렉션의 사용이 필수다. List<T> 같은 표준 컬렉션에 관한 이야기가 아니다. 그런 컬렉션은 이미 알고 있다고 생각한다. 9장에서는 특히 동시성 또는 비동기 코드에 사용하려고 만든 새로운 컬렉션을 소개하려 한다.

불변 컬렉션immutable collection은 절대 변경할 수 없는 컬렉션 인스턴스다. 언뜻 보면 완전히 쓸모없을 듯하지만 사실 매우 유용하다. 게다가 단일 스레드, 비동시성 애플리케이션에서도 유용하다. 열거 같은 읽기 전용 연산은 직접 불변 인스턴스를 사용하고 항목 추가 같은 쓰기 연산은 기존 인스턴스를 변경하지 않고 새로운 불변 인스턴스를 반환한다. 낭비처럼 보여도 불변 컬렉션은 대부분 메모리를 공유하기 때문에 그렇게 낭비는 아니다. 또 불변 컬렉션은 여러 스레드에서 사용해도 절대 안전하다는 장점이 있다. 변경할 수 없으니 스레드로부터 안전threadsafe하다.

불변 컬렉션은 System.Collections.Immutable NuGet 패키지[1]에 들어 있다.

---

1   https://www.nuget.org/packages/System.Collections.Immutable

불변 컬렉션은 새로운 개념이지만 가변 인스턴스가 꼭 필요하지 않다면 새로운 개발 방법을 생각해 보기 바란다. 불변 컬렉션에 익숙하지 않다면 당장 스택이나 큐가 필요 없더라도 모든 불변 컬렉션이 따라야 할 일반적인 패턴을 설명하는 9.1절로 시작하길 추천한다.

많은 요소가 들어 있는 불변 컬렉션을 더 효율적으로 생성할 수 있는 특별한 방법이 있다. 9장의 예제 코드는 요소를 한 번에 하나씩만 추가한다. 빠른 초기화가 필요할 때 불변 컬렉션을 효율적으로 생성하는 방법에 관한 자세한 내용은 마이크로소프트 문서를 참고한다.

스레드로부터 안전한 컬렉션

스레드로부터 안전한 가변 컬렉션 인스턴스는 여러 스레드가 동시에 변경할 수 있다. 스레드로부터 안전한 컬렉션은 정교한 잠금fine-grained locks과 무잠금lock-free 기법을 함께 사용해서 스레드의 차단 시간을 최소화한다. 대개 아예 차단하지 않는다. 스레드로부터 안전한 컬렉션의 상당수는 컬렉션을 열거하면 컬렉션의 스냅샷snapshot을 생성한 뒤에 스냅샷을 열거한다. 스레드로부터 안전한 컬렉션의 가장 큰 장점은 여러 스레드가 안전하게 사용할 수 있다는 점이다. 컬렉션의 연산이 코드를 차단하더라도 아주 잠깐만 차단할 뿐이다.

생산자/소비자 컬렉션

생산자/소비자 가변 컬렉션 인스턴스는 특별한 목적을 염두에 두고 만들어졌다. 즉 가능한 여러 생산자가 항목을 컬렉션에 밀어 넣을 수 있어야 하는 동시에 가능한 여러 소비자가 컬렉션에서 항목을 당겨갈 수 있어야 한다. 따라서 생산자/소비자 컬렉션은 생산자 코드와 소비자 코드 사이의 다리 역할을 하며 컬렉션의 항목 수를 제한하는 옵션도 갖고 있다. 생산자/소비자 컬렉션은 블로킹 API 또는 비동기 API를 지닐 수 있다. 예를 들어 컬렉션이 비어 있을 때 블로킹 생산자/소비자 컬렉션은 새로운 항목이 추가될 때까지 호출한 소비자 스레드를 차단한다. 하지만 비동기 생산자/소비자 컬렉션은 다른 항목이 추가될 때까지 호출한 소비자 스레드가 비동기적으로 기다릴 수 있다.

9장의 예제는 각각 다른 장점이 있는 다양한 생산자/소비자 컬렉션을 사용한다. 표 9-1은 사용해야 할 컬렉션을 결정할 때 유용할 수 있다.

표 9-1 생산자/소비자 컬렉션

기능	채널	BlockingCollection⟨T⟩	BufferBlock⟨T⟩	AsyncProducerConsumerQueue⟨T⟩	AsyncCollection⟨T⟩
큐 역할	✓	✓	✓	✓	✓
스택/백 역할	✗	✓	✗	✗	✓
동기 API	✓	✓	✓	✓	✓
비동기 API	✓	✗	✓	✓	✓
가득 차면 항목 버림	✓	✗	✗	✗	✗
마이크로소프트의 검증	✓	✓	✓	✗	✗

채널은 System.Threading.Channels NuGet 패키지[2]에서, BufferBlock⟨T⟩는 System.Threading.Tasks.Dataflow NuGet 패키지[3]에서, AsyncProducerConsumerQueue⟨T⟩와 AsyncCollection⟨T⟩는 Nito.AsyncEx NuGet 패키지[4]에서 찾을 수 있다.

9.1 불변 스택과 불변 큐

문제점

자주 바뀌지 않으며 여러 스레드에서 안전하게 사용할 수 있는 스택 또는 큐가 필요하다.

예를 들어 큐를 작업의 수행 순서로 사용하거나 스택을 작업 취소[undo] 명령의 실행 순서로 사용할 수 있다.

---

2 https://www.nuget.org/packages/System.Threading.Channels

3 https://www.nuget.org/packages/System.Threading.Tasks.Dataflow

4 https://www.nuget.org/packages/Nito.AsyncEx

해법

불변 스택과 불변 큐는 가장 간단한 불변 컬렉션이다. 둘 다 기본적인 Stack<T>, Queue<T>와 매우 비슷하게 동작한다. 성능 면에서 불변 스택, 불변 큐는 기본적인 스택, 큐와 똑같은 시간 복잡도를 지닌다. 하지만 컬렉션을 자주 업데이트해야 하는 상황이면 기본적인 스택, 큐가 더 빠르다.

스택은 선입후출FILO, First-In, Last-Out 방식의 데이터 구조다. 다음 코드는 빈 불변 스택을 만들고 항목 2개를 푸시push하고 항목을 열거한 뒤에 항목 1개를 팝pop한다.

```
ImmutableStack<int> stack = ImmutableStack<int>.Empty;
stack = stack.Push(13);
stack = stack.Push(7);

// "7" 다음에 "13"을 표시한다.
foreach (int item in stack)
  Trace.WriteLine(item);

int lastItem;
stack = stack.Pop(out lastItem);
// lastItem == 7
```

이 예제는 로컬 변수 stack을 계속 덮어쓰고 있다는 점에 주의한다. 불변 컬렉션은 업데이트한 컬렉션을 반환하는 패턴을 따르기 때문에 원본 컬렉션의 참조는 바뀌지 않는다. 즉 한 번 불변 컬렉션 인스턴스의 참조를 얻고 나면 이 참조는 절대 바뀌지 않는다는 뜻이다. 다음 예제를 살펴보자.

```
ImmutableStack<int> stack = ImmutableStack<int>.Empty;
stack = stack.Push(13);
ImmutableStack<int> biggerStack = stack.Push(7);

// "7" 다음에 "13"을 표시한다.
foreach (int item in biggerStack)
  Trace.WriteLine(item);
```

```
// "13"만 표시한다.
foreach (int item in stack)
  Trace.WriteLine(item);
```

내부적으로 두 스택은 항목 13의 저장에 사용하는 메모리를 공유한다. 이런 구현은 매우 효율적인 동시에 현재 상태를 간단하게 스냅샷할 수 있다는 장점이 있다. 불변 컬렉션 인스턴스는 기본적으로 스레드로부터 안전하다는 특징이 있지만 단일 스레드 애플리케이션에도 사용할 수 있다. 개인적인 경험상 코드가 함수형에 가까울 때 또는 많은 수의 스냅샷을 저장해야 하고 최대한 많은 메모리를 공유하고 싶을 때 특히 불변 컬렉션이 유용했다.

큐는 선입선출^{FIFO, First-In, First-Out} 방식의 데이터 구조라는 점만 빼면 스택과 비슷하다. 다음 코드는 빈 불변 큐를 만들고 항목 2개를 삽입^{enqueue}하고 항목을 열거한 뒤에 항목 1개를 삭제^{dequeue}한다.

```
ImmutableQueue<int> queue = ImmutableQueue<int>.Empty;
queue = queue.Enqueue(13);
queue = queue.Enqueue(7);

// "13" 다음에 "7"을 표시한다.
foreach (int item in queue)
  Trace.WriteLine(item);

int nextItem;
queue = queue.Dequeue(out nextItem);
// "13"을 표시한다.
Trace.WriteLine(nextItem);
```

고찰

여기서는 가장 간단한 불변 컬렉션인 스택과 큐를 소개했다. 또 모든 불변 컬렉션에 해당하는 몇 가지 중요한 설계 철학도 다뤘다.

- 불변 컬렉션의 인스턴스는 절대 바뀌지 않는다.
- 절대 바뀌지 않기 때문에 당연히 스레드로부터 안전하다.
- 불변 컬렉션을 변경하는 메서드를 호출하면 변경한 내용을 반영한 새로운 컬렉션을 반환한다.

 불변 컬렉션은 스레드로부터 안전하지만 불변 컬렉션의 참조는 스레드로부터 안전하지 않다. 불변 컬렉션을 참조하는 변수는 다른 변수와 마찬가지로 동기화 보호가 필요하다. 자세한 내용은 12장을 참고한다.

불변 컬렉션은 상태 공유에 이상적이지만 통신 경로로는 적당하지 않다. 특히 스레드 간 통신에 불변 큐를 사용하면 안 된다. 이럴 땐 생산자/소비자 큐가 훨씬 잘 어울린다.

 ImmutableStack⟨T⟩와 ImmutableQueue⟨T⟩는 System.Collections.Immutable NuGet 패키지[5]에서 찾을 수 있다.

참고

9.6절은 스레드로부터 안전한 블로킹 가변 큐를 다룬다.

9.6절은 스레드로부터 안전한 블로킹 가변 스택을 다룬다.

9.8절은 비동기 가변 큐를 다룬다.

9.11절은 비동기 가변 스택을 다룬다.

9.12절은 블로킹 가변 큐와 비동기 가변 큐를 다룬다.

---

5   https://www.nuget.org/packages/System.Collections.Immutable

9.2 불변 리스트

문제점

자주 바뀌지 않으며 여러 스레드가 안전하게 사용할 수 있으면서 인덱싱할 수 있는 데이터 구조가 필요하다.

해법

리스트는 모든 종류의 애플리케이션 상태에 사용할 수 있는 범용 데이터 구조다. 불변 리스트는 인덱싱을 지원하지만 인덱싱의 성능적 특징을 알아야 한다. 불변 리스트는 단순히 List<T>의 대용품이 아니다.

다음 예제에서 보듯이 ImmutableList<T>는 List<T>와 비슷한 메서드를 지원한다.

```
ImmutableList<int> list = ImmutableList<int>.Empty;
list = list.Insert(0, 13);
list = list.Insert(0, 7);

// "7" 다음에 "13"을 표시한다.
foreach (int item in list)
  Trace.WriteLine(item);

list = list.RemoveAt(1);
```

불변 리스트는 불변 리스트의 인스턴스끼리 최대한 많은 메모리를 공유할 수 있게 내부적으로 이진 트리로 이뤄진다. 결과적으로 ImmutableList<T>와 List<T>의 공통적인 연산 중에 표 9-2처럼 성능에 차이가 나는 연산도 있다.

표 9-2 불변 리스트의 성능 차이

연산	List<T>	ImmutableList<T>
Add	상각해서 O(1)	O(log N)
Insert	O(N)	O(log N)

연산	List⟨T⟩	ImmutableList⟨T⟩
RemoveAt	O(N)	O(log N)
Item[index]	O(1)	O(log N)

예상대로 ImmutableList⟨T⟩의 인덱싱 연산은 O(1)이 아닌 O(log N)이다. 기존 코드의 List⟨T⟩를 ImmutableList⟨T⟩로 대체하는 중이라면 컬렉션 안의 항목에 접근하는 방법을 검토해야 한다.

즉 가능하다면 foreach를 사용해야 한다는 뜻이다. ImmutableList⟨T⟩에 foreach 루프를 실행하면 O(N)의 시간이 걸리지만 같은 컬렉션에 for 루프를 실행하면 O(N * log N)의 시간이 걸린다.

```
// ImmutableList<T>를 반복하는 가장 좋은 방법이다.
foreach (var item in list)
  Trace.WriteLine(item);

// 이렇게 할 수도 있지만, 훨씬 느리다.
for (int i = 0; i != list.Count; ++i)
  Trace.WriteLine(list[i]);
```

고찰

ImmutableList⟨T⟩는 좋은 범용 데이터 구조지만 성능 차이 때문에 무작정 List⟨T⟩를 대체해서 사용할 수는 없다. List⟨T⟩는 다른 컬렉션이 필요하지 않은 한 기본적으로 널리 쓰이는 컬렉션이다. ImmutableList⟨T⟩는 그렇게 많이 쓰이지 않는다. 마찬가지로 다른 불변 컬렉션도 신중하게 따져 보고 상황에 가장 잘 맞는 컬렉션을 선택해야 한다.

ImmutableList⟨T⟩는 System.Collections.Immutable Nuget 패키지[6]에 들어 있다.

---

6   https://www.nuget.org/packages/System.Collections.Immutable

9.1절은 리스트와 비슷하지만 특정 요소에만 접근할 수 있는 불변 스택과 불변 큐를 다룬다.

ImmutableList<T>.Builder에 관한 마이크로소프트 문서[7]에는 불변 리스트를 채우는 효율적인 방법이 나와 있다.

9.3 불변 집합

문제점

값을 중복해서 저장할 필요가 없고 자주 바뀌지 않으며 여러 스레드가 안전하게 사용할 수 있는 데이터 구조가 필요하다.

예를 들어 파일의 단어 색인은 집합의 좋은 사용 예다.

해법

불변 집합 형식은 두 가지다. ImmutableHashSet<T>는 고유 항목의 컬렉션이고 Immutable SortedSet<T>는 정렬된 고유 항목의 컬렉션이다. 두 형식의 인터페이스는 비슷하다.

```
ImmutableHashSet<int> hashSet = ImmutableHashSet<int>.Empty;
hashSet = hashSet.Add(13);
hashSet = hashSet.Add(7);

// "7"과 "13"을 임의의 순서로 표시한다.
foreach (int item in hashSet)
  Trace.WriteLine(item);

hashSet = hashSet.Remove(7);
```

---

7 https://docs.microsoft.com/ko-kr/dotnet/api/system.collections.immutable.immutablelist-1.builder?view=net-5.0 – 옮긴이

정렬된 집합만 리스트처럼 인덱싱할 수 있다.

```
ImmutableSortedSet<int> sortedSet = ImmutableSortedSet<int>.Empty;
sortedSet = sortedSet.Add(13);
sortedSet = sortedSet.Add(7);

// "7" 다음에 "13"을 표시한다.
foreach (int item in sortedSet)
  Trace.WriteLine(item);
int smallestItem = sortedSet[0];
// smallestItem == 7

sortedSet = sortedSet.Remove(7);
```

표 9-3에서 보듯이 정렬되지 않은 집합과 정렬된 집합의 성능은 비슷하다.

표 9-3 불변 집합의 성능

연산	ImmutableHashSet⟨T⟩	ImmutableSortedSet⟨T⟩
Add	O(log N)	O(log N)
Remove	O(log N)	O(log N)
Item[index]	해당 없음	O(log N)

하지만 정렬이 꼭 필요하지 않다면 정렬되지 않은 집합을 사용하는 쪽을 추천한다. 기초적인 동등^{equality} 비교만 지원하고 전체적인 비교를 지원하지 않는 형식이 많아서 정렬되지 않은 집합은 정렬된 집합보다 더 많은 형식을 대상으로 사용할 수 있다.

정렬된 집합에서 주의해야 할 점 하나는 인덱싱이 O(1)이 아니라 9.2절에서 소개한 Immuta bleList<T>처럼 O(log N)이라는 점이다. 따라서 똑같은 주의 사항을 따라야 한다. 즉, Immuta bleSortedSet<T>도 가능한 한 foreach를 사용해야 한다.

고찰

불변 집합은 유용한 데이터 구조이지만 커다란 불변 집합을 채우려면 속도가 느려질 수 있다. 대부분 불변 컬렉션에는 가변 방식으로 빠르게 생성한 뒤에 불변 컬렉션으로 변환할 수 있는 특별한 빌더builder가 있다. 많은 불변 컬렉션에 해당하는 특징이지만 개인적으로 불변 집합에 가장 유용했다.

 ImmutableHashSet〈T〉와 ImmutableSortedSet〈T〉는 System.Collections.Immutable NuGet 패키지[8]에 들어 있다.

참고

9.7절은 집합과 비슷하면서 스레드로부터 안전한 가변 백mutable bag을 설명한다.

9.11절은 비동기 가변 백을 설명한다.

ImmutableHashSet<T>.Builder에 관한 마이크로소프트 문서[9]에는 불변 해시 집합을 채우는 효율적인 방법이 나와 있다.

ImmutableSortedSet<T>.Builder에 관한 마이크로소프트 문서[10]에는 불변 정렬 집합을 채우는 효율적인 방법이 나와 있다.

9.4 불변 딕셔너리

문제점

자주 바뀌지 않으며 여러 스레드가 안전하게 사용할 수 있는 키/값 컬렉션이 필요하다. 예를 들어 조회용 컬렉션lookup collection 안에 참조 데이터를 저장하고 싶을 수 있다. 참조 데이터는 거의 바뀌지 않지만 여러 스레드에서 사용할 수 있어야 한다.

---

8   https://www.nuget.org/packages/System.Collections.Immutable

9   https://docs.microsoft.com/ko-kr/dotnet/api/system.collections.immutable.immutablehashset-1.builder - 옮긴이

10   https://docs.microsoft.com/ko-kr/dotnet/api/system.collections.immutable.immutablesortedset-1.builder - 옮긴이

해법

불변 딕셔너리 형식은 ImmutableDictionary<TKey, TValue>와 ImmutableSortedDictionary<TKey, TValue>, 두 가지다. 이름에서 추측할 수 있듯이 ImmutableDictionary는 항목의 순서를 예측할 수 없고 ImmutableSortedDictionary는 항목이 정렬돼 있다.

두 컬렉션 형식은 매우 비슷한 멤버를 지닌다.

```csharp
ImmutableDictionary<int, string> dictionary =
    ImmutableDictionary<int, string>.Empty;
dictionary = dictionary.Add(10, "Ten");
dictionary = dictionary.Add(21, "Twenty-One");
dictionary = dictionary.SetItem(10, "Diez");

// "10Diez"와 "21Twenty-One"를 임의의 순서로 표시한다.
foreach (KeyValuePair<int, string> item in dictionary)
  Trace.WriteLine(item.Key + item.Value);

string ten = dictionary[10];
// ten == "Diez"

dictionary = dictionary.Remove(21);
```

SetItem을 사용한다는 점에 주목한다. 가변 딕셔너리라면 dictionary[key] = item 같은 시도를 해볼 수 있겠지만, 불변 딕셔너리는 업데이트한 불변 딕셔너리를 반환해야 하므로 SetItem 메서드를 사용한다.

```csharp
ImmutableSortedDictionary<int, string> sortedDictionary =
    ImmutableSortedDictionary<int, string>.Empty;
sortedDictionary = sortedDictionary.Add(10, "Ten");
sortedDictionary = sortedDictionary.Add(21, "Twenty-One");
sortedDictionary = sortedDictionary.SetItem(10, "Diez");

// "10Diez" 다음에 "21Twenty-One"를 표시한다.
foreach (KeyValuePair<int, string> item in sortedDictionary)
  Trace.WriteLine(item.Key + item.Value);
```

```
string ten = sortedDictionary[10];
// ten == "Diez"

sortedDictionary = sortedDictionary.Remove(21);
```

표 9-4에서 보듯이 정렬되지 않은 딕셔너리와 정렬된 딕셔너리의 성능은 비슷하지만 정렬이 필요하지 않다면 정렬되지 않은 딕셔너리의 사용을 추천한다. 정렬되지 않은 딕셔너리가 전체적으로 조금 더 빠를 수 있다. 또 정렬되지 않은 딕셔너리는 모든 형식을 키로 사용할 수 있지만, 정렬된 딕셔너리는 완전히 비교할 수 있는 형식만 키로 사용할 수 있다.

표 9-4 불변 딕셔너리의 성능

연산	ImmutableDictionary⟨TK,TV⟩	ImmutableSortedDictionary⟨TK,TV⟩
Add	O(log N)	O(log N)
SetItem	O(log N)	O(log N)
Item[key]	O(log N)	O(log N)
Remove	O(log N)	O(log N)

고찰

개인적인 경험상 딕셔너리는 애플리케이션의 상태를 다룰 때 널리 쓰이는 유용한 컬렉션이며 모든 종류의 키/값 컬렉션 또는 조회가 필요한 상황에 사용할 수 있다.

다른 불변 컬렉션과 마찬가지로 불변 딕셔너리도 많은 요소가 들어 있는 딕셔너리를 효율적으로 생성할 수 있는 빌더가 있다. 예를 들어 애플리케이션을 시작할 때 초기 참조 데이터를 로드하려면 빌더를 사용해서 초기 불변 딕셔너리를 생성해야 한다. 한편 애플리케이션을 실행하는 동안 서서히 참조 데이터가 만들어진다면 불변 딕셔너리의 평범한 Add 메서드를 사용하는 정도로 충분할 수 있다.

ImmutableDictionary〈TK, TV〉와 ImmutableSortedDictionary〈TK, TV〉는 System.Collections. Immutable NuGet 패키지[11]에 들어 있다.

참고

9.5절은 스레드로부터 안전한 가변 딕셔너리를 다룬다.

ImmutableDictionary<TK,TV>.Builder에 관한 마이크로소프트 문서[12]에는 불변 딕셔너리를 채우는 효율적인 방법이 나와 있다.

ImmutableSortedDictionary<TK,TV>.Builder에 관한 마이크로소프트 문서[13]에는 정렬된 불변 딕셔너리를 채우는 효율적인 방법이 나와 있다.

9.5 스레드로부터 안전한 딕셔너리

문제점

인 메모리 캐시in-memory cache처럼 여러 스레드가 읽고 쓰더라도 동기화를 유지해야 할 키/값 컬렉션이 필요하다.

해법

닷넷 프레임워크의 ConcurrentDictionary<TKey, TValue> 형식은 데이터 구조의 진정한 백미다. ConcurrentDictionary는 정교한 잠금과 무잠금 기법을 함께 사용해서 대부분 상황에서의 빠른 접근을 보장하며 스레드로부터 안전하다.

---

11   https://www.nuget.org/packages/System.Collections.Immutable

12   https://docs.microsoft.com/ko-kr/dotnet/api/system.collections.immutable.immutabledictionary-2.builder - 옮긴이

13   https://docs.microsoft.com/ko-kr/dotnet/api/system.collections.immutable.immutablesorteddictionary-2.builder - 옮긴이

ConcurrentDictionary의 API에 익숙해지려면 시간이 좀 걸릴 수 있다. 여러 스레드의 동시 접근을 처리해야 해서 일반적인 Dictionary<TKey, TValue> 형식과 매우 다르기 때문이다. 하지만 9.5절을 통해 ConcurrentDictionary<TKey, TValue>를 배우고 나면 가장 유용한 컬렉션 형식의 하나라는 점을 알 수 있다.

먼저 이 컬렉션에 값을 쓰는 방법을 배워 보자. 다음과 같이 AddOrUpdate을 사용하면 키의 값을 설정할 수 있다.

```
var dictionary = new ConcurrentDictionary<int, string>();
string newValue = dictionary.AddOrUpdate(0,
  key => "Zero",
  (key, oldValue) => "Zero");
```

AddOrUpdate는 ConcurrentDictionary의 현재 내용에 따라 몇 가지 처리를 해야 하므로 조금 복잡하다. 메서드의 첫 번째 인수는 키다. 두 번째 인수는 키를 딕셔너리에 추가할 값으로 변환하는 대리자다. 위 예제에서 키는 0, 추가할 값은 "Zero"다. 이 대리자는 딕셔너리 안에 해당 키가 존재하지 않을 때 쓰인다. 세 번째 인수인 대리자는 키와 이전 값을 딕셔너리에 저장할 새로운 값으로 변환한다. 여기서 키는 0이고 새로운 값은 "Zero"다. 이 대리자는 딕셔너리 안에 해당 키가 이미 존재할 때만 쓰인다. AddOrUpdate는 해당 키에 관한 새로운 값을 반환하며 이 값은 두 대리자 중 하나가 반환하는 값과 같은 값이다.

이제 정말로 머리가 아플 수 있는 부분이다. ConcurrentDictionary가 제대로 동작하려면 AddOrUpdate가 대리자 중 하나 또는 모두를 여러 번 호출해야 할 수 있다. 드물지만 충분히 일어날 수 있는 일이다. 따라서 대리자는 단순하고 빨라야 하며 부작용이 없어야 한다. 즉 대리자는 값을 만들기만 해야 하고, 애플리케이션의 다른 변수를 변경하지 말아야 한다는 뜻이다. ConcurrentDictionary<TKey, TValue>의 메서드로 전달할 모든 대리자에 해당하는 원칙이다.

딕셔너리에 값을 추가하는 방법이 몇 가지 더 있다. 다음과 같이 간단한 인덱싱 문법도 하나의 방법이다.

```
// 앞의 예제와 같은 "딕셔너리"를 사용한다.
// 키 0이 "Zero"라는 값을 지니게 추가 또는 업데이트한다.
dictionary[0] = "Zero";
```

인덱싱 문법은 기존 값을 바탕으로 값을 업데이트할 수 없어서 그리 강력하지 않다. 하지만
이미 딕셔너리에 저장할 값을 갖고 있다면 더 간단하며 잘 작동하는 방법이다.

이제 값을 읽는 방법을 살펴보자. 다음과 같이 TryGetValue를 통해 간단하게 할 수 있다.

```
// 앞의 예제와 같은 "딕셔너리"를 사용한다.
bool keyExists = dictionary.TryGetValue(0, out string currentValue);
```

TryGetValue는 딕셔너리에서 키를 찾으면 읽어 올 값을 out에 설정하고 true를 반환한다. 키
를 찾지 못하면 false를 반환한다. 인덱싱 문법으로도 값을 읽을 수 있지만 키가 없으면 예외
가 발생하기 때문에 별로 유용하지 않다. ConcurrentDictionary는 여러 스레드가 값을 읽고,
업데이트하고 추가하고 삭제할 수 있다는 점을 명심해야 한다. 대부분 키를 읽으려고 시도하
기 전에 키의 존재 여부를 알기 어려울 때가 많다.

값의 삭제는 읽기만큼 쉽다.

```
// 앞의 예제와 같은 "딕셔너리"를 사용한다.
bool keyExisted = dictionary.TryRemove(0, out string removedValue);
```

TryRemove는 딕셔너리에서 키를 찾으면 키/값 쌍을 삭제한다는 점만 빼면 TryGetValue와 거
의 같다.

고찰

ConcurrentDictionary<TKey, TValue>는 스레드로부터 안전하지만 그렇다고 해서 이 컬렉션의
메서드가 원자성atomic이라는 뜻은 아니다. 여러 스레드가 동시에 AddOrUpdate를 호출하면 그
중 두 스레드가 해당 키의 부재를 확인하고 동시에 새로운 값을 생성하는 대리자를 실행할

가능성도 있다.

ConcurrentDictionary<TKey, TValue>는 엄청나게 강력한 AddOrUpdate 메서드 덕분에 굉장히 유용하지만 항상 만능은 아니다. 여러 스레드가 읽고 쓸 공유 컬렉션이 필요하면 ConcurrentDictionary<TKey, TValue>가 가장 좋은 선택이지만, 엡데이트가 일정하지 않고 매우 드물다면 ImmutableDictionary<TKey, TValue>가 더 나은 선택일 수 있다.

ConcurrentDictionary<TKey, TValue>는 여러 스레드가 같은 컬렉션을 공유하는 공유 데이터 상황에 가장 좋은 선택이다. 요소를 추가하기만 하는 스레드와 요소를 제거하기만 하는 스레드가 따로 있는 상황이면 생산자/소비자 컬렉션으로 처리하는 쪽이 낫다.

ConcurrentDictionary<TKey, TValue>가 유일하게 스레드로부터 안전한 컬렉션은 아니다. BCL이 제공하는 ConcurrentStack<T>, ConcurrentQueue<T>, ConcurrentBag<T>도 마찬가지다.

스레드로부터 안전한 컬렉션은 대개 9장의 남은 부분에서 설명할 생산자/소비자 컬렉션으로 쓰인다.

참고

9.4절은 딕셔너리의 내용이 거의 바뀌지 않을 때 이상적인 불변 딕셔너리를 다룬다.

9.6 블로킹 큐

문제점

스레드에서 다른 스레드로 메시지나 데이터를 전달할 경로가 필요하다. 예를 들어 한 스레드가 데이터를 로드하면서 로드한 데이터를 경로의 한쪽에 밀어 넣는 동안 경로의 반대편에 있는 다른 스레드가 데이터를 수신해서 처리하게 하려 한다.

해법

닷넷의 BlockingCollection<T> 형식은 이런 전달 경로로 쓸 수 있게 만들어졌다. 기본적으로 BlockingCollection<T>는 선입선출FIFO로 동작하는 블로킹 큐다

블로킹 큐는 여러 스레드가 공유해야 하며 대개 다음과 같이 프라이빗, 읽기 전용 필드로 정의한다.

```
private readonly BlockingCollection<int> _blockingQueue =
    new BlockingCollection<int>();
```

일반적으로 스레드는 컬렉션에 항목을 추가하거나 컬렉션의 항목을 제거할 뿐 둘 다 하진 않는다. 항목을 추가하는 스레드를 생산자 스레드producer thread라고 하고 항목을 삭제하는 스레드를 소비자 스레드consumer thread라고 한다.

생산자 스레드는 Add를 호출해서 항목을 추가할 수 있다. 그리고 생산자 스레드는 항목을 모두 추가하고 종료할 때 CompleteAdding를 호출해서 컬렉션을 완료 상태로 표시할 수 있다. 이렇게 하면 컬렉션에 항목을 더 추가하지 않는다고 알릴 수 있고 컬렉션은 소비자에게 항목이 더 없음을 알릴 수 있다.

다음은 2개의 항목을 추가하고 컬렉션을 완료로 표시하는 간단한 생산자의 예다.

```
_blockingQueue.Add(7);
_blockingQueue.Add(13);
_blockingQueue.CompleteAdding();
```

소비자 스레드는 대개 루프 안에서 실행하며 다음 항목을 기다렸다가 처리한다. Task.Run 등을 통해 생산자 코드를 별도의 스레드에 넣으면 다음과 같이 항목을 소비할 수 있다.

```
// "7" 다음에 "13"을 표시한다.
foreach (int item in _blockingQueue.GetConsumingEnumerable())
  Trace.WriteLine(item);
```

소비자가 여럿이면 동시에 여러 스레드에서 GetConsumingEnumerable이 불릴 수 있다. 하지만 각 항목은 여러 스레드 중 하나로만 전해진다. 컬렉션을 완료하면 열거도 끝난다.

고찰

앞의 예제는 모두 소비자 스레드에서 GetConsumingEnumerable을 사용한다. 이게 가장 일반적인 방법이다. 하지만 멤버 메서드인 Take를 사용하면 소비자 스레드에서 모든 항목을 소비하는 루프를 실행하지 않고 하나의 항목만 소비할 수도 있다.

블로킹 큐 같은 전달 경로를 사용하려면 소비 속도보다 생산 속도가 빠를 때 일어날 일을 생각해야 한다. 소비할 수 있는 속도보다 빠르게 항목을 생산하고 있다면 큐를 조절해야 할 수도 있다.

블로킹 큐는 생산자나 소비자의 역할을 할 스레드를 스레드 풀 스레드 등으로 따로 둘 수 있을 때 유용하다. UI 스레드가 소비자여야 할 때처럼 비동기적인 전달 경로로 사용하고 싶다면 별로 좋지 않다. 비동기 큐는 9.8절에서 설명한다.

 애플리케이션에 블로킹 큐 같은 전달 경로를 도입해야 한다면 TPL 데이터 흐름 라이브러리로의 전환도 생각해 보기 바란다. 대개 직접 전달 경로와 백그라운드 스레드를 만들기보다는 TPL 데이터 흐름을 사용하는 쪽이 간단하다.

TPL 데이터 흐름의 BufferBlock<T>는 블로킹 큐blocking queue의 역할을 할 수 있으며 TPL 데이터 흐름을 사용하면 데이터 처리용 파이프라인이나 메시를 만들 수 있다. 하지만 대부분 간단한 상황이라면 BlockingCollection<T>처럼 평범한 블로킹 큐가 적절한 선택이다.

또 블로킹 큐의 역할을 할 수 있는 AsyncEx 라이브러리의 AsyncProducerConsumerQueue<T>를 사용할 수도 있다.

참고

9.7절은 선입선출 방식이 아니면서 비슷한 전달 경로인 블로킹 스택^{blocking queue}과 블로킹 백^{blocking bag}을 설명한다.

9.8절은 블로킹 API가 아닌 비동기 API를 지니는 큐를 설명한다.

9.12절은 비동기 API와 블로킹 API를 모두 지니는 큐를 설명한다.

9.9절은 항목의 수를 조절할 수 있는 큐를 설명한다.

9.7 블로킹 스택과 블로킹 백

문제점

스레드에서 다른 스레드로 메시지나 데이터를 전달할 경로가 필요하지만 선입선출 방식이 아니었으면 좋겠거나 아니어야 한다.

해법

닷넷의 `BlockingCollection<T>` 형식은 기본적으로 블로킹 큐의 역할을 하지만 모든 종류의 생산자/소비자 컬렉션으로도 사용할 수 있다. 이 형식은 사실 `IProducerConsumer Collection<T>`를 구현하고 있는 스레드로부터 안전한 컬렉션의 래퍼^{wrapper}다.

따라서 `BlockingCollection<T>`로 다음과 같이 후입선출^{LIFO} 방식의 스택 또는 순서가 없는 백을 만들 수 있다.

```
BlockingCollection<int> _blockingStack = new BlockingCollection<int>(
    new ConcurrentStack<int>());
BlockingCollection<int> _blockingBag = new BlockingCollection<int>(
    new ConcurrentBag<int>());
```

이제 항목의 순서에 관한 경합 조건이 생긴다는 점을 잊지 말아야 한다. 소비자 코드를 실행하기 전에 같은 생산자 코드를 여러 번 실행할 수 있고, 생산자 코드를 실행한 뒤에 소비자 코드를 실행한다면 항목의 처리 순서가 완전히 스택과 똑같아진다.

```
// 생산자 코드
_blockingStack.Add(7);
_blockingStack.Add(13);
_blockingStack.CompleteAdding();

// 소비자 코드
// "13" 다음에 "7"을 표시한다.
foreach (int item in _blockingStack.GetConsumingEnumerable())
  Trace.WriteLine(item);
```

대개 그렇듯이 생산자 코드와 소비자 코드가 다른 스레드에 있다면 소비자는 항상 가장 최근에 추가한 항목을 다음 항목으로 얻는다. 예를 들어 생산자가 7을 추가하고, 소비자가 7을 가져가고, 생산자가 13을 추가하고, 소비자가 13을 가져갈 수 있다. 소비자는 첫 번째 항목을 반환하기 전에 CompleteAdding의 호출을 기다리지 않는다.

고찰

블로킹 큐에서 했던 조절에 관한 고민은 블로킹 스택과 블로킹 백에도 똑같이 해당한다. 생산 속도가 소비 속도보다 빨라서 블로킹 스택과 블로킹 백의 메모리 사용량을 제한해야 한다면 9.9절처럼 조절할 수 있다.

9.7절의 예제는 소비자 코드에서 GetConsumingEnumerable를 사용한다. 이게 가장 일반적인 방법이다. 멤버 메서드인 Take를 사용하면 소비자가 모든 항목을 소비하는 루프를 실행하지 않고 하나의 항목만 소비할 수도 있다.

UI 스레드가 소비자여야 하는 등 차단 없이 비동기적으로 공유 중인 스택 또는 백을 사용하고 싶다면 9.11절을 참고한다.

9.6절은 블로킹 스택이나 블로킹 백보다 훨씬 더 널리 쓰이는 블로킹 큐를 다룬다.

9.11절은 비동기 스택과 비동기 백을 다룬다.

9.8 비동기 큐

문제점

스레드를 차단하지 않고 선입선출 방식으로 코드의 한 부분에서 다른 부분으로 메시지나 데이터를 전달할 경로가 필요하다.

예를 들어 코드의 한 부분이 데이터를 로드하면서 로드한 데이터를 전달 경로에 밀어 넣는 동안 UI 스레드가 데이터를 수신해서 화면에 표시하게 하려 한다.

해법

결론적으로 비동기 API를 지니는 큐가 필요하다. 코어 닷넷 프레임워크에는 그런 형식이 없지만, NuGet을 통해 사용할 수 있는 몇 가지 선택지가 있다.

첫 번째 선택지는 채널이다. 채널은 비동기적 생산자/소비자 컬렉션을 지원하는 최신 라이브러리로 규모가 큰 상황에서의 높은 성능에 중점을 두고 있다. 생산자는 일반적으로 WriteAsync를 사용해서 채널에 항목을 작성하며 모든 항목의 생산이 끝나면 다음과 같이 생산자 중 하나가 Complete를 호출해서 앞으로 더 항목이 없다고 채널에 알린다.

```
Channel<int> queue = Channel.CreateUnbounded<int>();

// 생산자 코드
ChannelWriter<int> writer = queue.Writer;
await writer.WriteAsync(7);
await writer.WriteAsync(13);
writer.Complete();
```

```
// 소비자 코드
// "7" 다음에 "13"을 표시한다.
ChannelReader<int> reader = queue.Reader;
await foreach (int value in reader.ReadAllAsync())
  Trace.WriteLine(value);
```

이 코드는 비동기 스트림을 사용하는 더 자연스러운 소비자 코드다. 자세한 내용은 3장을 참고한다. 현재 비동기 스트림은 최신 버전의 닷넷 플랫폼에서만 사용할 수 있다. 예전 플랫폼에서는 다음과 같은 방식을 사용해야 한다.

```
// 예전 플랫폼용 소비자 코드
// "7" 다음에 "13"을 표시한다.
ChannelReader<int> reader = queue.Reader;
while (await reader.WaitToReadAsync())
  while (reader.TryRead(out int value))
    Trace.WriteLine(value);
```

예전 플랫폼용 소비자 코드에는 while 루프가 두 겹이라는 점에 주의한다. 이게 정상이다. WaitToReadAsync는 항목을 사용할 수 있을 때까지 또는 채널을 완료로 표시할 때까지 비동기적으로 기다리면서 읽을 수 있는 항목이 있으면 true를 반환한다. TryRead는 즉시, 동기적으로 항목을 읽으려고 시도하며 항목을 읽으면 true를 반환한다. TryRead가 false를 반환한다면 당장 사용할 수 있는 항목이 없거나 채널을 완료로 표시해서 항목이 더 없기 때문일 수 있다. 따라서 TryRead가 false를 반환하면 안쪽 while 루프를 빠져나와서 WaitToReadAsync를 다시 한번 호출한다. 이때 WaitToReadAsync는 채널이 완료로 표시 중이면 false를 반환한다.

그 밖에 생산자/소비자 큐의 선택지로 TPL 데이터 흐름 라이브러리의 BufferBlock<T>를 사용하는 방법이 있다. BufferBlock<T>는 채널과 상당히 비슷하다. 다음 예제는 BufferBlock<T>의 선언 방법과 생산자 코드, 소비자 코드의 대략적인 모습을 보여 준다.

```
var _asyncQueue = new BufferBlock<int>();

// 생산자 코드
await _asyncQueue.SendAsync(7);
```

```
await _asyncQueue.SendAsync(13);
_asyncQueue.Complete();

// 소비자 코드
// "7" 다음에 "13"을 표시한다.
while (await _asyncQueue.OutputAvailableAsync())
  Trace.WriteLine(await _asyncQueue.ReceiveAsync());
```

예제의 소비자 코드는 소비자가 하나일 때만 유용한 OutputAvailableAsync를 사용한다. 소비자가 여럿이면 항목이 하나밖에 없어도 OutputAvailableAsync가 둘 이상의 소비자에서 true를 반환할 가능성이 있다. 큐가 완료 상태면 ReceiveAsync는 InvalidOperationException 예외를 일으킨다. 따라서 소비자가 여럿이면 대개 소비자 코드의 모습이 다음과 같아야 한다.

```
while (true)
{
  int item;
  try
  {
    item = await _asyncQueue.ReceiveAsync();
  }
  catch (InvalidOperationException)
  {
    break;
  }
  Trace.WriteLine(item);
}
```

또 Nito.AsyncEx NuGet 라이브러리의 AsyncProducerConsumerQueue<T> 형식도 사용할 수 있다. 이 형식의 API는 BufferBlock<T>와 비슷하지만 완전히 같진 않다.

```
var _asyncQueue = new AsyncProducerConsumerQueue<int>();

// 생산자 코드
await _asyncQueue.EnqueueAsync(7);
await _asyncQueue.EnqueueAsync(13);
```

```
    _asyncQueue.CompleteAdding();

    // 소비자 코드
    // "7" 다음에 "13"을 표시한다.
    while (await _asyncQueue.OutputAvailableAsync())
      Trace.WriteLine(await _asyncQueue.DequeueAsync());
```

이 소비자 코드도 OutputAvailableAsync를 사용하기 때문에 BufferBlock<T>를 사용했던 예제와 똑같은 문제가 있다. 소비자가 여럿이면 대개 소비자 코드의 모습이 다음과 같아야 한다.

```
    while (true)
    {
      int item;
      try
      {
        item = await _asyncQueue.DequeueAsync();
      }
      catch (InvalidOperationException)
      {
        break;
      }
      Trace.WriteLine(item);
    }
```

고찰

가능하다면 채널을 비동기적 생산자/소비자 큐로 사용하길 추천한다. 채널은 입력 조절 외에도 다양한 샘플링 옵션을 지니고 있으며 최적화가 매우 잘돼 있다. 하지만 애플리케이션의 로직을 데이터가 흐르는 '파이프라인'으로 표현할 수 있다면 TPL 데이터 흐름이 더 잘 어울릴 수 있다. 마지막 선택지는 AsyncProducerConsumerQueue<T>다. 애플리케이션이 이미 AsyncEx의 다른 형식을 사용 중이면 합리적인 선택일 수 있다.

채널은 System.Threading.Channels NuGet 패키지[14]에서 찾을 수 있다. BufferBlock⟨T⟩ 형식은 System.Threading.Tasks.Dataflow NuGet 패키지[15]에 들어 있다. AsyncProducerConsumerQueue⟨T⟩ 형식은 Nito.AsyncEx NuGet 패키지[16]에 들어 있다.

참고

9.6절은 비동기가 아닌 블로킹 방식을 사용하는 생산자/소비자 큐를 설명한다.

9.12절은 블로킹과 비동기 방식을 모두 사용하는 생산자/소비자 큐를 설명한다.

9.7절은 선입선출 방식이 아니면서 비슷한 전달 경로인 블로킹 스택과 블로킹 백을 설명한다.

9.9 큐 조절

문제점

생산 속도가 소비 속도보다 빨라서 원치 않게 메모리 사용이 늘어날 수 있는 생산자/소비자 큐가 있다. 큐의 모든 항목을 계속 유지하고자 생산 속도를 조절할 방법이 필요하다.

해법

생산자/소비자 큐를 사용할 때 소비 속도가 항상 빠르다고 확신할 수 없다면 생산 속도가 소비 속도보다 빠를 때 일어날 일을 생각해야 한다. 소비할 수 있는 속도보다 빠르게 항목을 생산 중이라면 큐를 조절해야 한다. 큐의 최대 요소 수를 지정해서 큐를 조절할 수 있다. 이렇게 하면 큐가 가득 찼을 때 생산자에 배압을 적용해서 큐에 여유 공간이 생길 때까지 생산을

---

14   https://www.nuget.org/packages/System.Threading.Channels

15   https://www.nuget.org/packages/System.Threading.Tasks.Dataflow

16   https://www.nuget.org/packages/Nito.AsyncEx

차단한다.

채널은 무제한 채널이 아닌 제한적인 채널을 만드는 방법으로 조절할 수 있다. 채널은 비동기적이기 때문에 생산을 비동기적으로 조절한다.

```
Channel<int> queue = Channel.CreateBounded<int>(1);
ChannelWriter<int> writer = queue.Writer;

// 이 WriteAsync는 즉시 완료한다.
await writer.WriteAsync(7);

// 이 WriteAsync는 13을 큐에 넣기 전에
// 7의 삭제를 비동기적으로 기다린다.
await writer.WriteAsync(13);

writer.Complete();
```

BufferBlock<T>는 5.4절에서 자세히 살펴봤듯이 기본적으로 조절을 지원한다. 다음과 같이 데이터 흐름 블록 옵션에 BoundedCapacity를 설정해야 한다.

```
var queue = new BufferBlock<int>(
    new DataflowBlockOptions { BoundedCapacity = 1 });

// 이 SendAsync는 즉시 완료한다.
await queue.SendAsync(7);

// 이 SendAsync는 13을 큐에 넣기 전에
// 7의 삭제를 비동기적으로 기다린다.
await queue.SendAsync(13);

queue.Complete();
```

앞의 예제에서 소비자 코드는 비동기 API인 SendAsync를 사용한다. 동기적으로 똑같이 구현하려면 동기 API인 Post를 사용한다.

AsyncEx의 AsyncProducerConsumerQueue<T>도 조절을 지원한다. 다음과 같이 큐를 생성할 때 적절한 값을 지정할 수 있다.

```
var queue = new AsyncProducerConsumerQueue<int>(maxCount: 1);

// 이 EnqueueAsync는 즉시 완료한다.
await queue.EnqueueAsync(7);

// 이 EnqueueAsync는 13을 큐에 넣기 전에
// 7의 삭제를 비동기적으로 기다린다.
await queue.EnqueueAsync(13);

queue.CompleteAdding();
```

블로킹 생산자/소비자 큐도 조절을 지원한다. BlockingCollection<T>를 생성할 때 적절한 값을 전달해서 항목의 수를 조절할 수 있다.

```
var queue = new BlockingCollection<int>(boundedCapacity: 1);

// 이 Add는 즉시 완료한다.
queue.Add(7);

// 이 Add는 13을 추가하기 전에 7의 삭제를 기다린다.
queue.Add(13);

queue.CompleteAdding();
```

고찰

생산 속도가 소비 속도보다 빠를 수 있다면 조절이 필수다. 다른 하드웨어에서 애플리케이션을 실행했을 때 생산 속도가 소비 속도보다 빠를 가능성이 있는지도 생각해야 한다. 일반적으로 개발 시스템보다 제약이 많은 미래의 하드웨어 또는 클라우드 인스턴스에서 애플리케이션의 정상적인 실행을 보장하려면 대개 조절이 필요하다.

조절은 배압을 일으켜서 소비자가 과도한 메모리 압박 없이 모든 항목을 처리할 수 있게 생산자의 속도를 늦춘다. 모든 항목을 처리할 필요가 없다면 조절이 아닌 샘플링을 선택할 수도 있다. 생산자/소비자 큐의 샘플링은 9.10절을 참고한다.

 채널은 System.Threading.Channels NuGet 패키지[17]에 들어 있다. BufferBlock〈T〉 형식은 System.Threading.Tasks.Dataflow NuGet 패키지[18]에 들어 있다. AsyncProducerConsumerQueue〈T〉 형식은 Nito.AsyncEx NuGet 패키지[19]에 들어 있다.

참고

9.8절은 비동기적인 생산자/소비자 큐의 기초적인 사용법을 설명한다.

9.6절은 동기적인 생산자/소비자 큐의 기초적인 사용법을 설명한다.

9.10절은 조절의 대안인 생산자/소비자 큐의 샘플링을 설명한다.

9.10 큐 샘플링

문제점

생산 속도가 소비 속도보다 빠를 수 있어서 메모리 사용이 원치 않게 늘어날지도 모르는 생산자/소비자 큐가 있다. 큐의 항목을 모두 유지할 필요는 없다. 느린 소비자가 중요한 항목만 처리할 수 있게 큐의 항목을 필터링할 방법이 필요하다.

---

17 https://www.nuget.org/packages/System.Threading.Channels

18 https://www.nuget.org/packages/System.Threading.Tasks.Dataflow

19 https://www.nuget.org/packages/Nito.AsyncEx

해법

채널은 입력 항목에 샘플링을 적용할 수 있는 가장 쉬운 방법이다. 다음과 같이 항상 n개의 최신 항목을 유지하며 큐가 가득 차면 가장 오래된 항목을 삭제하는 방식이 일반적이다.

```
Channel<int> queue = Channel.CreateBounded<int>(
    new BoundedChannelOptions(1)
    {
      FullMode = BoundedChannelFullMode.DropOldest,
    });
ChannelWriter<int> writer = queue.Writer;

// 이 WriteAsync는 즉시 완료한다.
await writer.WriteAsync(7);

// 이 WriteAsync도 즉시 완료한다.
// 7은 소비자가 이미 가져가지 않았으면 삭제한다.
await writer.WriteAsync(13);
```

입력 스트림을 조절해서 소비자가 입력으로 넘치지 않게 막을 수 있는 간단한 방법이다.

BoundedChannelFullMode에는 다른 옵션도 있다. 예를 들어 가장 오래된 항목을 보존하고 싶다면 다음과 같이 채널이 가득 찼을 때 새로운 항목을 삭제할 수 있는 옵션도 있다.

```
Channel<int> queue = Channel.CreateBounded<int>(
    new BoundedChannelOptions(1)
    {
      FullMode = BoundedChannelFullMode.DropWrite,
    });
ChannelWriter<int> writer = queue.Writer;

// 이 WriteAsync는 즉시 완료한다.
await writer.WriteAsync(7);

// 이 WriteAsync도 즉시 완료한다.
// 소비자가 이미 7을 가져가지 않았으면 13을 삭제한다.
await writer.WriteAsync(13);
```

고찰

채널은 이렇게 간단한 샘플링에 적합하다. 많은 상황에 특히 유용한 옵션은 BoundedChannel FullMode.DropOldest다. 더 복잡한 샘플링은 소비자가 직접 처리해야 한다.

'초당 10개의 항목만'처럼 시간을 기준으로 샘플링하려면 System.Reactive를 사용해야 한다. System.Reactive에는 시간 관련 작업에 딱 맞는 연산자가 있다.

 채널은 System.Threading.Channels NuGet 패키지[20]에 들어 있다.

참고

9.9절은 항목을 버리지 않고 생산자를 차단해서 채널 안의 항목 수를 제한하는 채널 조절 방법을 설명한다.

9.8절은 생산자와 소비자 코드를 포함해서 기초적인 채널의 사용법을 설명한다.

6.4절은 시간을 기준으로 하는 샘플링을 지원하는 System.Reactive를 사용해서 조절과 샘플링을 수행하는 방법을 설명한다.

9.11 비동기 스택과 비동기 백

문제점

코드의 한 부분에서 다른 부분으로 메시지나 데이터를 전달할 경로가 필요하지만 선입선출 방식이 아니었으면 한다.

---

20 https://www.nuget.org/packages/System.Threading.Channels

해법

Nito.AsyncEx 라이브리가 제공하는 AsyncCollection<T> 형식은 기본적으로 비동기 큐의 역할을 하지만 모든 종류의 생산자/소비자 컬렉션의 역할도 할 수 있다. 또 IProducerConsumerCollection<T>의 래퍼인 AsyncCollection<T>는 9.7절에서 설명한 닷넷의 BlockingCollection<T> 형식의 비동기 버전이기도 하다.

AsyncCollection<T>는 다음과 같이 생성자에 전달하는 컬렉션에 따라 후입선출인 스택 또는 순서가 없는 백으로 만들 수 있다.

```
var _asyncStack = new AsyncCollection<int>(
    new ConcurrentStack<int>());
var _asyncBag = new AsyncCollection<int>(
    new ConcurrentBag<int>());
```

스택 안의 항목의 순서에 관한 경합 조건이 생긴다는 점에 주의한다. 소비자가 항목의 소비를 시작하기 전에 모든 생산자가 생산을 완료하면 항목의 처리 순서가 일반적인 스택과 같아진다.

```
// 생산자 코드
await _asyncStack.AddAsync(7);
await _asyncStack.AddAsync(13);
_asyncStack.CompleteAdding();

// 소비자 코드
// "13" 다음에 "7"을 표시한다.
while (await _asyncStack.OutputAvailableAsync())
  Trace.WriteLine(await _asyncStack.TakeAsync());
```

일반적으로 생산자와 소비자를 동시에 실행하면 소비자는 항상 가장 최근에 추가한 항목을 다음 항목으로 얻는다. 이러면 컬렉션이 전체적으로 스택처럼 작동하지 않는다. 물론 백 컬렉션은 원래 순서가 없으니 상관없다.

AsyncCollection<T>는 생산자가 항목을 컬렉션에 추가하는 속도가, 소비자가 컬렉션에서 항목을 제거할 수 있는 속도보다 빠를 때 꼭 필요한 조절을 지원한다. 다음과 같이 컬렉션 생성자에 적절한 값을 전달할 수 있다.

```
var _asyncStack = new AsyncCollection<int>(
    new ConcurrentStack<int>(), maxCount: 1);
```

이제 같은 생산자 코드를 사용해도 필요에 따라 비동기적으로 대기한다.

```
// 이 AddAsync는 즉시 완료한다.
await _asyncStack.AddAsync(7);

// 이 AddAsync는 13을 추가하기 전에
// 7의 삭제를 비동기적으로 기다린다.
await _asyncStack.AddAsync(13);

_asyncStack.CompleteAdding();
```

예제의 소비자 코드는 9.8절에서 설명했던 제약을 그대로 지닌 OutputAvailableAsync를 사용한다. 소비자가 여럿이면 대개 소비자 코드의 모습이 다음과 같아야 한다.

```
while (true)
{
  int item;
  try
  {
    item = await _asyncStack.TakeAsync();
  }
  catch (InvalidOperationException)
  {
    break;
  }
  Trace.WriteLine(item);
}
```

고찰

AsyncCollection<T>는 API만 조금 다를 뿐 BlockingCollection<T>의 비동기 버전이라 할 수 있다.

 AsyncCollection〈T〉 형식은 Nito.AsyncEx NuGet 패키지[21]에 들어 있다.

참고

9.8절은 비동기 스택이나 비동기 백보다 훨씬 많이 쓰이는 비동기 큐를 다룬다.

9.7절은 동기적인 블로킹 스택과 블로킹 백을 다룬다.

9.12 블로킹 큐와 비동기 큐

문제점

선입선출 방식으로 코드의 한 부분에서 다른 부분으로 메시지나 데이터를 전달할 경로가 필요하며, 생산자나 소비자를 동기적으로 또는 비동기적으로 처리할 수 있는 유연함이 필요하다.

예를 들어 백그라운드 스레드에서 데이터를 로드하면서 로드한 데이터를 전달 경로에 밀어 넣다가 전달 경로가 꽉 차면 백그라운드 스레드를 동기적으로 차단하고 싶다. 동시에 데이터를 수신하는 UI 스레드는 UI가 응답성을 유지할 수 있게 비동기적으로 전달 경로에서 데이터를 당겨 오게 하고 싶다.

---

21   https://www.nuget.org/packages/Nito.AsyncEx

해법

9.6절에서 블로킹 큐를 살펴보고 9.8절에서 비동기 큐를 살펴봤으니 이제 블로킹 API와 비동기 API를 모두 지원하는 몇 가지 큐 형식을 배울 차례다.

첫 번째는 TPL 데이터 흐름 NuGet 라이브러리의 BufferBlock<T>와 ActionBlock<T>다. BufferBlock<T>는 간단하게 비동기적 생산자/소비자 큐로 사용할 수 있다. 자세한 내용은 9.8절을 참고한다.

```
var queue = new BufferBlock<int>();

// 생산자 코드
await queue.SendAsync(7);
await queue.SendAsync(13);
queue.Complete();

// 단일 소비자용 소비자 코드
while (await queue.OutputAvailableAsync())
  Trace.WriteLine(await queue.ReceiveAsync());

// 복수 소비자용 소비자 코드
while (true)
{
  int item;
  try
  {
    item = await queue.ReceiveAsync();
  }
  catch (InvalidOperationException)
  {
    break;
  }

  Trace.WriteLine(item);
}
```

다음 예제에서 볼 수 있듯이 BufferBlock<T>는 생산자와 소비자 양쪽에 사용할 수 있는 동기 API도 지원한다.

```csharp
var queue = new BufferBlock<int>();

// 생산자 코드
queue.Post(7);
queue.Post(13);
queue.Complete();

// 소비자 코드
while (true)
{
  int item;
  try
  {
    item = queue.Receive();
  }
  catch (InvalidOperationException)
  {
    break;
  }

  Trace.WriteLine(item);
}
```

BufferBlock<T>를 사용하는 소비자 코드는 '데이터 흐름 방식'의 코드가 아니라 조금 어색하다. TPL 데이터 흐름 라이브러리는 서로 연결할 수 있는 다양한 블록을 제공하므로 리액티브 메시를 정의할 수 있다. 이때 다음과 같이 ActionBlock<T>를 사용해서 원하는 작업을 수행하고 완료하는 생산자/소비자 큐를 정의할 수 있다.

```csharp
// 소비자 코드를 큐 생성자에 전달한다.
ActionBlock<int> queue = new ActionBlock<int>(item => Trace.WriteLine(item));

// 비동기적 생산자 코드
await queue.SendAsync(7);
```

```
await queue.SendAsync(13);

// 동기적 생산자 코드
queue.Post(7);
queue.Post(13);
queue.Complete();
```

대상으로 하는 플랫폼에서 TPL 데이터 흐름 라이브러리를 사용할 수 없다면 마찬가지로 동기 메서드와 비동기 메서드를 모두 지원하는 Nito.AsyncEx의 AsyncProducerConsumerQueue<T> 형식을 사용할 수 있다.

```
var queue = new AsyncProducerConsumerQueue<int>();

// 비동기적 생산자 코드
await queue.EnqueueAsync(7);
await queue.EnqueueAsync(13);

// 동기적 생산자 코드
queue.Enqueue(7);
queue.Enqueue(13);

queue.CompleteAdding();

// 비동기적 단일 소비자 코드
while (await queue.OutputAvailableAsync())
  Trace.WriteLine(await queue.DequeueAsync());

// 비동기적 복수 소비자 코드
while (true)
{
  int item;
  try
  {
    item = await queue.DequeueAsync();
  }
  catch (InvalidOperationException)
  {
    break;
```

```
    }
    Trace.WriteLine(item);
  }

  // 동기 소비자 코드
  foreach (int item in queue.GetConsumingEnumerable())
    Trace.WriteLine(item);
```

고찰

가능하다면 BufferBlock<T>나 ActionBlock<T>의 사용을 추천한다. TPL 데이터 흐름 라이브러리는 Nito.AsyncEx 라이브러리보다 훨씬 광범위한 테스트를 거쳐 왔기 때문이다.

하지만 애플리케이션이 이미 AsyncEx 라이브러리의 다른 형식을 사용하고 있다면 Async ProducerConsumerQueue<T>가 유용할 수 있다.

System.Threading.Channels는 동기적으로도 사용할 수 있지만 간접적인 방식으로만 사용해야 한다. 당연히 API는 비동기적이지만 스레드로부터 안전한 컬렉션이기 때문에 다음과 같이 생산자 코드나 소비자 코드를 Task.Run으로 감싼 뒤에 Task.Run이 반환하는 작업을 차단해서 강제로 동기적으로 작동하게 할 수 있다.

```
Channel<int> queue = Channel.CreateBounded<int>(10);

// 생산자 코드
ChannelWriter<int> writer = queue.Writer;
Task.Run(async () =>
{
  await writer.WriteAsync(7);
  await writer.WriteAsync(13);
  writer.Complete();
}).GetAwaiter().GetResult();

// 소비자 코드
ChannelReader<int> reader = queue.Reader;
Task.Run(async () =>
```

```
{
    while (await reader.WaitToReadAsync())
        while (reader.TryRead(out int value))
            Trace.WriteLine(value);
}).GetAwaiter().GetResult();
```

TPL 데이터 흐름 블록, `AsyncProducerConsumerQueue<T>`, 채널 모두 생성할 때 옵션을 전달하는 방식으로 조절을 지원한다. 생산 속도가 소비할 수 있는 속도보다 빨라서 애플리케이션이 많은 양의 메모리를 차지할지도 모른다면 조절이 불가피하다.

 BufferBlock⟨T⟩와 ActionBlock⟨T⟩ 형식은 System.Threading.Tasks.Dataflow NuGet 패키지[22]에 들어 있다. AsyncProducerConsumerQueue⟨T⟩ 형식은 Nito.AsyncEx NuGet 패키지[23]에 들어 있다. 채널은 System.Threading.Channels NuGet 패키지[24]에 들어 있다.

참고

9.6절은 블로킹 생산자/소비자 큐를 다룬다.

9.8절은 비동기 생산자/소비자 큐를 다룬다.

5.4절은 데이터 흐름 블록의 조절을 다룬다.

---

22 https://www.nuget.org/packages/System.Threading.Tasks.Dataflow

23 https://www.nuget.org/packages/Nito.AsyncEx

24 https://www.nuget.org/packages/System.Threading.Channels

10장

취소

닷넷 4.0 프레임워크는 포괄적으로 잘 설계한 취소 기능을 도입했다. 닷넷의 취소 기능은 협조적 취소다. 즉 코드에서 취소를 요청할 수는 있지만 강행할 수는 없다는 뜻이다. 협조적 취소라 취소를 지원하게 작성한 코드가 아니면 취소할 수 없다. 이런 이유로 가능한 한 많은 코드가 취소를 지원하게 작성해야 한다.

취소는 두 가지 측면이 있는 신호 방식이다. 즉 취소를 유발하는 원인인 소스와 취소에 응답하는 수신기가 있다. 닷넷에서 소스는 CancellationTokenSource이고, 수신기는 CancellationToken이다. 10장의 예제는 취소 소스와 토큰의 정상적인 사용 방법과 함께 비표준 방식의 취소 기능과 상호 운용하는 방법을 설명한다.

취소는 특별한 형태의 오류로 취급한다. 일반적으로 취소된 코드는 OperationCanceledException 형식의 예외 또는 TaskCanceledException 같은 파생 형식의 예외를 일으킨다. 이런 방식 덕분에 호출하는 코드에서 취소를 확인할 수 있다.

작성한 메서드가 취소를 지원하는 메서드임을 호출하는 코드에 알리려면 CancellationToken를 매개 변수로 사용해야 한다. 2.3절처럼 진행 상황을 함께 보고하는 메서드가 아니라면 대개 CancellationToken을 마지막 매개 변수로 사용한다. 또 취소가 필요 없는 소비자가 사용할 오버로드를 제공할지 또는 기본 매개 변수 값을 제공할지도 생각해 봐야 한다.

```
public void CancelableMethodWithOverload(CancellationToken cancellationToken)
{
    // 여기에 코드를 입력한다.
}

public void CancelableMethodWithOverload()
{
  CancelableMethodWithOverload(CancellationToken.None);
}

public void CancelableMethodWithDefault(
    CancellationToken cancellationToken = default)
{
    // 여기에 코드를 입력한다.
}
```

CancellationToken.None은 절대 취소되지 않는 취소 토큰을 나타내며 default(Cancella
tionToken)과 똑같이 특별한 값이다. 작업을 절대 취소하고 싶지 않다면 이 값을 전달한다.

비동기 스트림은 비슷하지만 좀 더 복잡한 방식으로 취소를 처리한다. 비동기 스트림의 취소
에 관한 자세한 내용은 3.4절을 참고한다.

10.1 취소 요청 실행

문제점

CancellationToken을 전달받는, 즉 취소가 가능한 코드를 호출 중이며 실제로 작업을 취소하
고 싶다.

해법

CancellationTokenSource 형식은 CancellationToken의 공급원이며 이 형식을 사용하는 코드만 취소 요청에 대응할 수 있다. 즉 코드는 CancellationTokenSource의 멤버를 통해 취소를 요청할 수 있다.

10.8절처럼 서로 연결할 때를 제외하면 각 CancellationTokenSource는 다른 모든 CancellationTokenSource와 독립적이다. Token 속성은 해당 소스에 관한 CancellationToken을 반환하며 Cancel 메서드는 실제로 취소를 요청한다.

다음 코드는 CancellationTokenSource의 생성 방법과 Token, Cancel의 사용법을 보여 준다. 여기서 비동기 메서드를 사용한 이유는 짧은 코드로 보여 주기 쉬워서다. 이렇게 Token과 Cancel을 쌍으로 사용하면 모든 종류의 코드를 취소할 수 있다.

```
void IssueCancelRequest()
{
  using var cts = new CancellationTokenSource();
  var task = CancelableMethodAsync(cts.Token);

  // 이 시점에서 작업은 시작한 상태다.

  // 취소를 요청한다.
  cts.Cancel();
}
```

앞의 예제 코드는 실행을 시작한 뒤에 task 변수를 그냥 내버려둔다. 실제 코드라면 사용자가 최종 결과를 알 수 있게 어디에든 task를 저장해 두고 await로 대기해야 한다.

코드를 취소할 때는 거의 항상 경합 조건이 발생한다. 취소를 요청할 때 취소 가능한 코드가 완료 직전일 수도 있으며 완료 전에 취소 토큰을 확인하지 않으면 실제로 해당 작업은 성공적으로 완료된다. 사실 코드를 취소할 때는 세 가지 상황이 벌어질 가능성이 있다. 즉 취소 요청에 대응해서 OperationCanceledException이 발생하거나 성공적으로 완료하거나, 취소와 상관없는 오류와 함께 끝나서 다른 예외가 발생할 수 있다.

다음 예제는 task를 기다린다는 점만 빼면 앞의 예제와 같으며 세 가지 가능한 결과를 모두 보여 준다.

```
async Task IssueCancelRequestAsync()
{
  using var cts = new CancellationTokenSource();
  var task = CancelableMethodAsync(cts.Token);

  // 이 시점에서 작업은 행복하게 실행 중이다.

  // 취소를 요청한다.
  cts.Cancel();

  // 비동기적으로 작업의 완료를 기다린다.
  try
  {
    await task;
    // 여기로 온다면 취소가 효력을 발휘하기 전에
    // 작업을 성공적으로 완료했다는 뜻이다.
  }
  catch (OperationCanceledException)
  {
    // 여기로 온다면 완료하기 전에 작업을 취소했다는 뜻이다.
  }
  catch (Exception)
  {
    // 여기로 온다면 취소가 효력을 발휘하기 전에
    // 오류와 함께 작업이 끝났다는 뜻이다.
    throw;
  }
}
```

일반적으로 CancellationTokenSource를 설정하는 코드와 취소를 요청하는 코드는 각각 다른 메서드에 있다. CancellationTokenSource 인스턴스는 한 번 취소하면 영원히 취소된다. 소스가 하나 더 필요하면 인스턴스를 하나 더 만들어야 한다. 다음 코드는 비동기 연산을 시작하는 버튼과 취소하는 버튼이 있는 GUI를 사용하는 좀 더 현실적인 예제다. 또 한 번에 하나의 작업만 수행할 수 있게 StartButton과 CancelButton을 활성화, 비활성화한다.

```csharp
private CancellationTokenSource _cts;

private async void StartButton_Click(object sender, RoutedEventArgs e)
{
  StartButton.IsEnabled = false;
  CancelButton.IsEnabled = true;
  try
  {
    _cts = new CancellationTokenSource();
    CancellationToken token = _cts.Token;
    await Task.Delay(TimeSpan.FromSeconds(5), token);
    MessageBox.Show("Delay completed successfully.");
  }
  catch (OperationCanceledException)
  {
    MessageBox.Show("Delay was canceled.");
  }
  catch (Exception)
  {
    MessageBox.Show("Delay completed with error.");
    throw;
  }
  finally
  {
    StartButton.IsEnabled = true;
    CancelButton.IsEnabled = false;
  }
}

private void CancelButton_Click(object sender, RoutedEventArgs e)
{
  _cts.Cancel();
  CancelButton.IsEnabled = false;
}
```

고찰

가장 현실적인 예제로 GUI 애플리케이션을 사용했지만 사용자 인터페이스에서만 취소를 사용할 수 있다는 생각은 하지 말기 바란다. 취소는 서버에도 해당한다. 예를 들어 ASP.NET은 요청의 타임아웃이나 클라이언트의 연결 해제를 나타내는 취소 토큰을 제공한다. 실제로 서버 쪽의 취소 토큰 소스가 훨씬 드물긴 하지만 그렇다고 사용하지 못할 이유는 없다. 요청 처리의 일부에 따로 타임아웃을 적용하는 등 ASP.NET이 지원하지 않는 취소가 필요할 때 유용할 수 있다.

참고

10.4절은 비동기 코드로 취소 토큰을 전달하는 방법을 설명한다.

10.5절은 병렬 코드로 취소 토큰을 전달하는 방법을 설명한다.

10.6절은 리액티브 코드에서 취소 토큰을 사용하는 방법을 설명한다.

10.7절은 데이터 흐름 메시로 취소 토큰을 전달하는 방법을 설명한다.

10.2 폴링으로 취소 요청에 대응

문제점

코드 안에 취소를 지원해야 할 루프가 있다.

해법

코드 안에 처리 루프가 있을 때 CancellationToken을 전달할 수 있는 하위 레벨 API는 없다. 이럴 때는 토큰의 취소 여부를 주기적으로 확인할 수밖에 없다. 다음 코드는 CPU를 사용하는 루프를 실행하는 동안 주기적으로 토큰을 확인한다.

```
public int CancelableMethod(CancellationToken cancellationToken)
{
  for (int i = 0; i != 100; ++i)
  {
    Thread.Sleep(1000); // 여기에 원하는 연산을 넣는다.
    cancellationToken.ThrowIfCancellationRequested();
  }
  return 42;
}
```

루프가 너무 빠듯하면 즉 루프 바디의 실행 속도가 너무 빠르면 취소 토큰을 확인하는 빈도를 제한할 수 있다. 늘 그렇듯이 가장 좋은 방법을 결정하기 전에 먼저 변경 전후의 성능을 측정해야 한다. 다음 코드는 앞의 예제와 비슷하지만 루프를 더 빨리 반복하므로 토큰을 확인하는 주기에 제한을 가했다.

```
public int CancelableMethod(CancellationToken cancellationToken)
{
  for (int i = 0; i != 100000; ++i)
  {
    Thread.Sleep(1); // 여기에 원하는 연산을 넣는다.
    if (i % 1000 == 0)
      cancellationToken.ThrowIfCancellationRequested();
  }
  return 42;
}
```

적절한 제한의 수준은 전적으로 수행 중인 작업의 양과 취소에 대응해야 할 속도에 따라 달라진다.

고찰

취소를 지원하는 코드는 대부분 다음 계층으로 CancellationToken을 전달해야 한다. 10.4절에서 10.7절까지의 예제 코드가 모두 그렇다. 10.2절에서 사용한 폴링polling 기법은 취소를 지원해야 할 처리 루프가 있을 때만 써야 한다.

그 밖에 CancellationToken에는 토큰이 취소되면 true를 반환하기 시작하는 IsCancellationRequested라는 멤버가 있다. 이 멤버를 사용해서 기본값이나 null을 반환하는 방식으로 취소에 대응하는 개발자도 있다. 개인적으로 대부분 코드에 추천하지 않는 방식이다. 표준 취소 방식은 ThrowIfCancellationRequested가 처리하는 OperationCanceledException 예외를 발생하는 것이다. 호출 스택의 더 위쪽에 있는 코드에서 예외를 잡아서 결과가 null인 듯이 처리하고 싶다면 그렇게 할 수도 있겠지만 기본적으로 CancellationToken을 전달받는 코드는 모두 표준 취소 방식을 따라야 한다. 표준 취소 방식을 따르지 않으려면 적어도 명확하게 문서로 남겨야 한다.

ThrowIfCancellationRequested는 취소 토큰을 폴링하는 방식으로 작동하므로 일정한 시간 간격으로 호출해야 한다. 또 취소 요청이 있을 때 불릴 콜백을 등록하는 방법도 있다. 콜백 방식은 다른 취소 방식과의 상호 운용에 더 중점을 두고 있다. 콜백과 취소를 함께 사용하는 방법은 예제 10.9에서 설명한다.

참고

10.4절은 비동기 코드로 취소 토큰을 전달하는 방법을 설명한다.

10.5절은 병렬 코드로 취소 토큰을 전달하는 방법을 설명한다.

10.6절은 리액티브 코드에서 취소 토큰을 사용하는 방법을 설명한다.

10.7절은 데이터 흐름 메시로 취소 토큰을 전달하는 방법을 설명한다.

10.9절은 폴링이 아닌 콜백을 사용해서 취소 요청에 대응하는 방법을 설명한다.

10.1절은 취소를 요청하는 방법을 설명한다.

10.3 타임아웃으로 취소

문제점

타임아웃이 지나면 실행을 중단해야 할 코드가 있다.

해법

취소는 타임아웃과 잘 어울리는 해법이다. 타임아웃은 취소 요청의 한 형태일 뿐이다. 취소가 필요한 코드는 한결같이 취소 토큰만 바라본다. 취소의 소스가 타이머인지 알지도 못하고 신경 쓰지도 않는다.

CancellationTokenSource에는 타이머를 사용해서 자동으로 취소를 요청하는 편의 메서드가 있다. 다음과 같이 CancellationTokenSource의 생성자에 타임아웃 시간을 전달할 수 있다.

```
async Task IssueTimeoutAsync()
{
  using var cts = new CancellationTokenSource(TimeSpan.FromSeconds(5));
  CancellationToken token = cts.Token;
  await Task.Delay(TimeSpan.FromSeconds(10), token);
}
```

이미 CancellationTokenSource의 인스턴스가 있다면 다음과 같이 해당 인스턴스의 타임아웃을 발동할 수 있다.

```
async Task IssueTimeoutAsync()
{
  using var cts = new CancellationTokenSource();
  CancellationToken token = cts.Token;
  cts.CancelAfter(TimeSpan.FromSeconds(5));
  await Task.Delay(TimeSpan.FromSeconds(10), token);
}
```

고찰

타임아웃이 있는 코드를 실행하려면 CancellationTokenSource와 함께 CancelAfter 또는 생성자를 사용해야 한다. 다른 방법으로도 똑같이 구현할 수 있지만 기본적인 취소 방식이 가장 쉽고 효율적이다.

취소할 코드는 취소 토큰을 주시해야 한다는 점을 기억하기 바란다. 취소를 지원하지 않는 코드는 간단하게 취소할 수 없다.

참고

10.4절은 비동기 코드로 취소 토큰을 전달하는 방법을 설명한다.

10.5절은 병렬 코드로 취소 토큰을 전달하는 방법을 설명한다.

10.6절은 리액티브 코드에서 취소 토큰을 사용하는 방법을 설명한다.

10.7절은 데이터 흐름 메시로 취소 토큰을 전달하는 방법을 설명한다.

10.4 비동기 코드의 취소

문제점

사용 중인 비동기 코드의 취소를 지원해야 한다.

해법

비동기 코드의 취소를 지원하는 가장 간단한 방법은 CancellationToken을 다음 계층으로 넘기는 것이다. 다음 예제는 비동기 지연을 수행한 뒤에 값을 반환하는 코드로 토큰을 Task.Delay로 전달해서 취소를 지원한다.

```
public async Task<int> CancelableMethodAsync(CancellationToken cancellationToken)
{
  await Task.Delay(TimeSpan.FromSeconds(2), cancellationToken);
  return 42;
}
```

많은 비동기 API가 CancellationToken을 지원하므로 대개 토큰을 받아서 전달하는 간단한 처리만으로 직접 API의 취소를 활성화할 수 있다. 일반적으로 CancellationToken을 사용하는 API를 호출하는 메서드라면 토큰을 지원하는 모든 API로 CancellationToken을 전달해야 한다.

고찰

안타깝게도 취소를 지원하지 않는 메서드도 있다. 이럴 때 간단한 해결책은 없다. 아예 따로 실행 파일로 만들지 않는 한 임의의 코드를 안전하게 중지할 방법은 없다. 작성하는 코드에 취소를 지원하지 않는 API가 있고 코드를 별도의 실행 파일로 만들고 싶지 않다면 결과를 무시해서 작업을 취소하는 시늉을 하는 방법도 있다.

가능하면 취소 기능을 옵션으로 제공해야 한다. 상위 레벨에서의 적절한 취소는 하위 레벨에서의 적절한 취소에 달려 있기 때문이다. 따라서 async 메서드를 작성할 때 최대한 취소를 지원하려고 노력해야 한다. 상위 레벨에서 이 메서드를 호출할 메서드를 알 방법이 없고 취소 기능이 필요할지도 알 수 없기 때문이다.

참고

10.1절은 취소를 요청하는 방법을 설명한다.

10.3절은 타임아웃으로 취소하는 방법을 설명한다.

10.5 병렬 코드의 취소

문제점

사용 중인 병렬 코드의 취소를 지원해야 한다.

해법

취소를 지원하는 가장 간단한 방법은 CancellationToken을 병렬 코드로 전달하는 것이다. Parallel의 메서드는 ParallelOptions 인스턴스를 통해 취소 토큰의 전달을 지원한다. 다음과 같이 ParallelOptions 인스턴스에 CancellationToken을 설정할 수 있다.

```
void RotateMatrices(IEnumerable<Matrix> matrices, float degrees,
    CancellationToken token)
{
  Parallel.ForEach(matrices,
      new ParallelOptions { CancellationToken = token },
      matrix => matrix.Rotate(degrees));
}
```

아니면 다음과 같이 루프 바디에서 직접 CancellationToken을 확인할 수도 있다.

```
void RotateMatrices2(IEnumerable<Matrix> matrices, float degrees,
    CancellationToken token)
{
  // 경고: 추천하지 않는 방법이다. 뒤쪽을 참고한다.
  Parallel.ForEach(matrices, matrix =>
  {
    matrix.Rotate(degrees);
    token.ThrowIfCancellationRequested();
  });
}
```

두 번째 메서드는 더 많은 처리가 필요하고 작성하기도 어렵다. 병렬 루프가 Operation CanceledException을 AggregateException으로 감싸기 때문이다. 또 ParallelOptions 인스턴스를 통해 Parallel 클래스로 CancellationToken를 전달하면 Parallel 클래스가 토큰을 확인할 주기를 더 지능적으로 결정할 수 있다. 이런 이유로 토큰을 ParallelOptions로 전달하는 방법이 최선이다. 또 토큰을 ParallelOptions로 전달하면 루프 바디에 토큰을 전달할 수도 있지만 단순히 루프 바디에 토큰을 전달하고 끝난다면 별 의미가 없다.

PLINQ도 다음과 같이 WithCancellation 연산자를 통해 기본적으로 취소를 지원한다.

```
IEnumerable<int> MultiplyBy2(IEnumerable<int> values,
    CancellationToken cancellationToken)
{
  return values.AsParallel()
      .WithCancellation(cancellationToken)
      .Select(item => item * 2);
}
```

고찰

병렬 작업의 취소 지원은 사용자 경험 향상에 중요한 요소다. 병렬 작업을 수행 중인 애플리케이션은 아주 잠시라도 CPU를 상당히 많이 사용할 수 있다. CPU의 사용량이 많으면 PC 안의 다른 애플리케이션을 방해하지 않더라도 사용자가 바로 알 수 있다. 따라서 병렬 연산이나 기타 CPU 집약적인 작업을 수행해야 한다면 CPU를 많이 사용하는 시간이 그리 길지 않더라도 취소 기능의 지원을 추천한다.

참고

10.1절은 취소를 요청하는 방법을 설명한다.

10.6 System.Reactive 코드의 취소

문제점

사용 중인 리액티브 코드를 취소할 수 있어야 한다.

해법

System.Reactive 라이브러리에는 스트림을 주시하는 구독subscription이라는 개념이 있다. 코드에서 구독을 삭제하면 스트림의 구독을 취소할 수 있다. 대부분 구독의 삭제는 논리적으로 스트림을 취소하기에 충분하다. 예를 들어 다음 코드는 시작 버튼을 누르면 마우스의 움직임을 구독하고 취소 버튼을 누르면 구독을 해지, 즉 취소한다.

```
private IDisposable _mouseMovesSubscription;

private void StartButton_Click(object sender, RoutedEventArgs e)
{
  IObservable<Point> mouseMoves = Observable
      .FromEventPattern<MouseEventHandler, MouseEventArgs>(
          handler => (s, a) => handler(s, a),
          handler => MouseMove += handler,
          handler => MouseMove -= handler)
      .Select(x => x.EventArgs.GetPosition(this));
  _mouseMovesSubscription = mouseMoves.Subscribe(value =>
  {
    MousePositionLabel.Content = "(" + value.X + ", " + value.Y + ")";
  });
}

private void CancelButton_Click(object sender, RoutedEventArgs e)
{
  if (_mouseMovesSubscription != null)
    _mouseMovesSubscription.Dispose();
}
```

System.Reactive와 기타 모든 취소에 쓰이는 CancellationTokenSource/CancellationToken 방식의 연동은 매우 간단하다. 10.6절의 남은 부분에서는 System.Reactive 옵저버블과 CancellationToken을 연동하는 방법을 설명한다.

가장 많은 활용 사례는 옵저버블 코드를 비동기 코드로 감쌌을 때다. 8.5절에서 설명한 기본적인 방법으로 이제 CancellationToken을 지원하게 하려 한다. 일반적으로 가장 쉬운 방법은 모든 작업을 리액티브 연산자로 수행하고 ToTask를 호출해서 마지막 요소를 대기할 수 있는 작업으로 변환하는 것이다. 다음 코드는 비동기적으로 마지막 요소를 가져오는 방법을 보여 준다.

```
CancellationToken cancellationToken = ...
IObservable<int> observable = ...
int lastElement = await observable.TakeLast(1).ToTask(cancellationToken);
// 또는: int lastElement = await observable.ToTask(cancellationToken);
```

첫 번째 요소를 가져오는 방법도 비슷하다. ToTask를 호출하기 전에 옵저버블을 다음과 같이 수정한다.

```
CancellationToken cancellationToken = ...
IObservable<int> observable = ...
int firstElement = await observable.Take(1).ToTask(cancellationToken);
```

옵저버블 시퀀스 전체를 비동기적으로 변환하는 방법도 비슷하다.

```
CancellationToken cancellationToken = ...
IObservable<int> observable = ...
IList<int> allElements = await observable.ToList().ToTask(cancellationToken);
```

마지막으로 반대의 상황을 생각해 보자. 지금까지 System.Reactive 코드로 Cancellation Token에 대응하는 상황을 처리하는 몇 가지 방법을 살펴봤다. 즉 CancellationTokenSource의 취소 요청을 구독의 삭제로 변환했다. 구독의 삭제에 대응해서 취소를 요청하는 등 다른 방법도 가능하다.

8.8절에서 봤듯이 FromAsync, StartAsync, SelectMany 연산자는 모두 취소를 지원한다. 이런 연산자로 대부분 상황에 대처할 수 있다. 또 Rx는 삭제될 때 CancellationToken을 취소하는 CancellationDisposable 형식도 지원한다. 다음과 같이 직접 CancellationDisposable을 사용할 수 있다.

```
using (var cancellation = new CancellationDisposable())
{
  CancellationToken token = cancellation.Token;
  // 취소에 대응하는 메서드에 토큰을 전달한다.
}
// 이 시점에서 토큰은 취소된 상태다.
```

고찰

System.Reactive(Rx)에는 구독 삭제라는 자체적인 취소의 개념이 있다. 10.6절에서는 닷넷 4.0에서 도입한 공용 취소 프레임워크와 Rx를 함께 사용할 수 있는 몇 가지 방법을 살펴봤다. Rx를 사용하는 코드가 있다면 Rx의 구독/삭제 방식을 사용해야 한다. 경계 선상에 CancellationToken를 지원하기만 하면 가장 깔끔한 방법이다.

참고

8.5절은 취소는 지원하지 않지만 Rx 코드를 감싸는 비동기 래퍼를 다룬다.

8.6절은 취소는 지원하지 않지만 비동기 코드를 감싸는 Rx 래퍼를 다룬다.

10.1절은 취소를 요청하는 방법을 설명한다.

10.7 데이터 흐름 메시의 취소

문제점

사용 중인 데이터 흐름 메시의 취소를 지원해야 한다.

해법

코드에서 취소를 지원하는 가장 좋은 방법은 CancellationToken을 취소 가능한 API로 전달하는 것이다. 데이터 흐름 블록의 각 블록은 DataflowBlockOptions를 통해 취소를 지원한다. 작성 중인 데이터 흐름 블록이 취소를 지원하게 하려면 블록 옵션에 CancellationToken을 설정해야 한다.

```
IPropagatorBlock<int, int> CreateMyCustomBlock(
    CancellationToken cancellationToken)
{
  var blockOptions = new ExecutionDataflowBlockOptions
  {
    CancellationToken = cancellationToken
  };
  var multiplyBlock = new TransformBlock<int, int>(item => item * 2,
      blockOptions);
  var addBlock = new TransformBlock<int, int>(item => item + 2,
      blockOptions);
  var divideBlock = new TransformBlock<int, int>(item => item / 2,
      blockOptions);

  var flowCompletion = new DataflowLinkOptions
  {
    PropagateCompletion = true
  };
  multiplyBlock.LinkTo(addBlock, flowCompletion);
  addBlock.LinkTo(divideBlock, flowCompletion);

  return DataflowBlock.Encapsulate(multiplyBlock, divideBlock);
}
```

꼭 필요하진 않지만 이 예제에서는 메시 안의 모든 블록에 CancellationToken을 적용했다. 또 링크를 따라 완료를 전파하려고 블록의 링크에 PropagateCompletion 옵션을 설정했다. 취소는 특별한 형태의 오류로 간주하며 이 파이프라인 안의 블록은 오류를 전파하면 줄줄이 오류와 함께 완료한다. 개인적으로 메시를 취소할 때 동시에 모든 블록을 취소하는 편이 낫기 때문에 대개 이렇게 모든 블록 옵션에 CancellationToken을 설정한다.

고찰

데이터 흐름 메시의 취소는 강제로 데이터를 다음 단계로 넘기는 플러시flush 방식이 아니다. 취소된 블록은 모든 입력 데이터를 버리고 새로운 데이터의 수신을 거부한다. 따라서 실행 중인 블록을 취소하면 데이터 손실이 일어난다.

참고

10.1절은 취소를 요청하는 방법을 설명한다.

10.8 취소 토큰 소스의 연결

문제점

취소 요청에 대응해야 하고 또 다음 계층으로 자체적인 취소 요청을 보내야 하는 코드가 있다.

해법

닷넷 4.0의 취소 시스템에 기본적으로 들어 있는 연결된 취소 토큰linked cancellation token은 이런 상황을 지원한다. 둘 이상의 기존 토큰을 연결하면 연결된 취소 토큰의 소스를 만들 수 있다. 연결된 취소 토큰 소스로 만든 결과 토큰은 기존 토큰 중 하나를 취소하거나 연결된 소스를 명시적으로 취소할 때 취소된다.

다음 코드는 비동기 HTTP 요청을 수행한다. GetWithTimeoutAsync 메서드로 전달하는 토큰은 사용자가 요청한 취소를 나타낸다. 또 GetWithTimeoutAsync 메서드는 요청에 타임아웃도 적용한다.

```
async Task<HttpResponseMessage> GetWithTimeoutAsync(HttpClient client,
    string url, CancellationToken cancellationToken)
{
  using CancellationTokenSource cts = CancellationTokenSource
      .CreateLinkedTokenSource(cancellationToken);
  cts.CancelAfter(TimeSpan.FromSeconds(2));
  CancellationToken combinedToken = cts.Token;

  return await client.GetAsync(url, combinedToken);
}
```

취소 토큰 소스를 연결해서 만든 결과인 combinedToken은 사용자가 기존 cancellationToken을 취소하거나 CancelAfter가 연결된 소스를 취소할 때 취소된다.

고찰

앞의 예제에서는 하나의 취소 토큰만 소스로 사용했지만 CreateLinkedTokenSource 메서드의 매개 변수로 전달할 수 있는 취소 토큰의 수에는 제한이 없다. 이렇게 하면 하나의 합쳐진 토큰을 만들어서 다양한 논리적 취소를 구현할 수 있다. 예를 들어 ASP.NET은 사용자의 연결 해제를 나타내는 HttpContext.RequestAborted라는 취소 토큰을 제공한다. 이 토큰을 사용해서 사용자의 연결 해제는 물론 타임아웃 등 기타 취소 사유에 대응하는 연결된 취소 토큰을 만들 수 있다.

연결된 취소 토큰 소스의 수명에 유의해야 한다. 앞의 예제는 메서드로 전달한 하나 이상의 취소 토큰을 연결해서 합쳐진 토큰으로 전달하는 일반적인 사용법을 보여 준다. 또 이 예제 코드는 작업을 완료할 때 연결된 취소 토큰 소스를 삭제해서 토큰을 더 사용할 수 없게 하는 using 문을 사용하고 있다는 점에 주의한다. 이렇게 연결된 취소 토큰 소스를 삭제하지 않으면 벌어질 일을 생각해 보자. 토큰을 삭제하지 않으면 남아 있는 토큰을 사용해서 GetWithTimeoutAsync 메서드를 여러 번 호출하는 상황이 일어날 수 있다. 그리고 이 메서드는 호출할 때마다 새로운 토큰 소스를 연결한다. HTTP 요청이 끝나서 토큰을 쓰는 곳이 없더라도 새로 연결한 소스는 여전히 기존 토큰에 붙은 채로 남아서 메모리를 차지한다. 이런 메모리 누수를 방지하려면 토큰을 사용하고 난 뒤에 연결된 취소 토큰 소스를 삭제해야 한다.

참고

10.1절은 일반적인 취소를 요청하는 방법을 설명한다.

10.3절은 타임아웃으로 취소하는 방법을 설명한다.

10.9 다른 취소 방식과 상호운용

문제점

기본적인 CancellationToken을 사용해서 자체적인 취소의 개념이 있는 외부 코드 또는 예전 코드를 취소하고 싶다.

해법

CancellationToken이 취소 요청에 대응하는 기본적인 방법은 10.2절에서 설명한 폴링과 이제 설명할 콜백, 이렇게 두 가지다. 데이터 처리 루프처럼 CPU를 사용하는 코드는 대개 폴링을 사용하고, 그 밖에는 모두 콜백을 사용한다. CancellationToken.Register 메서드를 사용하면 토큰에 콜백을 등록할 수 있다.

예를 들어 System.Net.NetworkInformation.Ping 형식을 래핑해서 사용 중인데 핑ping을 취소할 수 있으면 좋겠다고 하자. Ping 클래스에는 이미 Task를 바탕으로 하는 API가 있지만 CancellationToken은 지원하지 않는다. 하지만 Ping 형식에는 자체적으로 핑을 취소할 수 있는 SendAsyncCancel 메서드가 있다. 이 메서드를 이용하려면 다음과 같이 토큰에 SendAsyncCancel 메서드를 호출하는 콜백을 등록해야 한다.

```
async Task<PingReply> PingAsync(string hostNameOrAddress,
    CancellationToken cancellationToken)
{
  using var ping = new Ping();
  Task<PingReply> task = ping.SendPingAsync(hostNameOrAddress);
  using CancellationTokenRegistration _ = cancellationToken
      .Register(() => ping.SendAsyncCancel());
  return await task;
}
```

이제 취소를 요청하면 CancellationToken은 SendAsyncCancel 메서드를 호출해서 SendPing Async 메서드를 취소한다.

고찰

CancellationToken.Register 메서드를 사용하면 모든 종류의 취소 시스템과 상호 운용할 수 있다. 하지만 CancellationToken를 전달받은 메서드는 하나의 취소 요청으로 하나의 작업만 취소해야 한다는 점을 명심해야 한다. 리소스를 차단하는 방식으로 취소를 구현한 취소 시스템도 있다. 이러면 한 번에 여러 작업을 취소할 수 있지만 이런 취소 시스템은 CancellationToken과 잘 연결하기 어렵다. 이런 취소 시스템을 CancellationToken과 함께 사용하기로 했다면 비정상적인 취소 방식에 관한 문서를 남겨야 한다.

또 콜백 등록의 수명에 유의해야 한다. Register 메서드는 콜백이 필요 없어지면 삭제해야 하는 일회용 개체를 반환한다. 앞의 예제 코드는 비동기 연산이 끝나면 삭제할 수 있게 using 문을 사용한다. using 문을 사용하지 않았다면 예제 코드를 호출할 때마다 같은 CancellationToken에 콜백을 추가해서 Ping 개체의 수명이 늘어났을 것이다. 메모리와 리소스의 누수를 방지하려면 사용이 끝난 콜백의 등록을 삭제해야 한다.

참고

10.2절은 콜백이 아닌 폴링으로 취소 토큰에 대응하는 방법을 설명한다.

10.1절은 일반적인 취소를 요청하는 방법을 설명한다.

11장

함수형 친화적 OOP

요즘 프로그램에는 비동기 프로그래밍이 필요하다. 서버는 어느 때보다도 규모를 쉽게 바꿀 수 있어야 하며 최종 사용자 애플리케이션은 어느 때보다도 응답성이 뛰어나야 한다. 많은 개발자가 비동기 프로그래밍을 배워야 한다는 점을 알고 있으며, 프로그래밍 세상을 탐험하는 동안 지금까지 익숙하게 써온 전통적인 객체지향 프로그래밍과 비동기 프로그래밍이 충돌할 때가 많다는 점을 깨닫는다.

가장 큰 이유는 비동기 프로그래밍이 함수형이기 때문이다. 여기서 '함수형'은 절차적 프로그래밍 방식이 아닌 함수형 프로그래밍 방식을 뜻한다. 많은 개발자가 대학에서 기초적인 함수형 프로그래밍을 배우고 그 이후로는 손을 놓는다. (car (cdr '(3 5 7))) 같은 코드를 봤을 때 잊었던 기억이 눈앞에 어른거리면서 섬뜩한 기분이 든다면 앞서 이야기한 많은 개발자 중 하나일 수 있다. 하지만 겁먹을 필요 없다. 최신 비동기 프로그래밍은 한번 익숙해지고 나면 그렇게 어렵지 않다.

async의 가장 획기적인 점은 비동기 프로그래밍을 하면서도 절차적으로 사고할 수 있다는 점이다. 이렇게 하면 비동기 메서드를 더 쉽게 작성하고 이해할 수 있다. 하지만 내부적으로 비동기 코드는 여전히 함수형이라 async 메서드에 전통적인 객체지향 설계를 강제로 적용하려 하면 몇 가지 문제가 생긴다. 11장의 예제는 이렇게 비동기 코드와 객체지향 프로그래밍이 충돌하는 지점을 다룬다.

이런 충돌 지점은 기존 OOP 코드 베이스를 비동기 친화적인 코드 베이스로 변환할 때 특히 두드러진다.

11.1 비동기 인터페이스와 상속

문제점

인터페이스나 기초 클래스에 비동기로 만들고 싶은 메서드가 있다.

해법

11.1절의 문제점과 해법의 핵심은 async가 구현 세부 사항이라는 점이다. async 키워드는 구현을 지니는 메서드에만 적용할 수 있다. 기본 구현이 없는 추상 메서드나 인터페이스 메서드에는 적용할 수 없다. 하지만 async 키워드 없이 async 메서드와 시그니처가 똑같은 메서드를 정의할 수 있다.

대기할 수 있는 대상은 메서드가 아닌 형식이라는 점을 기억해야 한다. async를 사용해서 구현한 메서드든 아니든 메서드가 반환하는 Task는 await로 대기할 수 있다. 따라서 인터페이스나 추상 메서드가 Task나 Task<T>를 반환하기만 하면 해당 메서드의 반환 값을 대기할 수 있다.

다음 코드는 async 키워드가 없는 비동기 메서드가 있는 인터페이스, async 키워드가 있는 인터페이스 구현, await를 통해 인터페이스의 메서드를 사용하는 별도의 메서드를 정의한다.

```
interface IMyAsyncInterface
{
  Task<int> CountBytesAsync(HttpClient client, string url);
}

class MyAsyncClass : IMyAsyncInterface
{
  public async Task<int> CountBytesAsync(HttpClient client, string url)
```

```
  {
    var bytes = await client.GetByteArrayAsync(url);
    return bytes.Length;
  }
}

async Task UseMyInterfaceAsync(HttpClient client, IMyAsyncInterface service)
{
  var result = await service.CountBytesAsync(client, "http://www.example.com");
  Trace.WriteLine(result);
}
```

이 방식은 기초 클래스의 추상 클래스에도 똑같이 적용할 수 있다.

비동기 메서드 시그니처는 구현이 비동기일 수 있다는 뜻일 뿐이다. 비동기로 처리해야 할 작업이 없다면 실제 구현은 동기적일 수 있다. 예를 들어 다음과 같이 FromResult 등을 사용해서 async 없이 똑같은 인터페이스를 구현할 수 있다.

```
class MyAsyncClassStub : IMyAsyncInterface
{
  public Task<int> CountBytesAsync(HttpClient client, string url)
  {
    return Task.FromResult(13);
  }
}
```

고찰

이 책을 쓰고 있는 지금도 async와 await는 여전히 많은 주목을 받고 있다. 비동기 메서드가 널리 쓰이면서 인터페이스와 기초 클래스에도 비동기 메서드가 점점 많이 쓰이고 있다. 대기할 수 있는 대상이 메서드가 아닌 반환 형식이라는 점과 비동기 메서드 정의를 비동기적으로 또는 동기적으로 구현할 수 있다는 점을 명심한다면 사용하기 어렵지 않다.

2.2절은 비동기 메서드 시그니처를 동기 코드로 구현해서 완료한 작업을 반환하는 방법을 설명한다.

11.2 비동기 생성: 팩토리

문제점

생성자에서 비동기 작업을 해야 하는 형식을 작성 중이다.

해법

생성자는 async일 수 없고 await 키워드도 사용할 수 없다. 생성자를 await로 대기할 수 있다면 분명 유용하겠지만 그러려면 C# 언어가 상당히 많이 바뀌어야 한다.

한 가지 방법으로 다음과 같이 생성자와 비동기적으로 초기화하는 메서드를 짝지어서 사용할 수 있다.

```
var instance = new MyAsyncClass();
await instance.InitializeAsync();
```

이 방법에는 단점이 있다. InitializeAsync 메서드의 호출을 깜빡하기 쉽고 인스턴스를 생성하자마자 바로 사용할 수 없다.

형식을 팩토리factory로 만드는 쪽이 더 좋은 방법이다. 다음 형식은 비동기 팩토리 메서드 패턴을 보여 준다.

```
class MyAsyncClass
{
  private MyAsyncClass()
  {
```

```
    }

    private async Task<MyAsyncClass> InitializeAsync()
    {
      await Task.Delay(TimeSpan.FromSeconds(1));
      return this;
    }

    public static Task<MyAsyncClass> CreateAsync()
    {
      var result = new MyAsyncClass();
      return result.InitializeAsync();
    }
  }
```

생성자와 InitializeAsync 메서드는 프라이빗이라 다른 코드에서 잘못 사용할 가능성이 없다. 따라서 CreateAsync라는 정적 팩토리 메서드를 통해서만 인스턴스를 만들 수 있다. 호출하는 코드는 초기화가 끝나기 전에는 인스턴스에 접근할 수 없다.

다른 코드에서 MyAsyncClass의 인스턴스를 만들려면 다음과 같이 할 수 있다.

```
MyAsyncClass instance = await MyAsyncClass.CreateAsync();
```

고찰

팩토리 메서드 패턴의 가장 큰 장점은 다른 코드가 초기화하지 않은 MyAsyncClass의 인스턴스를 얻을 방법이 없다는 점이다. 이런 이유로 개인적으로는 가능하면 다른 방법보다 이 패턴을 선호한다.

안타깝게도 팩토리 메서드 패턴을 적용할 수 없는 상황도 있다. 특히 의존성 주입 제공자 dependency injection provider를 사용하는 코드를 예로 들 수 있다. 주요 의존성 주입 라이브러리이나 제어 역전IoC, Inversion Of Control 라이브러리는 async 코드와 함께 사용할 수 없다. 이런 상황일 때 생각해 볼 수 있는 대안이 몇 개 있다.

생성할 인스턴스가 실제로 공유 리소스라면 14.1절에서 설명할 비동기 지연 형식을 사용할 수 있다. 아니라면 11.3절에서 설명할 비동기 초기화 패턴을 사용할 수 있다.

다음은 피해야 할 코드의 예다.

```
class MyAsyncClass
{
  public MyAsyncClass()
  {
    InitializeAsync();
  }

  // 부적절한 코드다!!
  private async void InitializeAsync()
  {
    await Task.Delay(TimeSpan.FromSeconds(1));
  }
}
```

기본 생성자에서 비동기 작업을 시작하므로 언뜻 보면 합리적으로 보일 수 있다. 하지만 async void 때문에 일어나는 몇 가지 문제가 있다. 첫 번째 문제는 생성자가 완료해도 인스턴스가 여전히 비동기적으로 초기화 중일 수 있으며, 비동기 초기화가 끝나는 시점을 확인할 확실한 방법이 없다는 점이다. 두 번째 문제는 오류 처리다. InitializeAsync에서 발생하는 모든 예외는 개체 생성을 둘러싼 catch 문에 아예 잡히지 않는다.

참고

11.3절은 의존성 주입, 제어 역전 컨테이너와 함께 사용할 수 있는 비동기 생성 방법인 비동기 초기화 패턴을 설명한다.

14.1절은 인스턴스가 개념적으로 공유 리소스 또는 서비스일 때 사용할 수 있는 비동기 지연 초기화를 설명한다.

11.3 비동기 생성: 비동기 초기화 패턴

문제점

생성자에서 비동기 작업을 해야 하는 형식을 작성 중이지만 의존성 주입/제어 역전 라이브러리, 데이터 바인딩, `Activator.CreateInstance` 등의 리플렉션을 통해 인스턴스를 생성해야 해서 11.2절의 비동기 팩토리 패턴을 사용할 수 없다.

해법

이런 상황이면 초기화하지 않은 인스턴스를 반환할 수밖에 없지만 비동기 초기화 패턴이라는 공용 패턴을 적용해서 상황을 완화할 수 있다. 비동기 초기화가 필요한 모든 형식은 다음과 같은 속성을 정의해야 한다.

```
Task Initialization { get; }
```

개인적으로는 비동기 초기화가 필요한 형식이 있으면 대개 다음과 같이 마커marker 인터페이스에 이 속성을 정의한다.

```
/// <summary>
/// 비동기 초기화가 필요한 형식으로 표시(mark)하고
/// 초기화의 결과를 제공한다.
/// </summary>
public interface IAsyncInitialization
{
  /// <summary>
  /// 이 인스턴스를 비동기적으로 초기화한 결과다.
  /// </summary>
  Task Initialization { get; }
}
```

이 패턴을 구현하려면 생성자에서 초기화를 시작해야 하고 결과를 Initialization 속성에 대입해야 한다. 이 Initialization 속성을 통해 예외를 포함해서 모든 비동기 초기화의 결과를

외부로 노출한다. 다음은 비동기 초기화 패턴을 사용하는 간단한 형식을 구현한 예다.

```
class MyFundamentalType : IMyFundamentalType, IAsyncInitialization
{
  public MyFundamentalType()
  {
    Initialization = InitializeAsync();
  }

  public Task Initialization { get; private set; }

  private async Task InitializeAsync()
  {
    // 이 인스턴스의 비동기 초기화
    await Task.Delay(TimeSpan.FromSeconds(1));
  }
}
```

의존성 주입/제어 역전 라이브러리를 사용 중이라면 다음과 같은 코드를 통해 이런 형식의
인스턴스를 생성하고 초기화할 수 있다.

```
IMyFundamentalType instance = UltimateDIFactory.Create<IMyFundamentalType>();
var instanceAsyncInit = instance as IAsyncInitialization;
if (instanceAsyncInit != null)
  await instanceAsyncInit.Initialization;
```

이 패턴을 확장해서 비동기 초기화를 수행하는 형식을 합성^{composition}에 사용할 수 있다. 다음
은 IMyFundamentalType의 정의에 따라 달라지는 형식의 예다.

```
class MyComposedType : IMyComposedType, IAsyncInitialization
{
  private readonly IMyFundamentalType _fundamental;

  public MyComposedType(IMyFundamentalType fundamental)
  {
    _fundamental = fundamental;
    Initialization = InitializeAsync();
```

```
    }

    public Task Initialization { get; private set; }

    private async Task InitializeAsync()
    {
      // 필요하다면 fundamental 인스턴스의 초기화를 비동기적으로 대기한다.
      var fundamentalAsyncInit = _fundamental as IAsyncInitialization;
      if (fundamentalAsyncInit != null)
        await fundamentalAsyncInit.Initialization;

      // 동기적 또는 비동기적으로 원하는 초기화를 수행한다.
      ...
    }
  }
```

합성한 형식은 자신을 초기화하기 전에 모든 구성 요소의 초기화를 기다린다. 단 Initi alizeAsync가 끝날 때까지 모든 구성 요소의 초기화를 마쳐야 한다는 규칙을 따라야 한다. 이렇게 해야 합성한 형식을 초기화하는 동안 모든 종속 형식을 초기화할 수 있다. 종속 형식 의 초기화에서 발생하는 예외는 모두 합성한 형식의 초기화로 전파된다.

고찰

가능하다면 11.3절에서 소개한 방법 말고 11.2절의 비동기 팩토리나 14.1절의 비동기 지연 초기화를 사용하는 쪽을 권장한다. 이 두 가지 방법이 최선이다. 초기화하지 않은 인스턴스 를 절대 노출하지 않기 때문이다. 하지만 의존성 주입/제어 역전, 데이터 바인딩 등으로 만 든 인스턴스이면 초기화하지 않은 인스턴스를 노출할 수밖에 없다. 이럴 땐 여기서 소개한 비동기 초기화 패턴의 사용을 추천한다.

11.1절의 비동기 인터페이스 예제에서 비동기 메서드 시그니처는 단순히 메서드가 비동기 일 수도 있다는 뜻이라고 했던 점을 잊지 말아야 한다. MyComposedType.InitializeAsync 코 드가 좋은 예다. MyFundamentalType의 인스턴스가 IAsyncInitialization를 구현하지 않고 MyComposedType에도 따로 비동기 초기화가 없으면 InitializeAsync 메서드를 동기적으로 완 료한다.

IAsyncInitialization를 구현한 인스턴스인지 확인한 뒤에 초기화하는 코드는 조금 어색할 뿐더러 합성한 형식의 구성 요소가 많아지면 코드가 더욱 복잡해진다. 다음과 같이 간단한 헬퍼helper 메서드로 코드를 단순화할 수 있다.

```
public static class AsyncInitialization
{
  public static Task WhenAllInitializedAsync(params object[] instances)
  {
    return Task.WhenAll(instances
        .OfType<IAsyncInitialization>()
        .Select(x => x.Initialization));
  }
}
```

WhenAllInitializedAsync를 호출할 때 초기화하고 싶은 인스턴스를 모두 전달할 수 있다. 이 메서드는 IAsyncInitialization를 구현하지 않은 인스턴스를 무시한다. 3개의 주입 인스턴스를 합성한 형식의 초기화 코드는 다음과 같은 모습일 수 있다.

```
private async Task InitializeAsync()
{
  // 필요하다면 세 인스턴스의 초기화를 비동기적으로 대기한다.
  await AsyncInitialization.WhenAllInitializedAsync(_fundamental,
      _anotherType, _yetAnother);

  // 동기적 또는 비동기적으로 원하는 초기화를 수행한다.
  ...
}
```

참고

11.2절은 초기화하지 않은 인스턴스를 노출하지 않고 비동기적으로 생성하는 방법인 비동기 팩토리를 설명한다.

252

14.1절은 인스턴스가 공유 리소스 또는 서비스일 때 사용할 수 있는 해법인 비동기 지연 초기화를 설명한다.

11.1절은 비동기 인터페이스를 다룬다.

11.4 비동기 속성

문제점

비동기로 만들고 싶은 속성이 있다. 단 이 속성은 데이터 바인딩에 쓰이지 않는 속성이다.

해법

기존 코드를 async를 사용하는 코드로 바꿀 때 종종 발생할 수 있는 문제다. 이럴 때 속성의 게터[getter]가 비동기로 바뀐 메서드를 호출하는 상황이 일어날 수 있다. 하지만 '비동기 속성'이란 존재할 수 없다. 속성에는 async 키워드를 사용할 수 없으며 그게 바람직하다. 속성의 게터는 현재 값을 반환해야 한다. 백그라운드 작업을 시작해서는 안 된다.

```
// 생각했던 코드. 컴파일은 불가능하다.
public int Data
{
  async get
  {
    await Task.Delay(TimeSpan.FromSeconds(1));
    return 13;
  }
}
```

코드에 '비동기 속성'이 필요하다면 앞의 예제와 조금 다른 코드가 정말 필요하다. 다음과 같이 속성값을 한 번 평가해야 할지 아니면 여러 번 평가해야 할지에 따라 선택할 수 있는 해법이 달라진다.

- 읽을 때마다 비동기적으로 평가해야 하는 값
- 한 번 비동기적으로 평가한 뒤에 나중에 사용할 수 있게 캐싱하는 값

읽을 때마다 비동기적으로 값을 평가하기 시작해야 하는 '비동기 속성'이라면 사실 속성이 아니라 속성을 가장한 메서드다. 동기 코드를 비동기 코드로 변환할 때 이런 속성이 만들어진다면 원래 설계 자체가 틀렸다는 점을 인정해야 한다. 즉 이 속성은 메서드여야 한다.

```csharp
// 비동기 메서드로 구현
public async Task<int> GetDataAsync()
{
  await Task.Delay(TimeSpan.FromSeconds(1));
  return 13;
}
```

다음 코드에서 보듯이 속성에서 바로 Task<int>를 반환할 수도 있다.

```csharp
// 이 "비동기 속성"은 비동기 메서드다.
// 이 "비동기 속성"은 Task를 반환하는 속성이다.
public Task<int> Data
{
  get { return GetDataAsync(); }
}

private async Task<int> GetDataAsync()
{
  await Task.Delay(TimeSpan.FromSeconds(1));
  return 13;
}
```

하지만 이 방법은 추천하지 않는다. 속성에 접근할 때마다 새로운 비동기 작업을 시작한다면 사실 이 '속성'은 메서드여야 한다. 비동기 메서드라면 당연히 매번 새로운 비동기 작업을 시작하기 때문에 API가 오해할 일이 없다. 11.3절과 11.6절도 작업을 반환하는 속성을 사용하지만, 인스턴스 전체에 작용하는 속성이라 읽을 때마다 새로운 비동기 작업을 시작하진 않는다.

속성을 사용할 때마다 값을 평가하고 싶을 때도 있고, 속성값을 처음에 한 번 비동기적으로 평가하고 나중에 사용할 수 있게 캐싱하고 싶을 때도 있다. 두 번째 상황이면 비동기 지연 초기화를 사용할 수 있다. 자세한 내용은 14.1절에서 설명할 예정이니 다음 예제를 통해 대략적인 코드의 모습만 확인하기 바란다.

```
// 캐시 값으로 구현
public AsyncLazy<int> Data
{
  get { return _data; }
}

private readonly AsyncLazy<int> _data =
  new AsyncLazy<int>(async () =>
  {
    await Task.Delay(TimeSpan.FromSeconds(1));
    return 13;
  });
```

이 코드는 값을 비동기적으로 한 번만 평가한 뒤에 호출한 모든 코드에 똑같은 값을 반환한다. 호출하는 코드는 다음과 같은 모습이다.

```
int value = await instance.Data;
```

이 값은 한 번만 평가하므로 점 표기법이 적절하다.

고찰

속성을 읽을 때 새로운 비동기 작업을 시작해야 하는지 스스로 물어 보기 바란다. 그렇다면 속성이 아닌 비동기 메서드를 사용해야 한다. 속성이 지연 평가된 캐시 역할을 해야 한다면 14.1절의 비동기 초기화를 사용해야 한다. 11.4절에서는 데이터 바인딩에 쓰이는 속성을 다루지 않았다. 데이터 바인딩에 쓰이는 속성은 14.3절에서 설명한다.

동기 속성을 '비동기 속성'으로 바꾸는 중이라면 다음과 같은 방식은 피해야 한다.

```
private async Task<int> GetDataAsync()
{
    await Task.Delay(TimeSpan.FromSeconds(1));
    return 13;
}

public int Data
{
    // 부적절한 코드다!!
    get { return GetDataAsync().Result; }
}
```

비동기 코드의 속성을 주제로 다루는 중이므로 상태와 비동기 코드의 관련성을 생각해 봐야 한다. 동기 코드 베이스를 비동기 코드 베이스로 변환하는 중이라면 특히 더 중요하다. 속성 등을 통해 API가 노출하는 모든 상태를 생각해야 한다. 비동기 작업을 진행 중인 개체가 있다면 각 상태에서 해당 개체의 현재 상태를 잘 생각해 보기 바란다. 정답은 없다. 하지만 원하는 의미를 생각해 보고 문서화해야 한다는 점이 중요하다.

예를 들어 스트림 포인터stream pointer의 현재 오프셋을 나타내는 Stream.Position을 생각해 보자. 동기 API인 Stream.Read나 Stream.Write를 호출하면 읽기/쓰기를 마치고 Read나 Write 메서드가 반환하기 전에 새로운 위치를 반영해서 Stream.Position을 업데이트한다. 동기 코드에서는 의미가 명확하다.

이제 Stream.ReadAsync와 Stream.WriteAsync를 생각해 보자. Stream.Position의 업데이트 시점은 언제일까? 읽기/쓰기 작업이 끝날 때? 아니면 실제로 작업을 수행하기 전에? 작업이 끝나기 전에 업데이트된다면 ReadAsync/WriteAsync를 반환할 때까지 동기적으로 업데이트될까? 아니면 반환한 직후에 업데이트될 수도 있을까?

상태를 노출하는 속성이 동기 코드에서는 명확한 의미를 지니지만 비동기 코드에서는 명확하지 않은 의미를 지니는 좋은 예다. 그렇다고 좌절할 필요는 없다. 형식을 비동기화하려면 API 전체의 관점에서 생각해야 하며 자신이 선택한 의미를 문서화해야 한다.

14.1절은 비동기 지연 초기화를 자세하게 설명한다.

14.3절은 데이터 바인딩을 지원해야 할 '비동기 속성'을 설명한다.

11.5 비동기 이벤트

문제점

비동기일 수 있는 핸들러와 함께 사용해야 할 이벤트가 있으며 이벤트 핸들러의 완료를 알수 있어야 한다. 이런 상황은 매우 드물다는 점에 주의한다. 대개 이벤트가 발생하면 이벤트 핸들러의 완료 시점은 신경 쓰지 않는다.

해법

async void의 반환 시점을 확인할 방법은 없다. 따라서 비동기 핸들러의 완료 시점을 확인할 일종의 대안이 필요하다. 유니버설 윈도우^{Universal Windows} 플랫폼은 비동기 핸들러를 추적하는 데 사용할 수 있는 디퍼럴^{deferral}이라는 개념을 도입했다. 비동기 핸들러는 첫 번째 await 전에 디퍼럴을 할당하고 나중에 완료할 때 디퍼럴에 알린다. 동기 핸들러는 디퍼럴을 사용할 필요가 없다.

Nito.AsyncEx 라이브러리에는 이벤트를 발생하는 구성 요소가 사용하는 DeferralManager라는 형식이 있다. DeferralManager는 이벤트 핸들러에 디퍼럴을 할당할 수 있게 해주며 모든 디퍼럴이 완료하는 시점을 추적한다.

핸들러의 완료를 기다려야 할 이벤트가 있다면 먼저 다음과 같이 이벤트 인수 형식을 확장해야 한다.

```
public class MyEventArgs : EventArgs, IDeferralSource
{
```

```
private readonly DeferralManager _deferrals = new DeferralManager();

... // 원하는 생성자와 속성을 추가한다.

public IDisposable GetDeferral()
{
  return _deferrals.DeferralSource.GetDeferral();
}

internal Task WaitForDeferralsAsync()
{
  return _deferrals.WaitForDeferralsAsync();
}
}
```

비동기 이벤트 핸들러를 작성 중일 땐 이벤트 인수 형식을 스레드로부터 안전하게 만들면 가장 좋다. 가장 쉬운 방법은 불변 형식으로, 즉 모든 속성을 읽기 전용으로 만드는 것이다.

이제 이벤트가 발생할 때마다 모든 비동기 핸들러의 완료를 비동기적으로 기다릴 수 있다. 다음 코드는 핸들러가 없으면 완료한 작업을 반환한다. 핸들러가 있으면 이벤트 인수 형식의 인스턴스를 새로 만들어서 핸들러에 전달하고, 모든 비동기 핸들러의 완료를 기다린다.

```
public event EventHandler<MyEventArgs> MyEvent;

private async Task RaiseMyEventAsync()
{
  EventHandler<MyEventArgs> handler = MyEvent;
  if (handler == null)
    return;
  var args = new MyEventArgs(...);
  handler(this, args);
  await args.WaitForDeferralsAsync();
}
```

비동기 이벤트 핸들러는 다음과 같이 using 블록 안에서 디퍼럴을 사용할 수 있다. using 블록을 벗어나서 디퍼럴이 삭제될 때 디퍼럴은 자신의 삭제를 DeferralManager에게 알린다.

```
async void AsyncHandler(object sender, MyEventArgs args)
{
  using IDisposable deferral = args.GetDeferral();
  await Task.Delay(TimeSpan.FromSeconds(2));
}
```

이 코드는 유니버설 윈도우의 디퍼럴이 작동하는 방식과 조금 다르다. 유니버설 윈도우 API
는 디퍼럴이 필요한 이벤트마다 고유한 형식의 디퍼럴을 정의한다. 그리고 이런 디퍼럴 형식
은 IDisposable이 아니며 항상 Complete 메서드가 있다.

고찰

닷넷은 논리적으로 매우 다른 의미를 지닌 두 가지 종류의 이벤트를 사용한다. 공식 용어
는 아니지만 개인적으로 확실하게 구분하려고 각각 알림 이벤트[notification event], 명령 이벤트
[command event]라 부르고 있다. 알림 이벤트는 특정 상황을 다른 구성 요소에 알리려고 일으키는
이벤트다. 알림 이벤트는 전적으로 단방향이다. 알림 이벤트의 발신자는 수신자가 있든 없
든 상관하지 않는다. 알림을 사용하면 발신자와 수신자를 완전히 분리할 수 있다. 대부분 이
벤트는 알림 이벤트다. 버튼 클릭이 좋은 예다.

한편 명령 이벤트는 발신하는 구성 요소를 대신해서 원하는 기능을 구현하려고 일으키는
이벤트다. 명령 이벤트는 진정한 의미의 '이벤트'는 아니지만 닷넷 이벤트로 구현될 때가
많다. 명령 이벤트의 발신자는 수신자의 처리가 끝날 때까지 기다려야 다음 단계로 넘어갈
수 있다. 이벤트를 사용해서 방문자 패턴을 구현하려면 명령 이벤트를 써야 한다. 수명 주기
[life-cycle] 이벤트도 명령 이벤트다. 따라서 ASP.NET 페이지의 수명 주기 이벤트와 자마린의
Application.PageAppearing 등 수많은 UI 프레임워크의 이벤트도 명령 이벤트의 범주에 속
한다. 또 BackgroundWorker.DoWork 등 실제로 구현된 모든 UI 프레임워크 이벤트도 명령 이벤
트다.

알림 이벤트를 비동기 핸들러로 처리하려 할 때 특별하게 필요한 코드는 없다. 이벤트 핸들
러는 async void일 수 있고 정상적으로 동작한다. 이벤트 발신자가 이벤트를 일으킬 때 비동

기 이벤트 핸들러는 즉시 완료하지 않겠지만 알림 이벤트일 뿐이라 별 상관없다. 따라서 사용하려는 이벤트가 알림 이벤트라면 굳이 비동기 핸들러를 지원하려고 따로 작업할 필요가 없다.

명령 이벤트는 이야기가 다르다. 명령 이벤트는 핸들러의 완료 시점을 확인할 방법이 필요하다. 앞서 설명한 디퍼럴은 명령 이벤트에만 사용해야 한다.

 DeferralManager 형식은 Nito.AsyncEx NuGet 패키지[1]에 들어 있다.

참고

2장은 비동기 프로그래밍의 기초를 설명한다.

11.6 비동기 삭제

문제점

비동기 작업을 포함하는 형식에서 리소스를 삭제할 수도 있어야 한다.

해법

일반적으로 인스턴스를 삭제할 때 기존 작업을 처리하는 방법이 몇 가지 있다. 삭제를 모든 기존 작업에 적용할 취소 요청으로 취급할 수도 있고 아니면 실제로 비동기 삭제를 구현할 수도 있다.

---

1 https://www.nuget.org/packages/Nito.AsyncEx

삭제를 취소 요청으로 취급하는 방식은 예전 윈도우에서 찾아볼 수 있다. 파일 스트림과 소켓 같은 형식은 닫힐 때 기존의 모든 읽기나 쓰기를 취소한다. 자체적으로 프라이빗인 CancellationTokenSource를 정의해서 이 토큰을 내부 작업으로 전달하면 닷넷과 매우 비슷하게 구현할 수 있다. 다음 코드의 Dispose는 작업의 완료를 기다리지 않고 취소한다.

```
class MyClass : IDisposable
{
  private readonly CancellationTokenSource _disposeCts =
      new CancellationTokenSource();

  public async Task<int> CalculateValueAsync()
  {
    await Task.Delay(TimeSpan.FromSeconds(2), _disposeCts.Token);
    return 13;
  }

  public void Dispose()
  {
    _disposeCts.Cancel();
  }
}
```

이 코드는 Dispose의 기본 패턴을 보여 준다. 실제 앱이라면 이미 삭제한 개체인지도 확인해야 하며 10.8절의 기법을 사용해서 사용자가 직접 CancellationToken을 제공할 수도 있어야 한다.

```
public async Task<int> CalculateValueAsync(CancellationToken cancellationToken)
{
  using CancellationTokenSource combinedCts = CancellationTokenSource
      .CreateLinkedTokenSource(cancellationToken, _disposeCts.Token);
  await Task.Delay(TimeSpan.FromSeconds(2), combinedCts.Token);
  return 13;
}
```

Dispose를 호출하면 호출하는 코드의 기존 작업을 모두 취소한다.

```
async Task UseMyClassAsync()
{
  Task<int> task;
  using (var resource = new MyClass())
  {
    task = resource.CalculateValueAsync(default);
  }

  // OperationCanceledException이 발생한다.
  var result = await task;
}
```

HttpClient 같은 형식은 Dispose를 취소 요청으로 구현해도 잘 동작한다. 하지만 모든 작업의 완료 시점을 알아야 하는 형식도 있다. 이런 형식은 일종의 비동기 삭제가 필요하다.

비동기 삭제는 C# 8.0과 닷넷 코어 3.0에서 도입한 기법이다. BCL은 IDisposable의 비동기 버전인 IAsyncDisposable 인터페이스를 새로 도입했다. 또 동시에 using의 비동기 버전인 await using 구문도 도입했다. 따라서 삭제 중에 비동기 작업을 수행해야 하는 형식이 있다면 이제 그렇게 할 수 있다.

```
class MyClass : IAsyncDisposable
{
  public async ValueTask DisposeAsync()
  {
    await Task.Delay(TimeSpan.FromSeconds(2));
  }
}
```

DisposeAsync의 반환 형식은 Task가 아닌 ValueTask지만, 기본적인 async와 await 키워드는 Task와 마찬가지로 ValueTask에서도 잘 작동한다.

IAsyncDisposable로 구현한 형식은 대개 await using으로 소비한다.

```
await using (var myClass = new MyClass())
{
```

```
    ...
} // 여기서 DisposeAsync를 호출하고 기다린다.
```

ConfigureAwait(false)를 사용해서 컨텍스트를 회피해야 한다면 그럴 수 있다. 하지만 다음과 같이 await using 구문 밖에 따로 변수를 선언해야 해서 조금 불편하다.

```
var myClass = new MyClass();
await using (myClass.ConfigureAwait(false))
{
    ...
} // 여기서 ConfigureAwait(false)와 함께 DisposeAsync를 호출하고 기다린다.
```

고찰

비동기 삭제는 Dispose를 취소 요청으로 구현하는 방법보다 확실히 쉽다. 꼭 필요한 이유가 없다면 굳이 더 복잡한 방법을 사용할 이유는 없다. 사실 대부분 아무것도 삭제하지 않고 그냥 넘어갈 수 있다. 따로 해야 할 일이 없어서 확실히 가장 쉬운 방법이다.

11.6절에서는 삭제를 처리하는 두 가지 방법을 소개했다. 원한다면 둘 다 사용할 수도 있다. 둘 다 사용하면 형식을 새로운 방식으로 활용할 수 있다. 즉 클라이언트 코드가 await using을 사용해서 깔끔하게 종료할 수도 있고, Dispose를 사용해서 '취소'할 수도 있다. 일반적으로 추천하지 않지만 선택 가능한 방법의 하나다.

참고

10.8절은 연결된 취소 토큰을 다룬다.

11.1절은 비동기 인터페이스를 다룬다.

2.10절은 ValueTask를 반환하는 메서드를 구현하는 방법을 설명한다.

2.7절은 ConfigureAwait(false)를 사용해서 컨텍스트를 회피하는 방법을 설명한다.

동기화

실제로 모든 닷넷 애플리케이션이 그렇듯이 애플리케이션에서 동시성을 사용하려면 코드의 한 부분이 데이터를 업데이트해야 하고 다른 코드가 같은 데이터에 접근해야 하는 상황에 주의해야 한다. 이런 상황이 벌어지면 데이터로의 접근을 동기화synchronize해야 한다. 12장의 예제는 접근의 동기화에 쓰이는 가장 일반적인 형식을 다룬다. 하지만 이 책의 다른 예제를 사용하다 보면 각 라이브러리가 이미 동기화를 더 많이 수행하고 있음을 알 수 있다. 동기화 예제를 자세히 알아보기 전에 동기화가 필요하거나 필요하지 않을 수 있는 일반적인 상황 몇 가지를 살펴보자.

12장에서는 동기화를 조금 간략하게 설명하지만, 결론은 모두 정확하다.

동기화의 중요한 유형 두 가지는 통신communication과 데이터 보호data protection다. 통신은 코드의 한 부분에서 다른 부분으로 새로운 메시지의 도착 같은 특정 상태를 알리는 용도로 쓰인다. 통신은 12장의 예제를 통해 더 철저하게 다룰 예정이다. 먼저 데이터 보호를 설명하려 한다.

다음 세 가지 조건이 모두 참이면 동기화를 사용해서 공유 데이터를 보호해야 한다.

- 여러 코드를 동시에 실행 중이다.
- 여러 코드가 같은 데이터를 사용 중이다. 즉 읽거나 쓰고 있다.
- 하나 이상의 코드가 데이터를 업데이트 중이다. 즉 쓰고 있다.

첫 번째 조건은 이유가 명확하다. 동시에 실행하는 코드가 아예 없다면 동기화를 걱정할 필요가 없다. 간단한 콘솔 애플리케이션이라면 그럴 수 있겠지만 대부분 닷넷 애플리케이션은 일종의 동시성을 사용한다. 두 번째 조건은 코드의 각 부분이 데이터를 공유하지 않고 자신의 로컬 데이터만 사용한다면 동기화가 필요 없다는 뜻이다. 로컬 데이터는 다른 코드가 절대 접근할 수 없다. 또 공유 데이터가 있어도 불변 형식으로 정의하는 등 데이터가 바뀌지 않는다면 동기화가 필요 없다. 세 번째 조건은 환경 설정값 같은 상황과 애플리케이션을 시작할 때 설정한 값이 절대 바뀌지 않는 상황 등에 해당한다. 공유 데이터가 읽기 전용이면 동기화가 필요 없다. 공유와 업데이트가 모두 필요한 데이터만 동기화가 필요하다.

데이터 보호의 목적은 코드의 모든 부분에 일관적인 데이터를 보여 주는 것이다. 코드의 한 부분이 데이터를 업데이트할 때 동기화를 사용하면 나머지 코드에 해당 업데이트를 원자성 작업으로 보이게 할 수 있다.

동기화가 필요할 때를 배우려면 약간의 연습이 필요하다. 따라서 본격적으로 12장의 예제를 살펴보기 전에 몇 가지 예를 들려고 한다. 첫 번째 예로 다음 코드를 살펴보자.

```csharp
async Task MyMethodAsync()
{
  int value = 10;
  await Task.Delay(TimeSpan.FromSeconds(1));
  value = value + 1;
  await Task.Delay(TimeSpan.FromSeconds(1));
  value = value - 1;
  await Task.Delay(TimeSpan.FromSeconds(1));
  Trace.WriteLine(value);
}
```

Task.Run 등을 통해 스레드 풀 스레드에서 MyMethodAsync를 호출하면 값에 접근하는 코드를 별도의 스레드 풀에서 실행할 수 있다. 하지만 이 메서드는 동기화가 필요할까? 아니다. 값에 접근하는 코드를 동시에 실행하지 않기 때문이다. 이 메서드는 비동기적이지만 순차적이기도 하다. 즉 한 번에 한 부분씩 진행한다.

자, 이제 예제를 조금 복잡하게 만들어 보자. 이번에는 비동기 코드를 동시에 실행한다.

```
private int value;

async Task ModifyValueAsync()
{
  await Task.Delay(TimeSpan.FromSeconds(1));
  value = value + 1;
}


// 경고: 동기화가 필요할 수 있다. 이어지는 설명을 참고한다.
async Task<int> ModifyValueConcurrentlyAsync()
{
  // 동시에 3개의 수정 작업을 시작한다.
  Task task1 = ModifyValueAsync();
  Task task2 = ModifyValueAsync();
  Task task3 = ModifyValueAsync();

  await Task.WhenAll(task1, task2, task3);

  return value;
}
```

위 코드는 3개의 수정 작업을 동시에 실행하기 시작한다. 동기화가 필요할까? 상황에 따라 다르다. GUI 컨텍스트나 ASP.NET 컨텍스트 또는 한 번에 하나의 코드만 실행할 수 있는 컨텍스트에서 메서드를 실행한다면 동기화가 필요 없다. 실제로 value를 수정하는 코드를 다른 2개의 수정 작업과 다른 시간에 실행하기 때문이다. 예를 들어 앞의 코드를 GUI 컨텍스트에서 실행하면 각 수정 작업을 실행할 UI 스레드가 하나밖에 없어서 한 번에 하나씩 실행할 수밖에 없다. 따라서 한 번에 하나씩만 수행하는 컨텍스트라는 점을 알고 있다면 동기화가 필요 없다. 하지만 같은 메서드를 Task.Run 등을 통해 스레드 풀 스레드에서 호출한다면 동기화가 필요하다. 이럴 땐 value를 수정하는 3개의 작업이 별도의 스레드 풀 스레드에서 실행될 수 있고 세 작업이 동시에 value를 업데이트할 수 있어서 value로의 접근을 동기화해야 한다.

좋은 예를 하나 더 살펴보자.

```
private int value;

async Task ModifyValueAsync()
{
  int originalValue = value;
  await Task.Delay(TimeSpan.FromSeconds(1));
  value = originalValue + 1;
}
```

ModifyValueAsync를 동시에 여러 번 호출했을 때 일어날 일을 생각해 보자. 한 번에 하나씩 진행하는 컨텍스트에서 호출하더라도 각 ModifyValueAsync 호출은 서로 데이터 멤버를 공유하며 메서드가 대기 중인 값은 언제든 바뀔 수 있다. 이런 형태의 공유를 피하려면 한 번에 하나씩 진행하는 컨텍스트에서도 동기화를 적용해야 한다. 바꿔 말해서 각 ModifyValueAsync 호출이 이전 호출의 완료를 기다리게 하려면 동기화를 추가해야 한다. UI 스레드처럼 모든 코드에 하나의 스레드만 사용하는 컨텍스트라도 마찬가지다. 이런 상황에서의 동기화는 비동기 메서드를 조절하는 방법의 한 종류다. 12.2절을 참고한다.

async의 예를 하나 더 살펴보자. Task.Run을 사용하면 '간단한 병렬 처리'를 수행할 수 있다. 여기서 간단한 병렬 처리란 Parallel 또는 PLINQ처럼 효율적이고 구성이 쉬운 병렬 처리가 아닌 기초적인 병렬 처리라는 뜻이다. 다음은 간단한 병렬 처리를 사용해서 공유 중인 값을 업데이트하는 코드다.

```
// 부적절한 코드다!!
async Task<int> SimpleParallelismAsync()
{
  int value = 0;
  Task task1 = Task.Run(() => { value = value + 1; });
  Task task2 = Task.Run(() => { value = value + 1; });
```

```
    Task task3 = Task.Run(() => { value = value + 1; });
    await Task.WhenAll(task1, task2, task3);
    return value;
}
```

이 코드는 Task.Run을 통해 같은 value를 수정하는 3개의 다른 작업을 스레드 풀에서 실행한다. 따라서 동기화가 필요한 조건을 만족하므로 분명 동기화가 필요하다. value가 로컬 변수여도 동기화가 필요하다는 점에 주의한다. 이 메서드에서 로컬이어도 스레드끼리 공유하기 때문이다.

다음으로 진정한 병렬 처리 코드인 Parallel 형식을 사용하는 예를 살펴보자.

```
void IndependentParallelism(IEnumerable<int> values)
{
    Parallel.ForEach(values, item => Trace.WriteLine(item));
}
```

이 코드는 Parallel을 사용하기 때문에 병렬 루프의 바디인 item => Trace.WriteLine(item)를 여러 스레드에서 실행할 수 있다고 가정해야 한다. 하지만 루프 바디는 자신의 데이터만 읽는다. 즉 스레드 사이에 데이터를 공유하지 않는다. Parallel 클래스는 알아서 스레드에 데이터를 배분하기 때문에 스레드가 자신의 데이터를 공유할 필요가 없다. 루프 바디를 실행하는 각 스레드는 같은 루프 바디를 실행하는 다른 모든 스레드와 독립적이다. 따라서 앞의 코드는 동기화가 필요 없다.

4.2절의 예제 코드와 비슷한 집계의 예를 살펴보자.

```
// 부적절한 코드다!!
int ParallelSum(IEnumerable<int> values)
{
    int result = 0;
    Parallel.ForEach(source: values,
        localInit: () => 0,
        body: (item, state, localValue) => localValue + item,
        localFinally: localValue => { result += localValue; });
```

```
    return result;
  }
```

이 코드는 다시 복수의 스레드를 사용한다. 이번에는 각 스레드가 () => 0을 통해 0으로 초기화한 로컬 값과 함께 시작한다. 그리고 각 스레드는 (item, state, localValue) => localValue + item으로 각 입력값을 로컬 값에 더한다. 마지막으로 localValue => { result += localValue; }로 모든 로컬 값을 반환할 result에 더한다. 처음 두 단계는 별 문제 없다. 스레드끼리 공유하는 데이터가 없기 때문이다. 각 스레드의 로컬 값, 입력값은 다른 모든 스레드의 로컬 값, 입력값과 독립적이다. 하지만 마지막 단계가 문제다. 각 스레드의 로컬 값을 반환할 값에 더할 때 모든 스레드가 공유하는 변수인 result를 동시에 업데이트하려는 상황이 일어날 수 있다. 따라서 마지막 단계에서는 12.1절과 같은 동기화를 사용해야 한다.

PLINQ, 데이터 흐름, 리액티브 라이브러리도 Parallel과 마찬가지로 코드가 자체적인 입력만 처리하는 한 동기화를 걱정할 필요가 없다. 이런 라이브러리를 적절하게 사용한다면 대부분 코드에 동기화를 추가해야 할 일이 거의 없다.

마지막으로 컬렉션을 이야기하려 한다. 동기화가 필요한 세 가지 조건은 복수의 코드, 공유 데이터, 데이터 업데이트였다는 점을 기억하기 바란다.

불변 형식은 수정할 수 없어서 당연히 스레드로부터 안전하다. 불변 컬렉션은 업데이트할 수 없어서 동기화가 필요 없다. 예를 들어 다음 코드는 동기화가 필요 없다. 각 스레드 풀 스레드가 스택에 값을 푸시하면 원래 스택은 그대로 두고 푸시한 값으로 새로운 불변 스택을 만들기 때문이다.

```
async Task<bool> PlayWithStackAsync()
{
  ImmutableStack<int> stack = ImmutableStack<int>.Empty;

  Task task1 = Task.Run(() => Trace.WriteLine(stack.Push(3).Peek()));
  Task task2 = Task.Run(() => Trace.WriteLine(stack.Push(5).Peek()));
  Task task3 = Task.Run(() => Trace.WriteLine(stack.Push(7).Peek()));
  await Task.WhenAll(task1, task2, task3);
```

```
    return stack.IsEmpty; // 항상 true를 반환한다.
  }
```

코드에서 불변 컬렉션을 사용할 때 흔히 불변으로 쓰이지 않고 공유하는 '원본' 변수가 생길
수 있다. 이럴 땐 동기화를 사용해야 한다. 다음 코드에서 각 스레드는 스택에 값을 푸시해
서 새로운 스택을 만든 뒤에 공유 중인 원본 변수를 업데이트한다. 이렇게 stack 변수를 업데
이트하려는 코드는 동기화가 필요하다.

```
// 부적절한 코드다!!
async Task<bool> PlayWithStackAsync()
{
  ImmutableStack<int> stack = ImmutableStack<int>.Empty;

  Task task1 = Task.Run(() => { stack = stack.Push(3); });
  Task task2 = Task.Run(() => { stack = stack.Push(5); });
  Task task3 = Task.Run(() => { stack = stack.Push(7); });
  await Task.WhenAll(task1, task2, task3);

  return stack.IsEmpty;
}
```

ConcurrentDictionary 같은 스레드로부터 안전한 컬렉션은 불변 컬렉션과 달리 기본적으로
업데이트가 가능하다. 스레드로부터 안전한 컬렉션은 이미 필요한 모든 동기화를 포함하고
있어서 컬렉션의 수정과 동기화를 걱정할 필요가 없다. 다음 코드에서 ConcurrentDictionary
가 아닌 Dictionary를 업데이트한다면 동기화가 필요하겠지만 ConcurrentDictionary를 업데
이트하므로 동기화가 필요 없다.

```
async Task<int> ThreadsafeCollectionsAsync()
{
  var dictionary = new ConcurrentDictionary<int, int>();

  Task task1 = Task.Run(() => { dictionary.TryAdd(2, 3); });
  Task task2 = Task.Run(() => { dictionary.TryAdd(3, 5); });
  Task task3 = Task.Run(() => { dictionary.TryAdd(5, 7); });
```

```
  await Task.WhenAll(task1, task2, task3);

  return dictionary.Count; // 항상 3을 반환한다.
}
```

12.1 블로킹 잠금

문제점

여러 스레드에서 공유 데이터를 안전하게 읽고 쓸 수 있어야 한다.

해법

이런 상황에서 가장 좋은 해법은 lock 문을 사용하는 것이다. 한 스레드에서 lock으로 잠근 대상은 잠금을 해제할 때까지 다른 스레드에서 사용할 수 없다.

```
class MyClass
{
  // 이 잠금은 _value 필드를 보호한다.
  private readonly object _mutex = new object();

  private int _value;

  public void Increment()
  {
    lock (_mutex)
    {
      _value = _value + 1;
    }
  }
}
```

고찰

닷넷 프레임워크에는 Monitor, SpinLock, ReaderWriterLockSlim 등 다양한 종류의 잠금이 있다. 대부분 애플리케이션에서 이런 잠금 형식을 직접 사용할 일은 거의 없다. 특히 복잡한 하위 레벨 코드를 다룰 필요가 없다면 바로 ReaderWriterLockSlim을 사용해도 상관없다. 99% 의 상황은 기본적인 lock 문으로 충분히 처리할 수 있다.

다음은 잠금을 사용할 때 중요한 네 가지 지침이다.

- 잠금의 가시성을 제한해야 한다.
- 잠금으로 보호하는 대상을 문서화한다.
- 잠그는 코드를 최소화한다.
- 잠금을 유지하는 동안 절대로 임의의 코드를 실행하지 말아야 한다.

첫 번째, 잠금의 가시성을 제한하려고 노력해야 한다. lock 문으로 잠그는 개체는 프라이빗 이어야 하며, 절대로 클래스 외부의 메서드에 노출하지 말아야 한다. 일반적으로 형식당 하나의 멤버를 잠가야 한다. 둘 이상의 멤버를 잠가야 하는 형식이 있다면 형식을 따로 분리하는 리팩토링을 생각해 봐야 한다. 모든 참조 형식을 잠글 수 있지만 바로 앞의 예제처럼 lock 문으로 잠글 필드를 따로 지정하는 편이 좋다. 다른 인스턴스를 잠가야 한다면 자신의 클래스 안에서만 사용하는 인스턴스인지 확인해야 한다. 즉 잠근 인스턴스를 생성자에 전달하거나 속성의 게터에서 반환하지 말아야 한다. lock(this)는 사용하지 말아야 하고 Type이나 string의 인스턴스를 잠그지 말아야 한다. 이런 잠금은 다른 코드에서 접근할 수 있어서 교착 상태를 일으킬 수 있다.

두 번째, 잠금으로 보호하는 대상을 문서화해야 한다. 코드를 처음 작성할 때는 간과하기 쉽지만 코드가 복잡해지면 문서화가 더욱더 중요해진다.

세 번째, 잠금을 유지하는 동안 실행하는 코드를 최소화하려고 최선을 다해야 한다. 한 가지 주의할 점은 차단이다. 원칙적으로 잠금을 유지하는 동안에는 절대 코드를 차단하지 말아야 한다.

마지막으로 잠금 상태에서 임의의 코드를 호출하지 말아야 한다. 이벤트 발생, 가상 메서드 호출, 대리자 호출 등이 임의의 코드에 해당한다. 임의의 코드를 실행하려면 잠금을 해제한 뒤에 실행해야 한다.

참고

12.2절은 비동기 잠금을 다룬다. lock 문은 await와 어울리지 않는다.

12.3절은 스레드 사이의 신호를 다룬다. lock 문은 공유 데이터의 보호를 목적으로 한다. 스레드 사이에 신호를 보내는 수단이 아니다.

12.5절은 잠금의 일반화인 조절을 다룬다. 잠금은 한 번에 하나씩 하는 조절이라 생각할 수 있다.

12.2 비동기 잠금

문제점

await를 사용하는 여러 코드가 공유 데이터를 안전하게 읽고 쓸 수 있어야 한다.

해법

닷넷 프레임워크의 SemaphoreSlim 형식은 닷넷 4.5에서 async와 함께 사용할 수 있게 새로 바뀌었다. 사용법은 다음과 같다.

```
class MyClass
{
  // 이 잠금은 _value 필드를 보호한다.
  private readonly SemaphoreSlim _mutex = new SemaphoreSlim(1);

  private int _value;
```

```
public async Task DelayAndIncrementAsync()
{
  await _mutex.WaitAsync();
  try
  {
    int oldValue = _value;
    await Task.Delay(TimeSpan.FromSeconds(oldValue));
    _value = oldValue + 1;
  }
  finally
  {
    _mutex.Release();
  }
}
}
```

조금 더 우아한 API를 제공하는 Nito.AsyncEx 라이브러리의 AsyncLock 형식도 사용할 수 있다.

```
class MyClass
{
  // 이 잠금은 _value 필드를 보호한다.
  private readonly AsyncLock _mutex = new AsyncLock();

  private int _value;

  public async Task DelayAndIncrementAsync()
  {
    using (await _mutex.LockAsync())
    {
      int oldValue = _value;
      await Task.Delay(TimeSpan.FromSeconds(oldValue));
      _value = oldValue + 1;
    }
  }
}
```

고찰

12.1절의 지침은 여기에도 해당한다.

- 잠금의 가시성을 제한해야 한다.
- 잠금으로 보호하는 대상을 문서화한다.
- 잠그는 코드를 최소화한다.
- 잠금을 유지하는 동안 절대로 임의의 코드를 실행하지 말아야 한다.

잠금 인스턴스를 프라이빗으로 유지하고 클래스 외부로 노출하지 말아야 한다. 잠금 인스턴스로 보호하는 대상을 신중하게 검토하고 명확하게 문서화해야 한다. 잠금을 유지하는 동안 실행할 코드를 최소화해야 한다. 특히 이벤트 발생, 가상 메서드 호출, 대리자 호출을 포함해서 임의의 코드를 호출하지 말아야 한다.

 AsyncLock 형식은 Nito.AsyncEx NuGet 패키지[1]에 들어 있다.

참고

12.4절은 비동기 신호를 다룬다. 잠금은 신호의 역할이 아닌 공유 데이터의 보호를 목적으로 한다.

12.5절은 잠금의 일반화인 조절을 다룬다. 잠금은 한 번에 하나씩 하는 조절이라 생각할 수 있다.

---

1   https://www.nuget.org/packages/Nito.AsyncEx

12.3 블로킹 신호

문제점

하나의 스레드에서 다른 스레드로 알림을 전달해야 한다.

해법

가장 널리 쓰이는 범용 스레드 간 신호는 ManualResetEventSlim이다. 수동으로 재설정해야 하는 이벤트인 ManualResetEventSlim은 신호를 받은 상태와 신호를 받지 않은 상태, 두 가지 상태 중 하나일 수 있다. 모든 스레드는 이 이벤트를 신호를 받은 상태로 설정하거나 신호를 받지 않은 상태로 재설정할 수 있다. 또 스레드는 이 이벤트가 신호를 받을 때까지 기다릴 수도 있다.

다음 예제의 두 메서드는 각각 다른 스레드가 호출하며 한 스레드는 다른 스레드의 신호를 기다린다.

```
class MyClass
{
  private readonly ManualResetEventSlim _initialized =
      new ManualResetEventSlim();

  private int _value;

  public int WaitForInitialization()
  {
    _initialized.Wait();
    return _value;
  }

  public void InitializeFromAnotherThread()
  {
    _value = 13;
    _initialized.Set();
  }
}
```

고찰

ManualResetEventSlim는 한 스레드에서 다른 스레드로 보낼 수 있는 훌륭한 범용 신호지만 알맞은 상황에서만 사용해야 한다. '신호'가 실제로는 스레드 사이에 데이터를 전송하는 메시지라면 생산자/소비자 큐의 사용을 생각해 봐야 한다. 한편 신호가 공유 데이터로의 접근을 조율하는 역할만 한다면 잠금을 써야 한다.

드물게 쓰이긴 하지만 닷넷 프레임워크에는 다른 스레드 동기화 신호 형식도 있다. ManualResetEventSlim이 요구 사항에 적합하지 않다면 AutoResetEvent나 CountdownEvent 또는 Barrier를 생각해 보기 바란다.

ManualResetEventSlim은 동기식 신호라 WaitForInitialization은 신호를 보낼 때까지 호출한 스레드를 차단한다. 스레드를 차단하지 않고 신호를 기다리고 싶다면 12.4절에서 설명하는 비동기 신호를 참고한다.

참고

9.6절은 블로킹 생산자/소비자 큐를 다룬다.

12.1절은 블로킹 잠금을 다룬다.

12.4절은 비동기 신호를 다룬다.

12.4 비동기 신호

문제점

코드의 한 부분에서 다른 부분으로 알림을 전달해야 하며, 수신자는 비동기적으로 알림을 기다려야 한다.

해법

알림을 한 번만 보내야 한다면 TaskCompletionSource<T>를 사용해서 비동기적으로 알림을 보낼 수 있다. 다음과 같이 보내는 코드는 TrySetResult를 호출하고 받는 코드는 Task 속성을 대기한다.

```
class MyClass
{
  private readonly TaskCompletionSource<object> _initialized =
      new TaskCompletionSource<object>();

  private int _value1;
  private int _value2;

  public async Task<int> WaitForInitializationAsync()
  {
    await _initialized.Task;
    return _value1 + _value2;
  }

  public void Initialize()
  {
    _value1 = 13;
    _value2 = 17;
    _initialized.TrySetResult(null);
  }
}
```

TaskCompletionSource<T> 형식을 사용하면 모든 상황에서 비동기적으로 대기할 수 있다. 예제에서는 코드의 다른 부분에서 보낸 알림을 기다린다. 이런 방식은 신호를 한 번만 보내야 한다면 잘 작동하지만 신호를 켜고 꺼야 한다면 제대로 작동하지 않는다.

Nito.AsyncEx 라이브러리에는 ManualResetEvent와 비슷하지만 비동기 코드에서 사용할 수 있는 AsyncManualResetEvent라는 형식이 있다. 다음은 AsyncManualResetEvent 형식의 사용법을 보여 주려고 일부러 꾸며낸 예제다.

```
class MyClass
{
  private readonly AsyncManualResetEvent _connected =
    new AsyncManualResetEvent();

  public async Task WaitForConnectedAsync()
  {
    await _connected.WaitAsync();
  }

  public void ConnectedChanged(bool connected)
  {
    if (connected)
      _connected.Set();
    else
      _connected.Reset();
  }
}
```

고찰

신호는 범용 알림 방식이다. 하지만 '신호'가 코드의 한 부분에서 다른 부분으로 데이터를 전달하는 메시지로 쓰인다면 생산자/소비자 큐의 사용을 생각해 봐야 한다. 마찬가지로 범용 신호를 공유 데이터로의 접근을 조율하는 용도로만 쓰지도 말아야 한다. 그럴 땐 비동기 잠금을 써야 한다.

AsyncManualResetEvent 형식은 Nito.AsyncEx NuGet 패키지[2]에 들어 있다.

2 https://www.nuget.org/packages/Nito.AsyncEx

참고

9.8절은 비동기 생산자/소비자 큐를 다룬다.

12.2절은 비동기 잠금을 다룬다.

12.3절은 스레드 사이에 알림을 전달할 수 있는 블로킹 신호를 다룬다.

12.5 조절

문제점

실제로 너무 과한 동시성을 지니는 코드의 동시성을 조절할 방법이 필요하다.

애플리케이션의 몇몇 부분이 다른 부분의 처리 속도를 따라가지 못해서 데이터 항목이 점점 많이 만들어지고 불필요한 메모리 소비가 늘어난다면 코드의 동시성이 과하다고 할 수 있다. 이럴 땐 코드 일부를 조절해서 메모리 문제를 방지할 수 있다.

해법

코드가 사용 중인 동시성의 유형에 따라 해법이 달라진다. 이런 해법은 모두 동시성을 특정 값으로 제한한다. 리액티브 익스텐션에는 슬라이딩 타임 윈도우 같은 더 강력한 옵션이 있다. System.Reactive 옵저버블의 조절은 6.4절에서 자세하게 다뤘다.

데이터 흐름과 병렬 처리 코드 모두 기본적으로 동시성을 조절할 수 있는 옵션이 있다.

```
IPropagatorBlock<int, int> DataflowMultiplyBy2()
{
  var options = new ExecutionDataflowBlockOptions
  {
    MaxDegreeOfParallelism = 10
  };

  return new TransformBlock<int, int>(data => data * 2, options);
}
```

```
// PILNQ 사용
IEnumerable<int> ParallelMultiplyBy2(IEnumerable<int> values)
{
  return values.AsParallel()
      .WithDegreeOfParallelism(10)
      .Select(item => item * 2);
}


// Parallel 클래스 사용
void ParallelRotateMatrices(IEnumerable<Matrix> matrices, float degrees)
{
  var options = new ParallelOptions
  {
    MaxDegreeOfParallelism = 10
  };
  Parallel.ForEach(matrices, options, matrix => matrix.Rotate(degrees));
}
```

동시 비동기 코드는 SemaphoreSlim을 사용해서 조절할 수 있다.

```
async Task<string[]> DownloadUrlsAsync(HttpClient client,
    IEnumerable<string> urls)
{
  using var semaphore = new SemaphoreSlim(10);
  Task<string>[] tasks = urls.Select(async url =>
  {
    await semaphore.WaitAsync();
    try
    {
      return await client.GetStringAsync(url);
    }
    finally
    {
      semaphore.Release();
    }
  }).ToArray();
  return await Task.WhenAll(tasks);
}
```

고찰

코드가 CPU나 네트워크 연결 같은 리소스를 너무 많이 사용 중이면 조절이 필요할 수 있다. 최종 사용자는 대개 개발자보다 성능이 떨어지는 컴퓨터를 사용하므로 조절은 부족하게 하느니 차라리 조금 과한 편이 낫다는 점을 명심해야 한다.

참고

6.4절은 리액티브 코드의 조절을 다룬다.

13장

스케줄링

코드를 실행하면 어딘가에 있는 스레드에서 실행된다. 스케줄러^{scheduler}는 코드의 실행 위치를 결정하는 개체다. 닷넷 프레임워크에는 몇 가지 다른 스케줄러 형식이 있으며 병렬 코드인지 데이터 흐름 코드인지에 따라 사용법에 약간의 차이가 있다.

가능하면 스케줄러를 지정하지 않는 편이 좋다. 대개 기본값이 옳다. 예를 들어 비동기 코드의 await 연산자는 2.7절처럼 기본값을 재정의하지 않으면 자동으로 같은 컨텍스트 안에서 메서드를 재개한다. 비슷하게 리액티브 코드에도 이벤트 발생에 적절한 기본 컨텍스트가 있으며 6.2절처럼 ObserveOn으로 재정의할 수 있다.

UI 스레드 컨텍스트나 ASP.NET 요청 컨텍스트 등 특정 컨텍스트에서 실행해야 할 코드가 있다면 13장의 스케줄링 예제를 사용해서 코드의 스케줄링을 제어할 수 있다.

13.1 스레드 풀에 작업 스케줄링

문제점

확실하게 스레드 풀 스레드에서 실행하고 싶은 코드가 있다.

해법

대부분 매우 간단한 Task.Run을 사용하고 싶을 것이다. 다음 코드는 스레드 풀 스레드를 2초 동안 차단한다.

```
Task task = Task.Run(() =>
{
  Thread.Sleep(TimeSpan.FromSeconds(2));
});
```

또 Task.Run을 사용하면 반환 값과 비동기 람다^{lambda}도 제대로 활용할 수 있다. 다음 코드에서 Task.Run이 반환하는 작업은 2초 뒤에 13이라는 결과와 함께 완료한다.

```
Task<int> task = Task.Run(async () =>
{
  await Task.Delay(TimeSpan.FromSeconds(2));
  return 13;
});
```

Task.Run은 비동기 코드 또는 리액티브 코드에서 자연스럽게 사용할 수 있는 Task나 Task<T>를 반환한다.

고찰

UI 애플리케이션에서 UI 스레드로는 불가능할 정도로 시간이 많이 드는 작업을 해야 한다면 Task.Run이 이상적이다. 예를 들어 8.4절의 예제는 Task.Run을 사용해서 병렬 처리를 스레드 풀 스레드에 떠넘긴다. 하지만 ASP.NET에서는 수행할 작업을 완벽하게 파악하고 있다는 확신이 없다면 Task.Run을 사용하지 말아야 한다. ASP.NET의 요청 처리 코드는 이미 스레드 풀 스레드에서 실행 중이므로 다른 스레드 풀 스레드로 떠넘기면 대개 역효과가 난다.

Task.Run은 BackgroundWorker, Delegate.BeginInvoke, ThreadPool.QueueUserWorkItem의 효과적인 대체재다. 새로운 코드를 작성할 때 방금 나열한 예전 API를 쓰면 안 된다. Task.Run을 사

용하는 코드가 훨씬 올바르게 작성하기 쉽고 나중에 유지 보수하기도 쉽다. 게다가 Task.Run은 Thread를 사용해야 하는 대부분 상황을 처리할 수 있어서 STA^{Single-Thread Apartment} 스레드를 사용해야 하는 드문 상황을 제외하면 Thread를 사용하는 코드는 대개 Task.Run으로 대체할 수 있다.

병렬 처리 코드와 데이터 흐름 코드는 기본적으로 스레드 풀에서 실행된다. 따라서 Parallel, PLINQ, TPL 데이터 흐름 라이브러리가 실행하는 코드는 대개 Task.Run을 사용할 필요가 없다.

동적 병렬 처리를 수행 중이라면 Task.Run이 아닌 Task.Factory.StartNew를 사용해야 한다. 권장이 아닌 필수다. Task.Run이 반환하는 Task는 기본적으로 비동기 코드나 리액티브 코드가 비동기적으로 사용할 수 있게 만들어졌기 때문이다. 또 Task는 동적 병렬 처리 코드에 많이 쓰이는 부모/자식 작업 같은 새로운 개념을 지원하지 않는다.

참고

8.6절은 Task.Run에서 반환하는 작업 같은 비동기 코드와 리액티브 코드를 함께 사용하는 방법을 설명한다.

8.4절은 Task.Run을 통해 병렬 처리 코드를 비동기적으로 대기할 수 있는 가장 쉬운 방법을 설명한다.

4.4절은 Task.Run이 아닌 Task.Factory.StartNew를 사용해야 하는 상황인 동적 병렬 처리를 다룬다.

13.2 작업 스케줄러를 사용해서 코드 실행

문제점

여러 코드를 정해진 방식으로 실행해야 한다. 예를 들어 모든 코드를 UI 스레드에서 실행하거나 한 번에 정해진 수의 코드만 실행해야 한다.

13.2절은 코드에서 사용할 스케줄러를 정의하고 생성하는 방법을 다룬다. 스케줄러의 실제 적용은 13.3절과 13.4절의 주제다.

해법

닷넷에는 스케줄링을 처리할 수 있는 다양한 형식이 있다. 13.2절은 이식성이 좋고 상대적으로 사용하기 쉬운 TaskScheduler에 초점을 맞춘다.

TaskScheduler 중 가장 간단한 TaskScheduler.Default는 작업을 스레드 풀의 큐에 넣는다. 코드에서 직접 TaskScheduler.Default를 지정할 일은 거의 없겠지만 많은 스케줄링 상황의 기본값이므로 알고 있어야 한다. Task.Run, 병렬 처리, 데이터 흐름 코드는 모두 TaskScheduler. Default를 사용한다.

다음과 같이 TaskScheduler.FromCurrentSynchronizationContext를 사용해서 컨텍스트를 저장해 놓고 나중에 다시 이 컨텍스트에 작업을 스케줄링할 수 있다.

```
TaskScheduler scheduler = TaskScheduler.FromCurrentSynchronizationContext();
```

이 코드는 TaskScheduler를 만들어서 현재 SynchronizationContext를 저장하고 코드를 해당 컨텍스트에 스케줄링한다. SynchronizationContext는 스케줄링 컨텍스트를 나타내는 범용 형식이다. 닷넷 프레임워크에는 몇 가지 다른 컨텍스트가 있다. 대부분 UI 프레임워크는 UI 스레드를 나타내는 SynchronizationContext를 제공하며, 코어 버전 이전의 ASP.NET은 HTTP 요청 컨텍스트를 나타내는 SynchronizationContext를 제공한다.

그 밖에 닷넷 4.5는 ConcurrentExclusiveSchedulerPair라는 강력한 형식을 도입했다. 이 형식은 사실 서로 관련이 있는 2개의 스케줄러다. ConcurrentScheduler 멤버는 Exclusive Scheduler에 실행 중인 작업이 없을 때 여러 작업을 동시에 실행할 수 있는 스케줄러다. ExclusiveScheduler는 ConcurrentScheduler에 이미 실행 중인 작업이 없을 때 작업을 하나씩 실행한다.

```
var schedulerPair = new ConcurrentExclusiveSchedulerPair();
TaskScheduler concurrent = schedulerPair.ConcurrentScheduler;
TaskScheduler exclusive = schedulerPair.ExclusiveScheduler;
```

ConcurrentExclusiveSchedulerPair는 대개 ExclusiveScheduler를 사용해서 한 번에 하나의 작업만 실행하는 용도로 많이 쓰인다. ExclusiveScheduler에서 실행한 코드는 스레드 풀 스레드에서 실행되지만, 같은 ExclusiveScheduler 인스턴스를 사용하는 다른 코드를 모두 배제하고 독점적으로 실행된다.

또 ConcurrentExclusiveSchedulerPair는 조절용 스케줄러로 쓰이기도 한다. 다음과 같이 자체적으로 동시성을 제한하는 ConcurrentExclusiveSchedulerPair를 생성할 수 있으며, 이럴 땐 대개 ExclusiveScheduler를 사용하지 않는다.

```
var schedulerPair = new ConcurrentExclusiveSchedulerPair(
    TaskScheduler.Default, maxConcurrencyLevel: 8);
TaskScheduler scheduler = schedulerPair.ConcurrentScheduler;
```

이런 조절은 실행 중인 코드만 조절할 수 있다는 점에 주의한다. 12.5절에서 설명한 논리적 조절과는 상당히 다르다. 특히 비동기 코드는 작업을 기다리는 동안에는 실행 중으로 간주하지 않는다. ConcurrentScheduler는 실행 중인 코드만 조절할 수 있지만, SemaphoreSlim 같은 조절은 async 메서드 전체를 조절하는 등 더 상위 레벨의 조절이 가능하다.

고찰

바로 앞의 예제에서 ConcurrentExclusiveSchedulerPair의 생성자에 TaskScheduler.Default를 전달했다는 점을 알아챘을지도 모르겠다. 이렇게 한 이유는 ConcurrentExclusiveScheduler Pair가 기존 TaskScheduler를 중심으로 동시/독점 실행 논리를 적용하기 때문이다.

13.2절에서는 저장한 컨텍스트에서 코드를 실행하는 데 유용한 TaskScheduler.FromCurrentS ynchronizationContext를 소개했다. 직접 SynchronizationContext를 사용해서 원하는 컨텍스

트에 코드를 실행할 수도 있지만 추천하지 않는다. 가능하면 await 연산자를 사용해서 암시적으로 저장한 컨텍스트에서 다시 시작하거나 TaskScheduler 래퍼를 사용하기 바란다.

UI 스레드에서 실행할 코드라면 절대로 특정 플랫폼에만 있는 형식을 사용하지 말아야 한다. WPF, 실버라이트, iOS, 안드로이드는 모두 Dispatcher 형식을 제공하고 유니버설 윈도우는 CoreDispatcher를 사용하고 윈도우 폼에는 Control.Invoke 같은 ISynchronizeInvoke 인터페이스가 있다. 이런 형식을 사용하면 코드가 불필요하게 특정 플랫폼에 묶이므로 새로운 코드를 작성할 땐 아예 없는 셈 치고 사용하지 말아야 한다. SynchronizationContext는 이런 형식의 범용 추상화다.

System.Reactive (Rx)는 더욱더 일반적인 스케줄러 추상화인 IScheduler를 도입했다. Rx 스케줄러는 모든 종류의 스케줄러를 감쌀 수 있으며 TaskPoolScheduler는 TaskScheduler가 들어있는 모든 TaskFactory를 감싼다. 또 Rx 팀은 테스트용으로 수동 제어가 가능한 IScheduler 구현도 정의했다. 스케줄러 추상화를 사용해야 한다면 잘 설계하고 잘 정의한, 그리고 테스트 친화적인 Rx의 IScheduler를 추천한다. 하지만 대부분 스케줄러 추상화를 사용할 필요는 없으며 작업 병렬 라이브러리[TPL]와 TPL 데이터 흐름 같은 예전 라이브러리는 TaskScheduler 형식만 사용할 수 있다.

참고

13.3절은 TaskScheduler를 병렬 코드에 적용하는 방법을 설명한다.

13.4절은 TaskScheduler를 데이터 흐름 코드에 적용하는 방법을 설명한다.

12.5절은 상위 레벨에서의 논리적 조절을 다룬다.

6.2절은 이벤트 스트림용 System.Reactive 스케줄러를 다룬다.

7.6절은 System.Reactive의 테스트 스케줄러를 다룬다.

13.3 병렬 코드의 스케줄링

문제점

병렬 코드에서 다수의 독립적인 코드를 실행하는 방식을 제어해야 한다.

해법

13.2절을 참고해서 적절한 TaskScheduler 인스턴스를 만들고 나면 Parallel 메서드에 전달할 옵션에 포함할 수 있다. 다음 코드는 행렬의 시퀀스의 시퀀스를 전달받아서 여러 개의 병렬 루프를 시작한 뒤 각 시퀀스에 들어 있는 행렬의 수에 상관없이 동시에 모든 루프의 총 병렬성을 제한한다.

```
void RotateMatrices(IEnumerable<IEnumerable<Matrix>> collections, float degrees)
{
  var schedulerPair = new ConcurrentExclusiveSchedulerPair(
      TaskScheduler.Default, maxConcurrencyLevel: 8);
  TaskScheduler scheduler = schedulerPair.ConcurrentScheduler;
  ParallelOptions options = new ParallelOptions { TaskScheduler = scheduler };
  Parallel.ForEach(collections, options,
      matrices => Parallel.ForEach(matrices, options,
          matrix => matrix.Rotate(degrees)));
}
```

고찰

마찬가지로 ParallelOptions의 인스턴스를 전달받는 Parallel.Invoke에도 Parallel.ForEach와 똑같은 방식으로 TaskScheduler를 전달할 수 있다. 동적 병렬 처리를 사용 중이라면 TaskFactory.StartNew나 Task.ContinueWith에 직접 TaskScheduler를 전달할 수 있다.

PLINQ 코드에 TaskScheduler를 전달할 방법은 없다.

13.2절은 많이 쓰이는 작업 스케줄러의 종류와 그중 하나를 선택하는 방법을 설명한다.

13.4 스케줄러로 데이터 흐름 동기화

문제점

데이터 흐름 코드에서 다수의 독립적인 코드를 실행하는 방식을 제어해야 한다.

해법

13.2절을 참고해서 적절한 TaskScheduler 인스턴스를 만들고 나면 데이터 흐름 블록에 전달할 옵션에 포함할 수 있다. 다음 코드를 UI 스레드에서 호출하면 스레드 풀을 사용해서 모든 입력값에 2를 곱하는 데이터 흐름 메시를 만든 뒤에 결과값을 UI 스레드의 ListBox 항목에 추가한다.

```
var options = new ExecutionDataflowBlockOptions
{
  TaskScheduler = TaskScheduler.FromCurrentSynchronizationContext(),
};
var multiplyBlock = new TransformBlock<int, int>(item => item * 2);
var displayBlock = new ActionBlock<int>(
    result => ListBox.Items.Add(result), options);
multiplyBlock.LinkTo(displayBlock);
```

고찰

TaskScheduler를 지정하면 데이터 흐름 메시의 각 부분에 있는 블록의 작업을 조율할 때 특히 유용하다. 예를 들어 ConcurrentExclusiveSchedulerPair.ExclusiveScheduler를 활용해서 원할 때마다 블록 B를 실행하면서 블록 A와 블록 C를 동시에 실행하지 못하게 할 수 있다.

TaskScheduler는 실행 중인 코드에만 동기화를 적용한다는 점을 명심해야 한다. 예를 들어 비동기 코드를 실행하는 ActionBlock에 독점적 스케줄러를 적용하면 코드는 이 블록이 대기하는 동안에는 실행 중이라고 여기지 않는다.

모든 종류의 데이터 흐름 블록에 TaskScheduler를 지정할 수 있다. BufferBlock<T>처럼 개발자의 코드를 실행하지 않는 블록도 내부적으로 해야 할 작업이 있으며, 제공한 TaskScheduler를 사용해서 모든 내부 작업을 수행한다.

참고

13.2절은 많이 쓰이는 작업 스케줄러의 종류와 그중 하나를 선택하는 방법을 설명한다.

14장

다양한 동시성 상황

14장에서는 동시성 프로그램을 작성할 때 흔히 마주하는 상황을 처리할 수 있는 다양한 형식과 기법을 살펴본다. 이런 상황만 모아도 따로 책 한 권을 쓸 수 있을 정도의 분량이라 가장 유용하다고 생각하는 몇 가지만 골랐다.

14.1 공유 리소스 초기화

문제점

코드의 여러 부분이 공유하는 리소스가 있다. 이 리소스는 생성할 때가 아닌 처음 사용할 때 초기화해야 한다.

해법

닷넷 프레임워크에는 특히 이런 목적에 맞는 Lazy<T>라는 형식이 있다. 다음 코드처럼 인스턴스의 초기화에 쓰이는 팩토리 대리자와 함께 Lazy<T> 형식의 인스턴스를 생성한 뒤에 Value 속성을 통해 인스턴스를 사용할 수 있다.

```
static int _simpleValue;
static readonly Lazy<int> MySharedInteger = new Lazy<int>(() => _simpleValue++);

void UseSharedInteger()
{
  int sharedValue = MySharedInteger.Value;
}
```

동시에 UseSharedInteger를 호출한 스레드의 수에 상관없이 팩토리 대리자는 한 번만 실행되며 결국 모든 스레드는 똑같은 인스턴스를 기다리는 셈이다. 만들어진 인스턴스는 캐싱되며 이후로 Value 속성을 통해 접근하면 항상 같은 인스턴스를 반환한다. 앞의 예제에서 MySharedInteger.Value는 항상 0이다.

초기화에 비동기 작업이 필요해도 비슷한 방법을 사용할 수 있다. 이럴 땐 다음과 같이 Lazy<Task<T>>를 사용할 수 있다.

```
static int _simpleValue;
static readonly Lazy<Task<int>> MySharedAsyncInteger =
    new Lazy<Task<int>>(async () =>
    {
      await Task.Delay(TimeSpan.FromSeconds(2)).ConfigureAwait(false);
      return _simpleValue++;
    });

async Task GetSharedIntegerAsync()
{
  int sharedValue = await MySharedAsyncInteger.Value;
}
```

이 예제에서 대리자는 비동기적으로 정해지는 정수값인 Task<int>를 반환한다. 아무리 많은 코드가 동시에 Value를 호출하더라도 Task<int>는 한 번만 만들어지고 모든 호출자에게 반환된다. 그리고 각 호출자는 작업을 await에 전달해서 완료할 때까지 비동기적으로 기다릴 수 있다.

앞의 코드는 그런대로 괜찮은 방법이지만 추가로 몇 가지 생각해야 할 점이 있다. 우선 Value를 호출하는 모든 스레드가 비동기 대리자를 실행할 수 있으며, 이때 해당 스레드의 컨텍스트에서 대리자를 실행한다는 점이다. UI 스레드와 스레드 풀 스레드 또는 2개의 다른 ASP. NET 요청 스레드 등 Value를 호출하는 스레드가 다르다면 비동기 대리자를 항상 스레드 풀 스레드에서 실행하는 편이 더 나을 수 있다. 다음과 같이 팩토리 대리자를 Task.Run으로 감싸서 호출하면 간단하게 해결할 수 있다.

```
static int _simpleValue;
static readonly Lazy<Task<int>> MySharedAsyncInteger =
  new Lazy<Task<int>>(() => Task.Run(async () =>
  {
    await Task.Delay(TimeSpan.FromSeconds(2));
    return _simpleValue++;
  }));

async Task GetSharedIntegerAsync()
{
  int sharedValue = await MySharedAsyncInteger.Value;
}
```

그 밖에 Task<T> 인스턴스가 한 번만 만들어진다는 점도 생각해 봐야 한다. 비동기 대리자에서 예외가 발생하면 Lazy<Task<T>>는 실패한 작업을 캐싱한다. 이런 결과가 바람직할 일은 거의 없다. 대개 예외를 캐싱하지 않고 나중에 값이 필요할 때 대리자를 다시 실행하는 편이 낫다. Lazy<T>를 '재설정'할 방법은 없다. 하지만 다음과 같이 Lazy<T> 인스턴스를 다시 생성하는 클래스를 만들 수 있다.

```
public sealed class AsyncLazy<T>
{
  private readonly object _mutex;
  private readonly Func<Task<T>> _factory;
  private Lazy<Task<T>> _instance;

  public AsyncLazy(Func<Task<T>> factory)
  {
```

```csharp
      _mutex = new object();
      _factory = RetryOnFailure(factory);
      _instance = new Lazy<Task<T>>(_factory);
    }

    private Func<Task<T>> RetryOnFailure(Func<Task<T>> factory)
    {
      return async () =>
      {
        try
        {
          return await factory().ConfigureAwait(false);
        }
        catch
        {
          lock (_mutex)
          {
            _instance = new Lazy<Task<T>>(_factory);
          }
          throw;
        }
      };
    }

    public Task<T> Task
    {
      get
      {
        lock (_mutex)
          return _instance.Value;
      }
    }
  }

static int _simpleValue;
static readonly AsyncLazy<int> MySharedAsyncInteger =
  new AsyncLazy<int>(() => Task.Run(async () =>
  {
    await Task.Delay(TimeSpan.FromSeconds(2));
    return _simpleValue++;
  }));
```

```
async Task GetSharedIntegerAsync()
{
  int sharedValue = await MySharedAsyncInteger.Task;
}
```

고찰

마지막 코드 예제는 일반적인 비동기 지연 초기화 패턴으로 조금 거추장스러운 면이 있다.
AsyncEx 라이브러리에 들어 있는 AsyncLazy<T> 형식은 Lazy<Task<T>>와 매우 비슷하지만 팩
토리 대리자를 스레드 풀에서 실행하며 실패했을 때 재시도할 수 있는 옵션이 있다. 또 직접
await로 대기할 수도 있다. 선언 방법과 사용법은 다음과 같다.

```
static int _simpleValue;
private static readonly AsyncLazy<int> MySharedAsyncInteger =
  new AsyncLazy<int>(async () =>
  {
    await Task.Delay(TimeSpan.FromSeconds(2));
    return _simpleValue++;
  },
  AsyncLazyFlags.RetryOnFailure);

public async Task UseSharedIntegerAsync()
{
  int sharedValue = await MySharedAsyncInteger;
}
```

 AsyncLazy〈T〉 형식은 Nito.AsyncEx NuGet 패키지[1]에 들어 있다.

---

1   https://www.nuget.org/packages/Nito.AsyncEx

참고

1장은 async와 await를 사용하는 프로그래밍의 기초를 설명한다.

13.1절은 스레드 풀에 작업을 스케줄링하는 방법을 설명한다.

14.2 System.Reactive의 지연 평가

문제점

옵저버블을 구독할 때마다 새로운 소스 옵저버블을 생성하고 싶다. 예를 들어 각각 다른 웹 서비스 요청을 구독으로 표현하고 싶다.

해법

System.Reactive 라이브러리에는 옵저버블을 구독할 때마다 대리자를 실행하는 Observable.Defer라는 연산자가 있다. 이 대리자는 옵저버블을 생성하는 팩토리 역할을 한다. 다음 코드는 Defer를 사용해서 다른 코드가 옵저버블을 구독할 때마다 비동기 메서드를 호출한다.

```
void SubscribeWithDefer()
{
  var invokeServerObservable = Observable.Defer(
    () => GetValueAsync().ToObservable());
  invokeServerObservable.Subscribe(_ => { });
  invokeServerObservable.Subscribe(_ => { });

  Console.ReadKey();
}

async Task<int> GetValueAsync()
{
  Console.WriteLine("Calling server...");
  await Task.Delay(TimeSpan.FromSeconds(2));
  Console.WriteLine("Returning result...");
```

```
  return 13;
}
```

이 코드를 실행하면 다음과 같은 결과가 나타난다.

```
Calling server...
Calling server...
Returning result...
Returning result...
```

고찰

대개 옵저버블을 두 번 이상 구독하는 코드를 작성할 일은 별로 없지만 System.Reactive 연산자 중에는 그렇게 구현한 연산자도 있다. 예를 들어 Observable.While 연산자는 조건이 참인 한 소스 시퀀스를 다시 구독한다. Defer를 사용하면 새로운 구독이 들어올 때마다 다시 평가하는 옵저버블을 정의할 수 있다. 이렇게 하면 옵저버블이 사용할 데이터를 다시 채우거나 업데이트해야 할 때 유용하다.

참고

8.6절은 옵저버블로 비동기 메서드를 감싸는 방법을 설명한다.

14.3 비동기 데이터 바인딩

문제점

비동기적으로 데이터를 가져오는 중이며, 모델–뷰–뷰 모델MVVM, Model-View-ViewModel 패턴의 뷰 모델ViewModel처럼 결과를 데이터 바인딩해야 한다.

해법

속성을 데이터 바인딩에 사용하려면 결과를 동기적으로 즉시 반환해야 한다. 실제 결과값이 비동기적으로 정해져야 한다면 기본 결과값을 반환하고 나중에 속성을 올바른 값으로 업데이트할 수 있다.

비동기 작업은 성공할 수도 있고 실패할 수도 있다는 점을 명심해야 한다. 뷰 모델을 작성 중이라면 데이터 바인딩을 사용해서 UI를 오류 상태로 업데이트할 수 있다.

Nito.Mvvm.Async 라이브러리에는 이럴 때 쓸 수 있는 NotifyTask 형식이 있다.

```
class MyViewModel
{
  public MyViewModel()
  {
    MyValue = NotifyTask.Create(CalculateMyValueAsync());
  }

  public NotifyTask<int> MyValue { get; private set; }

  private async Task<int> CalculateMyValueAsync()
  {
    await Task.Delay(TimeSpan.FromSeconds(10));
    return 13;
  }
}
```

다음 예제에서 보듯이 NotifyTask<T> 속성의 다양한 속성에 데이터를 바인딩할 수 있다.

```
<Grid>
  <Label Content="Loading..."
      Visibility="{Binding MyValue.IsNotCompleted,
          Converter={StaticResource BooleanToVisibilityConverter}}"/>
  <Label Content="{Binding MyValue.Result}"
      Visibility="{Binding MyValue.IsSuccessfullyCompleted,
          Converter={StaticResource BooleanToVisibilityConverter}}"/>
  <Label Content="An error occurred" Foreground="Red"
```

```
        Visibility="{Binding MyValue.IsFaulted,
            Converter={StaticResource BooleanToVisibilityConverter}}"/>
    </Grid>
```

MvvmCross 라이브러리에는 NotifyTask<T>와 거의 똑같은 MvxNotifyTask가 있다.

고찰

라이브러리가 제공하는 데이터 바인딩 래퍼를 쓰지 않고 직접 데이터 바인딩 래퍼를 만들 수
도 있다. 다음 코드는 기본적인 개념을 보여 준다.

```
class BindableTask<T> : INotifyPropertyChanged
{
  private readonly Task<T> _task;

  public BindableTask(Task<T> task)
  {
    _task = task;
    var _ = WatchTaskAsync();
  }

  private async Task WatchTaskAsync()
  {
    try
    {
      await _task;
    }
    catch
    {
    }

    OnPropertyChanged("IsNotCompleted");
    OnPropertyChanged("IsSuccessfullyCompleted");
    OnPropertyChanged("IsFaulted");
    OnPropertyChanged("Result");
  }
```

```
public bool IsNotCompleted { get { return !_task.IsCompleted; } }
public bool IsSuccessfullyCompleted
{
  get { return _task.Status == TaskStatus.RanToCompletion; }
}
public bool IsFaulted { get { return _task.IsFaulted; } }
public T Result
{
  get { return IsSuccessfullyCompleted ? _task.Result : default; }
}

public event PropertyChangedEventHandler PropertyChanged;

protected virtual void OnPropertyChanged(string propertyName)
{
  PropertyChanged?.Invoke(this, new PropertyChangedEventArgs(propertyName));
}
}
```

여기에 일부러 빈 catch 절을 넣었다는 점에 주목한다. 빈 catch 절을 통해 모든 예외를 잡고 데이터 바인딩을 통해 예외 상태를 처리하려 한다. 또 PropertyChanged 이벤트가 UI 스레드에서 발생해야 하므로 ConfigureAwait(false)를 사용하지 않았다.

NotifyTask 형식은 Nito.Mvvm.Async NuGet 패키지[2]에 들어 있다.
MvxNotifyTask 형식은 MvvmCross NuGet 패키지[3]에 들어 있다.

참고

1장은 async와 await를 사용하는 프로그래밍의 기초를 설명한다.

2.7절은 ConfigureAwait의 사용법을 설명한다.

---

2   https://www.nuget.org/packages/Nito.Mvvm.Async
3   https://www.nuget.org/packages/MvvmCross

14.4 암시적 상태

문제점

호출 스택의 다양한 위치에서 접근할 수 있어야 하는 상태 변수가 있다. 예를 들어 로그 출력에 사용하고 싶지만 모든 메서드에 매개 변수로 추가하고 싶지 않은 작업 식별자 등이 있을 수 있다.

해법

메서드에 매개 변수로 추가하고 클래스의 멤버에 데이터를 저장하는 방법 또는 의존성 주입을 사용해서 코드의 다른 부분에 데이터를 제공하는 방법이 가장 좋지만, 상황에 따라 코드가 지나치게 복잡해질 수 있다.

AsyncLocal<T> 형식을 사용하면 논리적 '컨텍스트' 상에 유지할 수 있는 개체를 만들어서 원하는 값을 저장할 수 있다. 다음 코드는 AsyncLocal<T>를 사용해서 나중에 로그 출력 메서드가 사용할 작업 식별자를 설정하는 방법을 보여 준다.

```
private static AsyncLocal<Guid> _operationId = new AsyncLocal<Guid>();

async Task DoLongOperationAsync()
{
  _operationId.Value = Guid.NewGuid();

  await DoSomeStepOfOperationAsync();
}

async Task DoSomeStepOfOperationAsync()
{
  await Task.Delay(100); // 비동기 작업

  // 여기에 원하는 로그를 추가한다.
  Trace.WriteLine("In operation: " + _operationId.Value);
}
```

AsyncLocal<T> 인스턴스 안에 스택처럼 더 복잡한 데이터 구조를 넣으면 유용할 때가 많다. 단 AsyncLocal<T>에는 불변 데이터만 저장해야 한다는 점에 주의한다. 데이터를 업데이트해야 할 때마다 기존 값을 덮어써야 한다. 다음과 같이 헬퍼 형식 안에 AsyncLocal<T>를 숨기면 데이터를 불변 형식으로 유지하면서 올바르게 업데이트할 수 있어서 유용하다.

```
internal sealed class AsyncLocalGuidStack
{
  private readonly AsyncLocal<ImmutableStack<Guid>> _operationIds =
      new AsyncLocal<ImmutableStack<Guid>>();

  private ImmutableStack<Guid> Current =>
      _operationIds.Value ?? ImmutableStack<Guid>.Empty;

  public IDisposable Push(Guid value)
  {
    _operationIds.Value = Current.Push(value);
    return new PopWhenDisposed(this);
  }

  private void Pop()
  {
    ImmutableStack<Guid> newValue = Current.Pop();
    if (newValue.IsEmpty)
      newValue = null;
    _operationIds.Value = newValue;
  }

  public IEnumerable<Guid> Values => Current;

  private sealed class PopWhenDisposed : IDisposable
  {
    private AsyncLocalGuidStack _stack;

    public PopWhenDisposed(AsyncLocalGuidStack stack) =>
        _stack = stack;

    public void Dispose()
    {
      _stack?.Pop();
```

```
        _stack = null;
      }
    }
  }

  private static AsyncLocalGuidStack _operationIds = new AsyncLocalGuidStack();

  async Task DoLongOperationAsync()
  {
    using (_operationIds.Push(Guid.NewGuid()))
      await DoSomeStepOfOperationAsync();
  }

  async Task DoSomeStepOfOperationAsync()
  {
    await Task.Delay(100); // 비동기 작업

    // 여기에 원하는 로그를 추가한다.
    Trace.WriteLine("In operation: " +
        string.Join(":", _operationIds.Values));
  }
```

이 래퍼 형식을 사용하면 확실하게 내부 데이터의 불변성을 유지하면서 스택에 새로운 값을 푸시할 수 있다. 또 간편하게 IDisposable을 사용하는 방식으로 스택에서 값을 팝^{pop}한다.

고찰

예전에는 ThreadStatic 특성을 통해 동기 코드에서 사용할 스레드별 상태를 정의할 수 있었다. AsyncLocal<T>는 예전 코드를 비동기 코드로 변환할 때 ThreadStaticAttribute를 대체할 가장 유력한 후보다. AsyncLocal<T>는 동기 코드와 비동기 코드 양쪽에 모두 사용할 수 있으며 최신 애플리케이션에서 암시적 상태가 필요하면 기본적으로 선택해야 한다.

참고

1장은 async와 await를 사용하는 프로그래밍의 기초를 설명한다.

9장은 복잡한 데이터를 암시적 상태로 저장해야 할 때 사용할 수 있는 몇 가지 불변 컬렉션을 다룬다.

14.5 동기 코드와 비동기 코드를 한 번에 구현

문제점

동기 API와 비동기 API 모두를 통해 노출해야 할 코드가 있지만 로직을 복사해서 붙이고 싶지는 않다. 코드를 비동기 코드로 업데이트해야 하는데 기존의 동기 소비자 코드를 변경할 수 없을 때 이런 상황이 자주 일어난다.

해법

가능하면 비즈니스 로직을 I/O 같은 부작용과 분리하는 포트 앤드 어댑터Port and Adaptor 설계 (육각형 설계) 같은 최신 설계 지침에 따라 코드를 구성하려고 노력해야 한다. 그렇게 할 수만 있다면 비즈니스 로직은 항상 동기적이고 I/O는 항상 비동기적일 수 있어서 동기 API와 비동기 API를 모두 노출할 필요가 없다.

하지만 실제로 매우 달성하기 어려운 목표다. 오래전에 만들어져서 계속 유지 보수하며 사용해 온 코드는 내부적으로 엉망진창일 수 있고, 비동기 코드를 도입하기 전에 완벽하게 정비할 시간이 없을 때가 많다. 설계에 문제가 있는 기존 API를 하위 호환 때문에 꾸역꾸역 유지 보수해야 할 때가 많다.

이럴 때 완벽한 해법은 없다. 많은 개발자가 동기 코드에서 비동기 코드를 호출하거나 비동기 코드에서 동기 코드를 호출하려고 시도하곤 하지만 둘 다 안티 패턴이다. 이런 상황에서 개인적으로 선호하는 '불리언 인수 처리법Boolean Argument Hack'은 동기 API와 비동기 API를 모두 노출하면서 모든 로직을 하나의 메서드 안에 두는 방법이다.

불리언 인수 처리법은 기본 개념은 로직을 담고 있는 프라이빗 핵심 메서드가 있다는 발상에서 시작한다. 이 핵심 메서드는 비동기 시그니처를 지니며 메서드의 비동기 작동 여부를 결정하는 불리언 인수를 전달받는다. 불리언 인수를 통해 동기적으로 작동해야 한다고 지정한 핵심 메서드는 이미 완료한 작업을 반환해야 한다. 그리고 다음과 같이 핵심 메서드를 호출하는 비동기 API와 동기 API를 작성할 수 있다.

```csharp
private async Task<int> DelayAndReturnCore(bool sync)
{
    int value = 100;

    // 원하는 작업을 수행한다.
    if (sync)
        Thread.Sleep(value); // 동기 API 호출
    else
        await Task.Delay(value); // 비동기 API 호출

    return value;
}

// 비동기 API
public Task<int> DelayAndReturnAsync() =>
    DelayAndReturnCore(sync: false);

// 동기 API
public int DelayAndReturn() =>
    DelayAndReturnCore(sync: true).GetAwaiter().GetResult();
```

비동기 API인 DelayAndReturnAsync는 DelayAndReturnCore를 호출할 때 불리언인 sync 매개 변수를 false로 설정한다. 즉 DelayAndReturnCore는 비동기로 작동해야 하며, 안에 있는 비동기 '지연' API인 Task.Delay를 await로 대기하라는 뜻이다. DelayAndReturnCore가 반환하는 작업은 그대로 DelayAndReturnAsync를 호출한 코드로 반환한다.

동기 API인 DelayAndReturn은 DelayAndReturnCore를 호출할 때 불리언인 sync 매개 변수를 true로 설정한다. 즉 DelayAndReturnCore는 동기적으로 작동해야 하며, 안에 있는 동기 '지연' API인 Thread.Sleep을 사용하라는 뜻이다. DelayAndReturnCore가 반환하는 작업은 이미 완료한 상태여야 하므로 결과를 추출해도 안전하다. DelayAndReturn은 GetAwaiter().GetResult()를 통해 완료한 작업에서 결과를 가져온다. 이렇게 하면 Task<T>.Result 속성을 사용할 때 발

생할 수 있는 `AggregateException`을 피할 수 있다.

고찰

이상적인 해법은 아니지만, 실제 애플리케이션에 사용할 수 있는 유용한 해법이다.

이제 이 해법의 주의 사항 몇 가지를 살펴보자. 가장 심각한 문제는 핵심 메서드가 sync 매개
변수를 제대로 따르지 않을 때 일어난다. sync가 true일 때 핵심 메서드가 완료하지 않은 작
업을 반환하면 동기 API는 교착 상태에 빠지기 쉽다. 동기 API가 자신의 작업을 차단할 수
있는 유일한 이유는 작업이 이미 완료됐다고 확신하기 때문이다. 비슷하게 sync가 false일
때 핵심 메서드가 스레드를 차단하면 애플리케이션의 효율성이 떨어진다.

이런 문제를 개선할 방법의 하나로 동기 API 안에 반환한 작업이 실제로 끝났는지 확인하는
과정을 추가할 수 있다. 확인했더니 작업이 끝나지 않았다면 심각한 코딩 버그가 있다는 뜻
이다.

참고

1장은 비동기 코드를 차단할 때 발생할 수 있는 교착 상태에 관한 논의를 포함해서 async와
await를 사용하는 프로그래밍의 기초를 설명한다.

14.6 데이터 흐름 메시를 사용한 철도지향 프로그래밍

문제점

데이터 흐름 메시를 만들었는데 처리에 실패하는 데이터가 있다. 데이터 흐름 메시의 작동을
계속 유지할 수 있는 방식으로 이런 오류에 대응하고 싶다.

해법

기본적으로 블록은 데이터 항목을 처리하다가 예외를 마주치면 처리에 실패하며, 그 뒤로는 데이터 항목을 처리할 수 없다. 14.6절에서 소개할 해법의 핵심 개념은 예외도 일종의 데이터로 취급하는 것이다. 데이터 흐름 메시가 처리하는 형식이 예외이거나 데이터일 수 있는 형식이라면 예외가 발생하더라도 메시의 작동을 유지하면서 계속 다른 데이터 항목을 처리할 수 있다.

이렇게 하면 메시 안의 항목이 둘로 나뉜 철도 중 하나를 따라 이동하는 모습처럼 보여서 '철도지향 프로그래밍ROP, Railway Oriented Programming'이라고도 한다. 철도지향 프로그래밍에는 먼저 일반적인 '데이터' 철도가 있다. 처리 과정에 아무 문제가 없는 항목은 메시의 끝에 도달할 때까지 '데이터' 철도에 머문 채로 메시를 통과하면서 각종 처리를 받는다. 두 번째 철도는 '오류' 철도다. 블록에서 항목을 처리하다 예외가 발생하면 해당 예외는 '오류' 철도로 옮겨져서 메시를 통과한다. 예외 항목은 별다른 처리 없이 블록에서 블록으로 전해지기만 하므로 데이터 항목과 마찬가지로 메시의 끝까지 도달한다. 결국 메시의 마지막 블록은 데이터 항목 또는 예외 항목으로 이뤄진 항목의 시퀀스를 수신한다. 데이터 항목은 전체 메시를 성공적으로 완료한 데이터를 나타내며 예외 항목은 메시 안에서 발생한 오류를 나타낸다.

이런 '철도'지향 프로그래밍을 하고 싶다면 먼저 데이터 항목이나 예외를 나타낼 수 있는 형식을 정의해야 한다. 미리 만들어진 형식을 사용하고 싶다면 사용할 수 있는 형식이 몇 가지 있다. 이런 형식은 함수형 프로그래밍 커뮤니티에서 흔히 Try나 Error 또는 Exceptional이라고 불리며 Either 모나드monad의 특별한 사례다. 저자가 직접 정의한 Try<T> 형식을 사용할 수도 있다. 이 형식은 Nito.Try NuGet 패키지[4]에 들어 있으며, 소스 코드는 깃허브[5]에 있다.

어쨌든 Try<T> 형식 등 필요한 형식의 준비가 끝나면 다음 차례인 메시의 수정은 조금 지루하겠지만 끔찍할 정도는 아니다. 각 데이터 흐름 블록의 형식을 T에서 Try<T>로 바꿔야 하며, 블록의 모든 처리는 하나의 Try<T> 형식을 다른 Try<T> 형식에 매핑하는 방식으로 이뤄져야 한다. 저자의 Try<T> 형식을 사용한다면 Try<T>.Map을 호출해서 매핑할 수 있다. 코드

---

4 https://www.nuget.org/packages/Nito.Try
5 https://github.com/StephenCleary/Try

를 블록의 여기저기에 직접 추가하지 말고, 철도지향 데이터 흐름 블록에 사용할 간단한 팩토리 메서드를 정의하는 편이 낫다. 다음 코드는 Try<T>.Map을 호출해서 Try<T>를 처리하는 TransformBlock을 생성하는 헬퍼 메서드의 예다.

```csharp
private static TransformBlock<Try<TInput>, Try<TOutput>>
    RailwayTransform<TInput, TOutput>(Func<TInput, TOutput> func)
{
  return new TransformBlock<Try<TInput>, Try<TOutput>>(t => t.Map(func));
}
```

이런 헬퍼 메서드를 사용하면 데이터 흐름 메시를 생성하는 코드가 다음과 같이 더 간단해진다.

```csharp
var subtractBlock = RailwayTransform<int, int>(value => value - 2);
var divideBlock = RailwayTransform<int, int>(value => 60 / value);
var multiplyBlock = RailwayTransform<int, int>(value => value * 2);

var options = new DataflowLinkOptions { PropagateCompletion = true };
subtractBlock.LinkTo(divideBlock, options);
divideBlock.LinkTo(multiplyBlock, options);

// 첫 번째 블록에 데이터 항목을 입력한다.
subtractBlock.Post(Try.FromValue(5));
subtractBlock.Post(Try.FromValue(2));
subtractBlock.Post(Try.FromValue(4));
subtractBlock.Complete();

// 마지막 블록에서 데이터 항목과 예외 항목을 가져온다.
while (await multiplyBlock.OutputAvailableAsync())
{
  Try<int> item = await multiplyBlock.ReceiveAsync();
  if (item.IsValue)
    Console.WriteLine(item.Value);
  else
    Console.WriteLine(item.Exception.Message);
}
```

고찰

철도지향 프로그래밍은 데이터 흐름 블록의 결함을 방지하는 훌륭한 방법이다. 철도지향 프로그래밍은 모나드를 바탕으로 하는 함수형 프로그래밍 구조라 닷넷으로 변환하면 조금 어색하겠지만 사용할 수는 있다. 결함을 허용fault-tolerant해야 하는 데이터 흐름 메시라면 철도지향 프로그래밍은 분명 사용할 만한 가치가 있다.

참고

5.2절은 철도지향 프로그래밍을 사용하지 않고 블록에 오류를 일으키는 예외를, 메시를 통해 정상적으로 전파하는 방법을 설명한다.

14.7 진행률 업데이트의 조절

문제점

실행 시간이 길고 진행률을 보고하는 작업이 있으며 UI에 진행률을 업데이트해서 표시하고 있다. 하지만 진행률 업데이트가 순식간에 너무 많이 도착해서 UI가 제대로 대응하지 못하고 있다.

해법

진행률을 너무 빨리 보고하는 다음 코드를 살펴보자.

```
private string Solve(IProgress<int> progress)
{
    // 3초 동안 최대한 빠르게 값을 보고한다.
    var endTime = DateTime.UtcNow.AddSeconds(3);
    int value = 0;
    while (DateTime.UtcNow < endTime)
    {
```

```
        value++;
        progress?.Report(value);
    }
    return value.ToString();
}
```

이 코드를 Task.Run으로 감싸고 IProgress<T>를 전달하면 GUI 애플리케이션에서 실행할 수 있다. 다음 예제 코드는 WPF용이지만 WPF, 자마린^{Xamarin}, 윈도우 폼^{Windows Forms} 등 GUI 플랫폼에 상관없이 같은 개념을 적용할 수 있다.

```
// 편의상 레이블을 직접 업데이트한다.
// 실제 MVVM 애플리케이션에서 이런 대입은
// UI와 데이터 바인딩한 ViewModel 속성의 업데이트에 해당한다.
private async void StartButton_Click(object sender, RoutedEventArgs e)
{
    MyLabel.Content = "Starting...";
    var progress = new Progress<int>(value => MyLabel.Content = value);
    var result = await Task.Run(() => Solve(progress));
    MyLabel.Content = $"Done! Result: {result}";
}
```

이 코드를 실행하면 시스템마다 차이는 있겠지만 저자의 시스템을 기준으로 약 20초 정도 UI가 응답하지 않다가 갑자기 "Done! Result:" 메시지가 나타나면서 UI가 다시 응답하기 시작한다. 중간 진행률은 전혀 나타나지 않는다. 실제로 벌어지는 일을 살펴보자. Solve를 실행하는 3초 동안 백그라운드 코드는 진행률을 최대한 빠르게 UI 스레드로 보고한다. 그리고 UI 스레드가 모든 진행률 보고를 처리하면서 레이블을 계속 업데이트하는 데 17초 정도가 걸린다. 마지막으로 UI 스레드는 레이블을 "Done! Result:" 값으로 업데이트하고 마침내 화면을 다시 그릴 여유가 생기면 업데이트한 레이블 값을 사용자에게 보여 준다.

가장 먼저 진행률 보고를 조절할 필요가 있다는 점을 깨달아야 한다. 진행률 보고 사이에 여유가 있어야만 UI가 자신을 다시 그릴 충분한 시간을 확보할 수 있다. 다음으로 보고 횟수가 아닌 시간을 기준으로 조절해야 한다는 점을 깨달아야 한다. 100번에 한 번만 보고하는 식으로 조절하고 싶을 수 있지만, 조금 뒤에 '고찰'에서 설명할 이유로 적합하지 않다.

시간을 기준으로 처리하고 싶다는 말은 System.Reactive의 사용을 생각해 봐야 한다는 뜻이다. 그리고 실제로 System.Reactive에는 특별히 시간에 맞춰 조절할 수 있게 만들어진 연산자가 있다. 즉 System.Reactive가 14.7절의 해법에 큰 몫을 할 수 있다는 이야기다.

먼저 다음과 같이 진행률 보고에 사용할 이벤트를 발생하는 `IProgress<T>` 구현을 정의한 뒤에 이벤트로 감싼 진행률 보고를 수신하는 옵저버블을 생성할 수 있다.

```
public static class ObservableProgress
{
  private sealed class EventProgress<T> : IProgress<T>
  {
    void IProgress<T>.Report(T value) => OnReport?.Invoke(value);
    public event Action<T> OnReport;
  }

  public static (IObservable<T>, IProgress<T>) Create<T>()
  {
    var progress = new EventProgress<T>();
    var observable = Observable.FromEvent<T>(
        handler => progress.OnReport += handler,
        handler => progress.OnReport -= handler);
    return (observable, progress);
  }
}
```

`ObservableProgress.Create<T>` 메서드는 하나의 `IObservable<T>`와 하나의 `IProgress<T>`를 쌍으로 생성한다. `IProgress<T>`로 보낸 모든 진행률 보고는 `IObservable<T>`의 구독자에게 전해진다. 이제 진행률 보고에 사용할 옵저버블 스트림을 만들었고, 다음은 이 옵저버블 스트림을 조절할 차례다.

UI가 응답성을 유지할 수 있을 정도로 천천히, 하지만 사용자가 진행률을 바로 알 수 있을 정도로 빠르게 업데이트하고 싶다. 컴퓨터가 표시할 수 있는 속도와 비교하면 인간의 눈이 인식하는 속도는 상당히 느리므로 선택할 수 있는 값의 폭이 상당히 넓다. 가독성이 중요하다면 초당 한 번 수준으로 업데이트해도 충분할 수 있다. 실시간 피드백이 더 중요하다면

100밀리초 또는 200밀리초마다 한 번의 업데이트가 적당하다. UI가 응답성을 유지할 수 있을 만큼 충분히 느린 시간이면서 사용자가 UI의 변화를 보고 전반적인 진행 상황을 파악할 수 있을 만큼 빠른 시간이다.

그 밖에 다른 스레드가 진행률을 보고할 수도 있다는 점을 명심해야 한다. 예제에서는 백그라운드 스레드가 진행률을 보고한다. 조절은 최대한 소스와 가까운 곳에서 해야 하므로 백그라운드 스레드에서 조절하고 싶다. 하지만 UI를 업데이트하는 코드는 UI 스레드에서 실행해야 한다. 이런 점을 염두에 두고 다음과 같이 조절과 UI 스레드로의 전환을 모두 처리하는 CreateForUi 메서드를 정의할 수 있다.

```
public static class ObservableProgress
{
    // 주의: 이 코드는 UI 스레드에서 호출해야 한다.
    public static (IObservable<T>, IProgress<T>) CreateForUi<T>(
        TimeSpan? sampleInterval = null)
    {
        var (observable, progress) = Create<T>();
        observable = observable
            .Sample(sampleInterval ?? TimeSpan.FromMilliseconds(100))
            .ObserveOn(SynchronizationContext.Current);
        return (observable, progress);
    }
}
```

이제 진행률 업데이트가 UI에 도달하기 전에 조절하는 헬퍼 메서드가 생겼다. 앞서 소개한 버튼 클릭을 처리하는 예제 코드에 다음과 같이 이 헬퍼 메서드를 적용할 수 있다.

```
// 편의상 레이블을 직접 업데이트한다.
// 실제 MVVM 애플리케이션에서 이런 대입은
// UI와 데이터 바인딩한 ViewModel 속성의 업데이트에 해당한다.
private async void StartButton_Click(object sender, RoutedEventArgs e)
{
    MyLabel.Content = "Starting...";
    var (observable, progress) = ObservableProgress.CreateForUi<int>();
    string result;
```

```
      using (observable.Subscribe(value => MyLabel.Content = value))
        result = await Task.Run(() => Solve(progress));
      MyLabel.Content = $"Done! Result: {result}";
    }
```

새로운 코드는 헬퍼 메서드인 ObservableProgress.CreateForUi를 호출해서 한 쌍의 IObserva
ble<T>와 IProgress<T>를 생성한다. 이 코드는 진행률 업데이트를 구독하고 Solve가 완료할
때까지 구독을 유지한다. 마지막으로 실행 시간이 긴 Solve 메서드에 IProgress<T>를 전달
한다. Solve가 IProgress<T>.Report를 호출하면 먼저 100밀리초 간격으로 샘플링해서 100밀
리초마다 하나의 업데이트를 UI 스레드로 보내고 UI 스레드는 이 업데이트를 사용해서 레이
블 텍스트를 업데이트한다. 이제 UI는 완벽하게 응답성을 유지할 수 있다.

고찰

14.7절의 예제는 이 책의 다른 여러 예제를 흥미롭게 조합한 예제다. 새로 소개한 기술은 없
고 단지 해법을 만드는 데 필요한 여러 예제를 살펴봤다.

다른 해법으로 여기저기에서 많이 볼 수 있는 '모듈러스modulus'라는 방법이 있다. 이 방법은
Solve가 직접 자신의 진행률 업데이트를 조절해야 한다는 개념을 바탕으로 한다. 예를 들어
100개의 실제 업데이트마다 하나의 업데이트만 처리하고 싶다면 코드에 if (value % 100 ==
0) progress?.Report(value); 같은 모듈러스 기법을 사용할 수 있다.

모듈러스에는 몇 가지 문제가 있다. 첫 번째로 '정확한' 모듈러스 값이 존재하지 않는다. 대개
개발자가 다양하게 값을 바꿔 가며 자신의 랩톱에서 제대로 동작하는 값을 찾았어도 같은 코
드를 고객의 대용량 서버 또는 사양이 낮은 가상 시스템에서 실행하면 제대로 동작하지 않을
수 있다. 또 다양한 플랫폼과 환경에 따라 코드의 실행 속도가 예상보다 훨씬 빠르거나 느릴
수 있다. 그리고 물론 '최신' 컴퓨터 하드웨어의 사양은 시간이 지나면서 바뀌기 마련이다. 따
라서 모듈러스 값은 결국 추정치일 수밖에 없으며, 어디에서나 항상 정확하다고 할 수 없다.

모듈러스의 두 번째 문제는 잘못된 위치에서 문제를 수정하려 하고 있다는 점이다. 이 문제
는 순전히 UI 문제다. 문제가 있는 곳은 UI이고, UI 계층에서 해결해야 한다. 14.7절의 예제

코드에서 Solve는 일종의 백그라운드 비즈니스 로직이므로 UI 문제와 엮지 말아야 한다. UI 문제이다 보니 콘솔 애플리케이션은 WPF 애플리케이션과 상당히 다른 모듈러스를 사용해야 할 수 있다.

모듈러스가 좋은 점 하나는 업데이트를 UI 스레드로 보내기 전에 조절한다는 점이다. 14.7절의 해법도 그렇게 하고 있다. 업데이트를 UI 스레드로 보내기 전에 백그라운드에서 즉시, 그리고 동기적으로 조절한다. 추가한 IProgress<T> 구현 덕분에 Solve 메서드를 아예 손대지 않고 UI에서 자체적으로 조절을 수행할 수 있다.

참고

2.3절은 IProgress<T>를 사용해서 실행 시간이 긴 작업의 진행률을 보고하는 방법을 설명한다.

13.1절은 Task.Run을 사용해서 비동기 코드를 스레드 풀 스레드에 실행하는 방법을 설명한다.

6.1절은 FromEvent를 사용해서 닷넷 이벤트를 옵저버블로 감싸는 방법을 설명한다.

6.4절은 Sample을 사용해서 시간을 기준으로 옵저버블을 조절하는 방법을 설명한다.

6.2절은 ObserveOn을 사용해서 옵저버블 알림을 다른 컨텍스트로 옮기는 방법을 설명한다.

예전 플랫폼 지원

이 책에서 소개한 많은 기술은 예전 플랫폼을 일부 지원하기도 한다. 안타깝게도 예전 플랫폼을 지원해야 하는 상황이라면 이 부록의 정보를 통해 사용할 수 있는 기술을 확인할 수 있다. 하지만 아무리 사용할 수 있고 제대로 작동한다 해도 이상적인 사용법은 아니다. 장기적인 해결책은 코드의 대상 플랫폼을 업데이트하는 방법뿐이라는 점을 명심하기 바란다. 이 부록은 과거를 기록하려는 의도로 작성했으며 사용을 권장하려는 의도는 없다. 그렇긴 해도 예전 코드를 유지 보수해야 하는 상황이라면 유용할 수 있다.

표 A-1은 다양한 기술이 지원하는 예전 플랫폼을 요약해서 보여 준다.

표 A-1 예전 플랫폼 지원

플랫폼	async	Parallel	리액티브	데이터 흐름	동시 컬렉션	불변 컬렉션
닷넷 4.5	✓	✓	NuGet	NuGet	✓	NuGet
닷넷 4.0	NuGet	✓	NuGet	✗	✓	✗
윈도우 폰 앱 8.1	✓	✓	NuGet	NuGet	✓	NuGet
윈도우 폰 SL 8.0	✓	✗	NuGet	NuGet	✗	NuGet
윈도우 폰 SL 7.1	NuGet	✗	NuGet	✗	✗	✗
실버라이트 5	NuGet	✗	NuGet	✗	✗	✗

예전 플랫폼의 async 지원

예전 플랫폼에서 async를 지원해야 한다면 Microsoft.Bcl.Async NuGet 패키지[1]를 설치해야
한다.

 닷넷 4.0에서 실행 중인 ASP.NET 코드에 async 코드를 사용하려고 Microsoft.Bcl.Async를
설치하면 안 된다. ASP.NET 파이프라인은 닷넷 4.5에서 async 코드를 사용할 수 있게 바뀌
었으므로 async가 필요한 ASP.NET 프로젝트가 있다면 닷넷 4.5 이후 버전을 사용해야 한다.
Microsoft.Bcl.Async는 ASP.NET을 사용하지 않는 애플리케이션에만 설치해야 한다.

표 A-2 예전 플랫폼의 async 지원

플랫폼	async 지원
닷넷 4.5	✓
닷넷 4.0	NuGet: Microsoft.Bcl.Async
윈도우 폰 앱 8.1	✓
윈도우 폰 SL 8.0	✓
윈도우 폰 SL 7.1	NuGet: Microsoft.Bcl.Async
실버라이트 5	NuGet: Microsoft.Bcl.Async

최신 Task 형식의 Delay, FromResult, WhenAll, WhenAny 같은 멤버 메서드는 Microsoft.Bcl.
Async의 TaskEx 형식에 들어 있다.

예전 플랫폼의 데이터 흐름 지원

TPL 데이터 흐름을 사용하려면 애플리케이션에 System.Threading.Tasks.Dataflow Nuget 패
키지[2]를 설치해야 한다. 표 A-3에 나와 있듯이 TPL 데이터 흐름 라이브러리는 예전 플랫폼
을 제한적으로 지원한다.

---

1   https://www.nuget.org/packages/Microsoft.Bcl.Async
2   https://www.nuget.org/packages/System.Threading.Tasks.Dataflow

업데이트가 끊긴 Microsoft.Tpl.Dataflow 패키지는 사용하지 말아야 한다.

표 A-3 예전 플랫폼의 TPL 데이터 흐름 지원

플랫폼	데이터 흐름 지원
닷넷 4.5	NuGet: System.Threading.Tasks.Dataflow
닷넷 4.0	✗
윈도우 폰 앱 8.1	NuGet: System.Threading.Tasks.Dataflow
윈도우 폰 SL 8.0	NuGet: System.Threading.Tasks.Dataflow
윈도우 폰 SL 7.1	✗
실버라이트 5	✗

예전 플랫폼의 System.Reactive 지원

System.Reactive를 사용하려면 애플리케이션에 System.Reactive NuGet 패키지[3]를 설치해야 한다. System.Reactive는 역사적으로 표 A-4처럼 폭넓은 플랫폼을 지원해 왔다. 하지만 이제 대부분 예전 플랫폼은 지원하지 않는다.

표 A-4 예전 플랫폼의 System.Reactive 지원

플랫폼	리액티브 지원
닷넷 4.7.2	NuGet: System.Reactive
닷넷 4.5	NuGet: System.Reactive v3.x
닷넷 4.0	NuGet: Rx.Main
윈도우 폰 앱 8.1	NuGet: System.Reactive v3.x
윈도우 폰 SL 8.0	NuGet: System.Reactive v3.x

---

3 https://www.nuget.org/packages/System.Reactive

플랫폼	리액티브 지원
윈도우 폰 SL 7.1	NuGet: Rx.Main
실버라이트 5	NuGet: Rx.Main

 Rx.Main 패키지는 업데이트가 끊겼다.

비동기 패턴의 인식과 해석

비동기 코드의 장점은 닷넷이 나오기 전에도 수십 년 동안 잘 알려져 왔다. 닷넷 초기에는 다양한 방식의 비동기 코드가 만들어져서 여기저기 쓰이다가 결국 버려졌다. 그래도 그중 상당수가 최신 async/await 기법의 발판을 마련하는 역할을 했으므로 전부 쓸모 없었다고 할 수는 없다. 하지만 그 과정에서 구식 비동기 패턴을 사용하는 코드가 많이 만들어졌다. 부록 B는 많이 쓰였던 구식 패턴의 작동 방식과 함께 구식 패턴을 최신 코드와 통합하는 방법을 설명한다.

수년간 업데이트를 통해 지원하는 비동기 패턴이 늘어나면서 멤버가 점점 늘어난 형식도 있다. 가장 좋은 예는 Socket 클래스다. 다음은 Socket 클래스에서 가장 중요한 전송 작업을 수행하는 멤버의 일부다.

```
class Socket
{
  // 동기식
  public int Send(byte[] buffer, int offset, int size, SocketFlags flags);

  // APM
  public IAsyncResult BeginSend(byte[] buffer, int offset, int size,
      SocketFlags flags, AsyncCallback callback, object state);
  public int EndSend(IAsyncResult result);
```

```
    // APM과 매우 비슷한 단골 메서드
    public IAsyncResult BeginSend(byte[] buffer, int offset, int size,
        SocketFlags flags, out SocketError error,
        AsyncCallback callback, object state);
    public int EndSend(IAsyncResult result, out SocketError error);

    // 단골 메서드
    public bool SendAsync(SocketAsyncEventArgs e);

    // 확장 메서드로 구현한 TAP
    public Task<int> SendAsync(ArraySegment<byte> buffer,
        SocketFlags socketFlags);

    // 더 효율적인 형식을 사용해서 확장 메서드로 구현한 TAP
    public ValueTask<int> SendAsync(ReadOnlyMemory<byte> buffer,
        SocketFlags socketFlags, CancellationToken cancellationToken = default);
}
```

안타깝게도 대부분의 문서는 간편하게 사용하려고 만든 오버로드를 알파벳순으로 보여 주기 때문에 Socket처럼 오버로드가 많은 형식은 제대로 이해하기 어렵다. 부록 B에서 이야기한 지침이 도움이 되길 바란다.

작업 기반 비동기 패턴

작업 기반 비동기 패턴TAP, Task-based Asynchronous Pattern은 await와 함께 사용할 수 있는 최신 비동기 API 패턴이다. TAP는 각 비동기 작업을 대기 가능한 형식을 반환하는 하나의 메서드로 표현한다. '대기 가능한' 형식은 await로 소비할 수 있는 모든 형식으로 대개 Task나 Task<T>이지만 ValueTask, Value ask<T>일 수도 있다. 또 유니버설 윈도우 애플리케이션에 쓰이는 IAsyncAction, IAsyncOperation<T>처럼 프레임워크가 정의한 형식 또는 라이브러리가 정의한 사용자 정의 형식일 수도 있다.

TAP 메서드는 대개 이름 뒤에 Async가 붙는다. 하지만 관례일 뿐 모든 TAP 메서드가 Async로 끝나진 않는다. 예를 들어 Task.WhenAll과 Task.WhenAny처럼 API 개발자가 충분히 비동기 컨텍스트를 암시하고 있다고 판단하면 뺄 수도 있다. 또 WebClient.DownloadStringAsync처럼 TAP가 아닌 메서드에 Async 접미사를 사용할 때도 있다는 점을 명심해야 한다. 이럴 땐 대개 WebClient.DownloadStringTaskAsync처럼 TAP 메서드 뒤에 TaskAsync 접미사를 붙인다.

비동기 스트림을 반환하는 메서드도 TAP와 비슷하게 Async를 접미사로 사용한다. 이런 메서드는 대기 가능한 형식을 반환하지 않지만, await foreach를 통해 소비할 수 있는 형식인 대기 가능한 스트림을 반환한다.

작업 기반 비동기 패턴은 다음과 같은 특징을 통해 알아볼 수 있다.

1. 작업을 하나의 메서드로 표현한다.
2. 메서드가 대기 가능한 형식 또는 대기 가능한 스트림을 반환한다.
3. 대개 메서드의 이름이 Async로 끝난다.

TAP API를 사용하는 형식의 예는 다음과 같다.

```
class ExampleHttpClient
{
  public Task<string> GetStringAsync(Uri requestUri);

  // 비교용 동기 버전
  public string GetString(Uri requestUri);
}
```

작업 기반 비동기 패턴은 지금까지 이 책의 많은 부분에서 다뤄 온 await를 사용해서 소비할 수 있다. 부록을 읽는 지금까지도 await의 사용 방법을 모르겠다면 도움을 줄 방법이 딱히 떠오르지 않지만, 어쨌든 다시 1장과 2장을 읽어 보면서 기억을 되살리기 바란다.

비동기 프로그래밍 모델

두 번째는 TAP 다음으로 많이 볼 수 있는 패턴인 비동기 프로그래밍 모델^{APM, Asynchronous Programming Model} 패턴이다. APM은 비동기 작업을 일급 객체로 표현한 최초의 패턴이다. APM 패턴의 특징은 IAsyncResult 개체, 그리고 작업을 수행하는 한 쌍의 메서드다. 한 쌍의 메서드는 각각 Begin으로 시작하는 메서드와 End로 시작하는 메서드다.

IAsyncResult는 네이티브 중첩 I/O[1]의 영향을 많이 받았다. APM 패턴을 소비하는 코드는 동기 또는 비동기로 동작할 수 있으며, 다음 중 하나를 선택할 수 있다.

- 작업이 완료할 때까지 차단한다. End 메서드를 호출하면 이렇게 동작한다.
- 다른 작업을 하면서 작업이 완료했는지 폴링한다.
- 작업이 완료하면 호출할 콜백 대리자를 제공한다.

세 가지 선택 모두 결국 소비 코드는 End 메서드를 호출해서 비동기 작업의 결과를 얻어야 한다. End를 호출한 시점에서 아직 작업이 끝나지 않았다면 작업이 끝날 때까지 호출한 스레드를 차단한다.

Begin 메서드는 마지막 2개의 매개 변수로 AsyncCallback 형식의 매개 변수와 대개 이름이 state인 object 형식의 매개 변수를 전달받는다. 소비 코드는 이 두 매개 변수를 사용해서 작업이 끝나면 호출할 콜백 대리자를 제공한다. object 매개 변수는 모든 형식일 수 있다. 이 매개 변수는 람다 메서드나 익명 메서드가 없던 닷넷의 초창기부터 이어져 온 유물로 AsyncCallback 매개 변수에 컨텍스트를 제공하는 용도로만 쓰인다.

APM은 마이크로소프트 라이브러리에 상당히 많이 쓰이고 있지만, 범위를 넓혀 닷넷 생태계를 기준으로 보면 그렇게 많이 쓰이지 않는다. 재사용할 수 있는 IAsyncResult 구현이 전혀 없었기 때문이기도 하고 이 인터페이스를 제대로 구현하려면 상당히 복잡하기 때문이기도 하다. 또 APM을 바탕으로 시스템을 구성하기도 어렵다. 실제로 IAsyncResult 구현을 사용하는 사례를 본 적이 별로 없다. 그리고 그런 사례는 모두 MSDN 매거진 2007년 3

---

1   https://bit.ly/sync-ipop

월호에 실린 제프리 리처^{Jeffrey Richter}의 기사 'Concurrent Affairs: Implementing the CLR Asynchronous Programming Model'[2]의 IAsyncResult 구현을 조금 수정한 버전이었다.

비동기 프로그래밍 모델 패턴은 다음과 같은 특징을 통해 알아볼 수 있다.

1. Begin으로 시작하는 메서드와 End로 시작하는 메서드 한 쌍으로 작업을 표현한다.
2. Begin 메서드는 IAsyncResult를 반환하며 일반적인 입력 매개 변수를 모두 전달받고 마지막에 AsyncCallback, object 매개 변수를 전달받는다.
3. End 메서드의 매개 변수는 IAsyncResult뿐이고 결과값이 있으면 결과값을 반환한다.

APM API를 사용하는 형식의 예는 다음과 같다.

```
class MyHttpClient
{
  public IAsyncResult BeginGetString(Uri requestUri,
      AsyncCallback callback, object state);
  public string EndGetString(IAsyncResult asyncResult);

  // 비교용 동기 버전
  public string GetString(Uri requestUri);
}
```

Task.Factory.FromAsync를 사용하면 APM을 TAP로 변환해서 사용할 수 있다. 8.2절과 마이크로 소프트 문서 https://bit.ly/interop-async를 참고한다.

APM을 거의 따르지만 완벽하게 따르지 않는 코드도 있다. 예를 들어 예전 Microsoft. TeamFoundation 클라이언트 라이브러리의 Begin 메서드에는 object 매개 변수가 없다. 이럴 땐 Task.Factory.FromAsync가 소용이 없고 다음과 같은 두 가지 방법에서 하나를 택해야 한다. 덜 효율적인 방법으로는 Begin 메서드를 호출하면서 FromAsync로 IAsyncResult를 전달하는 방법이 있다. 덜 우아한 방법으로는 8.3절처럼 더 유연한 TaskCompletionSource<T>를 사용하는 방법이 있다.

---

2 https://docs.microsoft.com/en-us/archive/msdn-magazine/2007/march/implementing-the-clr-asynchronous-programming-model - 옮긴이

이벤트 기반 비동기 프로그래밍

이벤트 기반 비동기 프로그래밍EAP, Event-based Asynchronous Programming은 한 쌍의 메서드와 이벤트를 정의한다. 메서드의 이름은 대개 Async로 끝나며, 결국 이 메서드로 인해 이름이 Completed로 끝나는 이벤트가 발생한다.

EAP의 사용을 처음 보기보다 어렵게 만드는 몇 가지 주의 사항이 있다. 첫째로 메서드를 호출하기 전에 이벤트에 핸들러를 추가해야 한다는 점을 기억해야 한다. 그렇지 않으면 구독 전에 이벤트가 발생할 수 있는 경합 조건이 생겨서 절대로 이벤트의 완료를 볼 수 없다. 둘째, EAP 패턴으로 작성한 컴포넌트는 일반적으로 특정 시점에서 현재 SynchronizationContext를 캡처한 뒤에 해당 컨텍스트에서 이벤트를 발생한다. 생성자에서 SynchronizationContext를 캡처하는 컴포넌트도 있고, 메서드를 호출해서 비동기 작업을 시작할 때 SynchronizationContext를 캡처하는 컴포넌트도 있다.

이벤트 기반 비동기 프로그래밍 패턴은 다음과 같은 특징을 통해 알아볼 수 있다.

1. 이벤트와 메서드로 작업을 표현한다.
2. 이벤트의 이름이 Completed로 끝난다.
3. Completed 이벤트의 이벤트 인수 형식은 AsyncCompletedEventArgs의 파생 형식일 수 있다.
4. 메서드의 이름이 대개 Async로 끝난다.
5. 메서드가 void를 반환한다.

EAP 메서드와 TAP 메서드는 똑같이 Async로 끝나지만, EAP 메서드는 void를 반환하고 TAP 메서드는 대기 가능한 형식을 반환하므로 구분할 수 있다.

EAP API를 사용하는 형식의 예는 다음과 같다.

```
class GetStringCompletedEventArgs : AsyncCompletedEventArgs
{
  public string Result { get; }
}
```

```
class MyHttpClient
{
  public void GetStringAsync(Uri requestUri);
  public event Action<object, GetStringCompletedEventArgs> GetStringCompleted;

  // 비교용 동기 버전
  public string GetString(Uri requestUri);
}
```

TaskCompletionSource<T>를 사용하면 EAP을 TAP로 변환해서 사용할 수 있다. 8.3절과 마이크로 소프트 문서 https://bit.ly/EAP-MS를 참고한다.

연속 전달 방식

연속 전달 방식^{CPS, Continuation Passing Style}은 특히 Node.js 개발자가 사용하는 자바스크립트^{JavaScript}와 타입스크립트^{TypeScript} 같은 언어에서 흔히 볼 수 있다. 이 패턴의 각 비동기 작업은 작업이 성공적으로 끝나거나 오류가 발생할 때 호출할 콜백 대리자를 전달받는다. 이 패턴의 변종으로 성공용 콜백 대리자와 오류용 콜백 대리자, 2개의 콜백 대리자를 사용하는 패턴이 있다. 이런 콜백을 '연속^{continuation}'이라고 하며, 연속을 매개 변수로 전달하기 때문에 '연속 전달 방식'이라고 한다. 닷넷에서는 절대 흔하지 않은 패턴이지만, 몇몇 구식 오픈소스 라이브러리는 이 패턴을 사용하기도 했다.

연속 전달 방식 패턴은 다음과 같은 특징을 통해 알아볼 수 있다.

1. 작업을 하나의 메서드로 표현한다.
2. 메서드의 마지막 매개 변수로 콜백 대리자를 전달받는다. 콜백 대리자는 2개의 인수를 사용하며, 하나는 오류용, 다른 하나는 결과용이다.
3. 또는 메서드의 마지막 2개의 매개 변수로 2개의 콜백 대리자 메서드를 전달받는다. 하나는 오류 전용 콜백 대리자이고 다른 하나는 결과 전용 콜백 대리자다.
4. 콜백 대리자의 이름은 대개 done이나 next다.

연속 전달 방식의 API를 사용하는 형식의 예는 다음과 같다.

```
class MyHttpClient
{
  public void GetString(Uri requestUri, Action<Exception, string> done);

  // 비교용 동기 버전
  public string GetString(Uri requestUri);
}
```

CPS는 TaskCompletionSource<T>를 사용해서 TAP로 변환하고 TaskCompletionSource<T>를 완료하는 콜백 대리자를 전달하면 TAP로 사용할 수 있다. 8.3절을 참고한다.

사용자 지정 비동기 패턴

매우 전문적인 용도가 있는 형식은 자체적으로 별도의 비동기 패턴을 정의하기도 한다. 가장 유명한 예는 작업을 나타내는 SocketAsyncEventArgs를 전달하는 패턴을 정의한 Socket 형식이다. 이런 패턴을 도입한 이유는 SocketAsyncEventArgs를 재사용할 수 있어서 네트워크 사용량이 많은 애플리케이션의 메모리 변동을 줄일 수 있기 때문이다. 최신 애플리케이션은 ValueTask<T>와 ManualResetValueTaskSourceCore<T>[3]를 사용해서 비슷한 성능 향상을 이룰 수 있다.

사용자 지정 패턴은 일반적인 특징이 없어서 가장 알아보기 어렵다. 다행히 사용자 지정 패턴을 볼 일은 거의 없다.

사용자 지정 비동기 API를 사용하는 형식의 예는 다음과 같다.

```
class MyHttpClient
{
```

---

3   https://docs.microsoft.com/ko-kr/dotnet/api/system.threading.tasks.sources.manualresetvaluetasksourcecore-1?view=dotnet-plat-ext-5.0 – 옮긴이

```
    public void GetString(Uri requestUri,
        MyHttpClientAsynchronousOperation operation);

    // 비교용 동기 버전
    public string GetString(Uri requestUri);
}
```

TaskCompletionSource<T>는 사용자 지정 비동기 패턴을 소비할 수 있는 유일한 방법이다. 8.3절을 참고한다.

ISynchronizeInvoke

앞서 소개한 패턴은 모두 한 번 시작하고 한 번 완료하는 비동기 작업용 패턴이다. 한 번 시작하고 한 번 끝나는 단일 작업이 아닌 푸시 기반 이벤트 스트림을 나타내는 구독 모델을 사용하는 컴포넌트도 있다. 구독 모델의 좋은 예는 FileSystemWatcher 형식이다. 소비 코드에서 파일 시스템의 변경을 주시하려면 먼저 여러 이벤트를 구독한 뒤에 EnableRaisingEvents 속성을 true로 설정해야 한다. EnableRaisingEvents가 true면 다양한 파일 시스템 변경 이벤트가 발생할 수 있다.

이벤트에 ISynchronizeInvoke 패턴을 사용하는 컴포넌트도 있다. 이런 컴포넌트는 하나의 ISynchronizeInvoke 속성을 노출하며, 소비하는 코드는 작업을 스케줄링할 수 있게 구현한 컴포넌트에 이 속성을 설정한다. 컴포넌트의 이벤트가 UI 스레드에서 발생하게 UI 스레드에 작업을 스케줄링할 때 가장 흔히 쓰이는 방법이다. 규칙에 따라 ISynchronizeInvoke가 null이면 이벤트를 동기화하지 않으며, 백그라운드 스레드에서 이벤트가 발생할 수 있다.

ISynchronizeInvoke 패턴은 다음과 같은 특징을 통해 알아볼 수 있다.

1. ISynchronizeInvoke 형식인 속성이 있다.
2. 대개 ISynchronizeInvoke 형식인 속성의 이름은 SynchronizingObject다.

ISynchronizeInvoke 패턴을 사용하는 형식의 예는 다음과 같다.

```
class MyHttpClient
{
  public ISynchronizeInvoke SynchronizingObject { get; set; }
  public void StartListening();
  public event Action<string> StringArrived;
}
```

ISynchronizeInvoke는 구독 모델 안의 여러 이벤트를 의미하므로 ISynchronizeInvoke를 사용하는 컴포넌트를 소비하려면 6.1절의 FromEvent 또는 Observable.Create를 사용해서 이벤트를 옵저버블 스트림으로 변환하는 방법이 바람직하다.

C# 동시성 프로그래밍 2/e

실제 애플리케이션에 적용하는 효율적인 비동기, 병렬, 멀티스레드 프로그래밍

발 행 | 2021년 5월 18일

지은이 | 스티븐 클리어리
옮긴이 | 김 홍 중

펴낸이 | 권 성 준
편집장 | 황 영 주
편 집 | 조 유 나
디자인 | 윤 서 빈

에이콘출판주식회사
서울특별시 양천구 국회대로 287 (목동)
전화 02-2653-7600, 팩스 02-2653-0433
www.acornpub.co.kr / editor@acornpub.co.kr

한국어판 ⓒ 에이콘출판주식회사, 2021, Printed in Korea.
ISBN 979-11-6175-527-4
http://www.acornpub.co.kr/book/concurrency-c-cookbook

책값은 뒤표지에 있습니다.